今注本二十四史

後漢書

南朝宋 范曄 撰 唐 李賢等 注

卜憲群 周天游 主持校注

中國社會科學出版社

二

紀 〔二〕

後漢書　卷二

帝紀第二

顯宗孝明皇帝

顯宗孝明皇帝諱莊，[1]光武第四子也。[2]母陰皇后。[3]帝生而豐下，[4]十歲能通《春秋》，[5]光武奇之。建武十五年封東海公，[6]十七年進爵爲王，十九年立爲皇太子。師事博士桓榮，[7]學通《尚書》。[8]

[1]【李賢注】《謚法》曰：“照臨四方曰明。”《伏侯古今注》曰：“莊之字曰嚴。”【今注】顯宗：漢明帝劉莊廟號。　明：劉莊謚號。　案，王先謙《後漢書集解》引惠棟曰：“袁山松《後漢書》曰：帝諱陽，一名莊，字子麗。《東觀記》曰：建武四年五月甲申，皇子陽生，上以赤色名之曰陽。《風俗通》曰：明帝與光武同月生。”

[2]【今注】光武：光武帝劉秀，東漢開國皇帝。紀見本書卷一。

[3]【今注】陰皇后：陰麗華，光武帝后。紀見本書卷一〇上。

[4]【李賢注】杜預注《左傳》云："豐下，蓋面方也。"《東觀記》云："帝豐下兌上（兌，殿本作'鋭'），項赤色，有似於堯。"【今注】豐下：下頜豐滿，面呈方形，古以爲貴相。《左傳》文公元年："元年春，王使内史叔服來會葬。公孫敖聞其能相人也，見其二子焉。叔服曰：'穀也食子，難也收子。穀也豐下，必有後於魯國。'"杜預注："豐下，蓋面方。"

[5]【今注】春秋：亦稱《春秋經》，儒家經典之一，傳爲孔子編定。魯國史書，記述自魯隱公元年（前722）至魯哀公十四年（前481）的史事，記事極簡短。西漢以後被列爲五經之一。

[6]【今注】建武：東漢光武帝劉秀年號（25—56）。東海：郡名。治郯縣（今山東郯城縣西北）。建武十五年，光武帝封皇子陽（漢明帝）爲東海公，東海由郡變爲公國。建武十七年，皇子陽進爵爲王，東海成爲王國。

[7]【今注】博士：官名。爲太常屬官，秩比六百石。在秦和漢初，博士帶有學術顧問的性質，既掌管其專門之學，又參與政治討論，還外出巡行視察。西漢武帝建元五年（前136）又置五經博士，專掌儒家經學傳授。東漢光武帝置五經十四博士。有博士祭酒一人，六百石。桓榮：字春卿，沛郡龍亢（今安徽懷遠縣龍亢鎮）人。傳見本書卷三七。

[8]【今注】尚書：儒家經典之一，分爲典、謨、誥、命、誓等體裁。有今古文之分，西漢伏生口述的二十八篇《尚書》爲今文《尚書》。出現於漢代，用先秦文字寫就的《尚書》爲古文《尚書》。今天見到的古文《尚書》並非漢代古文《尚書》，而是由東晉梅賾僞造。清華大學藏戰國竹簡中出現多篇"書"，其中數篇見於今文《尚書》，另有數篇與今天見到的僞古文《尚書》内容不同。

中元二年二月戊戌，[1]即皇帝位，年三十。尊皇后曰皇太后。

[1]【今注】中元：亦稱建武中元，東漢光武帝劉秀年號
（56—57）。

三月丁卯，葬光武皇帝於原陵。[1]有司奏上尊廟曰
世祖。[2]

[1]【李賢注】《帝王紀》曰："原陵方三百二十步，高六丈，
在臨平亭東南，去洛陽十五里。"【今注】原陵：光武帝陵墓，位
於今河南孟津縣白鶴鎮鐵謝村西南。

[2]【今注】有司：主管某一事務的官吏。古代設官各有專
司，故稱。　世祖：光武帝劉秀廟號。

夏四月丙辰，詔曰："予末小子，[1]奉承聖業，夙
夜震畏，不敢荒寧。[2]先帝受命中興，[3]德侔帝王，[4]
協和萬邦，[5]假於上下，[6]懷柔百神，惠於鰥寡。[7]朕
承大運，繼體守文，[8]不知稼穡之艱難，[9]懼有廢失。
聖恩遺戒，顧重天下，[10]以元元爲首。[11]公卿百僚，[12]
將何以輔朕不逮？[13]其賜天下男子爵，人二級；[14]三
老、孝悌、力田人三級；[15]爵過公乘，[16]得移與子若
同産、同産子；[17]及流人無名數欲自占者人一級；[18]
鰥、寡、孤、獨、篤癃粟，[19]人十斛。[20]其施刑及郡
國徒，[21]在中元元年四月己卯赦前所犯而後捕繫者，
悉免其刑。又邊人遭亂爲内郡人妻，在己卯赦前，一
切遣還邊，恣其所樂。[22]中二千石下至黄綬，[23]貶秩

贖論者，悉皆復秩還贖。[24]方今上無天子，下無方伯，[25]若涉淵水而無舟楫。[26]夫萬乘至重而壯者慮輕，[27]實賴有德左右小子。[28]高密侯禹元功之首，[29]東平王蒼寬博有謀，[30]並可以受六尺之託，臨大節而不撓。[31]其以禹爲太傅，[32]蒼爲驃騎將軍。[33]太尉憙告諡南郊，[34]司徒訢奉安梓宮，[35]司空魴將校復土。[36]其封憙爲節鄉侯，訢爲安鄉侯，魴爲楊邑侯。"

[1]【今注】詔：詔書，皇帝所下文書之一種。蔡邕《獨斷》卷上："（天子）命令一曰'策書'，二曰'制書'，三曰'詔書'，四曰'戒書'……策書，策者簡也。禮曰：不滿百文，不書於策。其制長二尺，短者半之，其次一長一短。兩編，下附篆書，起年、月、日，稱皇帝曰，以命諸侯王、三公。其諸侯王、三公之薨於位者，亦以策書誄諡其行而賜之，如諸侯之策。三公以罪免，亦賜策，文體如上策而隸書，以一尺木兩行，唯此爲異者也。制書，帝者制度之命也。其文曰'制詔三公'，赦令、贖令之屬是也。刺史、太守、相劾奏申下土遷書，文亦如之。其徵爲九卿，若遷京師近官，則言官，具言姓名；其免若得罪，無姓。凡制書，有印、使符，下遠近皆璽封，尚書令印重封。唯赦令、贖令，召三公詣朝堂受制書，司徒印封，露布下州郡。詔書者，詔誥也。有三品：其文曰'告某官官'，如故事，是爲詔書；群臣有所奏請，'尚書令奏'之下有'制曰'，天子答之曰'可'，若'下某官'云云，亦曰詔書；群臣有所奏請，無'尚書令奏''制'之字，則答曰'已奏，如書'，本官下所當至，亦曰詔。戒書，戒勅。刺史、太守及三邊營官被勅，文曰'有詔勅某官'，是爲戒勅也。世皆名此爲策書，失之遠矣。"　予末小子："小子"是古代帝王對先王或長輩的自稱，"予末小子"猶言"我這微不足道的小子"，爲自謙之詞。《尚書・顧命》："眇眇予末小子，其能而亂四方，以敬忌天威。"

[2]【今注】荒寧：荒怠自安。《尚書·無逸》：“我聞曰：昔在殷王中宗，嚴恭寅畏，天命自度，治民祗懼，不敢荒寧。”

[3]【今注】中興：指國家由衰退而復興。歷史上稱光武帝時代爲“光武中興”。

[4]【今注】侔：《説文》：“齊等也。” 帝王：指三皇五帝和夏商周時期的聖賢之君。

[5]【今注】協和萬邦：《尚書·堯典》：“克明俊德，以親九族。九族既睦，平章百姓。百姓昭明，協和萬邦。”

[6]【李賢注】假，至也。音格。【今注】假於上下：亦作“格於上下”，《尚書·堯典》：“曰若稽古帝堯，曰放勳，欽明文思安安，允恭克讓，光被四表，格于上下。”

[7]【李賢注】懷，安也。柔，和也。《禮》曰“凡山林能興雲致雨者皆曰神，有天下者祭百神”，懷柔百神也。《書》曰：“惠于鰥寡。”【今注】惠於鰥寡：《尚書·無逸》：“文王卑服，即康功田功。徽柔懿恭，懷保小民，惠鮮鰥寡。”

[8]【李賢注】創基之主（主，大德本作“王”），則尚武功以定禍亂；其次繼體而立者（大德本無“次”字），則守文德。《穀梁傳》曰：“承明繼體。則守文之君也。”

[9]【今注】稼穡：泛指農業勞動。《尚書·無逸》：“自時厥後，立王生則逸。生則逸，不知稼穡之艱難，不聞小人之勞，惟耽樂之從。”

[10]【今注】顧重：顧念重視。

[11]【今注】元元：百姓，庶民。

[12]【今注】百僚：百官。

[13]【今注】逮：及。

[14]【李賢注】《前書音義》曰：“男子者，謂户内之長也。”商鞅爲秦制爵二十級：一，公士；二，上造；三，簪裊；四，不更；五，大夫；六，官大夫；七，公大夫；八，公乘；九，五大

夫；十，左庶長；十一，右庶長；十二，左更；十三，中更（大德本、殿本"中更"後有"大夫"二字）；十四，右更；十五，少上造（少，大德本、殿本作"小"）；十六，大上造；十七，駟車庶長；十八，大庶長；十九，關内侯；二十，徹侯。人賜爵者，有罪得贖，貧者得賣與人。

［15］【李賢注】三老、孝悌、田田（田田，紹興本、大德本、殿本作"力田"，底本誤），三者皆鄉官之名。三老，高帝置，孝悌、力田，高后置，所以勸導鄉里，助成風化也。文帝詔曰："孝悌，天下之大順也。力田，爲生之本也。三老，衆人之師也。其以户口率置員。"事見《前書》。【今注】三老：官名。掌教化。西漢高祖二年（前205）詔舉民年五十以上，有修行，能帥衆爲善，置以爲三老，鄉一人，擇鄉三老一人爲縣三老。後郡國亦置。三老可免除徭役，就地方政事向縣令丞尉提出各種建議。（參見林甘泉主編《中國歷史大辭典·秦漢史》，上海辭書出版社1990年版，第13頁）　孝悌力田：又作"孝弟力田"。漢代官府設置的兩類身份，亦爲鄉官之名。"孝悌"指孝敬父母、尊敬兄長，"力田"指努力耕作。《漢書》卷二《惠帝紀》："（孝惠四年）春正月，舉民孝弟力田者，復其身。"是爲漢廷舉"孝弟力田"之始。吕后時期將"孝弟力田"設置爲鄉官。西漢文帝時開始按照户口設置"孝弟力田"的"常員"。終兩漢之世，舉"孝弟力田"成爲一種固定的制度。被推舉出來的"孝弟力田"，或免除徭役，或厚加賞賜，其作用是使其爲民表率。除個別例外，一般都不是到政府去做官，至多和三老相似，做一個鄉官而已。（參見安作璋、熊鐵基《秦漢官制史稿》，齊魯書社2007年版，第802頁）

［16］【今注】公乘：爵位名。二十等爵的第八級。漢代的二十等爵以第八級公乘和第九級五大夫之間作爲分界。公乘以下之爵，可授與一般庶民和秩級未達六百石之官吏；五大夫以上，則是秩六百石以上之官吏方可受之爵。由於向平民賜爵不得超過公乘，

故因賜爵而爵位超出公乘者，必須移授其子或兄弟、兄弟子〔參見〔日〕西嶋定生著，武尚清譯《中國古代帝國的形成與結構——二十等爵制研究》，中華書局 2004 年版，第 87—88 頁〕。

［17］【李賢注】漢制，賜爵自公士已上不得過公乘，故過者得移授也。同産，同母兄弟也。【今注】同産：秦漢時指同父所生之兄弟。前人對“同産”有兩種解釋，或曰同父所生兄弟，或曰同母所生兄弟。在先秦文獻中，“同産”指同母所生，而在秦漢文獻中，“同産”都是指同父所生，並不限於同母。張家山漢簡《二年律令·置後律》：“同産相爲後，先以同居，毋（無）同居乃以不同居，皆先以長者。其或異母，雖長，先以同母者。”〔參見彭浩、陳偉、〔日〕工藤元男主編《二年律令與奏讞書——張家山二四七號漢墓出土法律文獻釋讀》，上海古籍出版社 2007 年版，第 238 頁〕“同産”有同母、異母之分，正説明當時法律概念中的“同産”是指同父所生（參見田煒《説“同生”“同産”》，《中國語文》2017 年第 4 期）。

［18］【李賢注】無名數謂無文簿也。占謂自歸首也。【今注】名數：户籍。《漢書》卷四六《石奮傳》：“元封四年，關東流民二百萬口，無名數者四十萬，公卿議欲請徙流民於邊以適之。”顏師古注：“名數，若今户籍。” 占：登記户口。 案，中華本校勘記曰：“《刊誤》謂案他處詔書皆上有‘脱無名數’，則云‘及流人’云云，此無，故不當有‘及’字，三年詔亦無，可互證。”

［19］【今注】鰥：老而無妻。 寡：老而無夫。 孤：幼而無父。 獨：老而無子。 篤癃：病重。

［20］【今注】斛：容量單位。《説文》：“斛，十斗也。”

［21］【今注】施刑：又作“弛刑”，漢代一種刑徒，西北簡牘中多見。漢代的刑徒皆需加鉗鈦等刑具，並赤其衣，而弛刑是指司寇以上的刑徒，經皇帝下詔寬輕，去掉械具、罪衣，放鬆監管，以從事特殊事務（如加入軍隊等）（參見張建國《漢代的罰作、復作

與弛刑》，《中外法學》2006 年第 5 期）。

　　［22］【今注】恣：指聽任，任憑。《説文》：“縱也。”

　　［23］【李賢注】漢制，二百石以上銅印黄綬也（曹金華《後漢書稽疑》謂“二百石”前疑脱“比”字）。【今注】黄綬：黄色的印帶。《漢書·百官公卿表上》：“比二百石以上，皆銅印黄綬。”黄綬用來代指俸比六百石以下、比二百石以上的官吏，因爲這一級别的官吏爲銅印黄綬。

　　［24］【今注】贖：指以交納金錢來替换其他刑罰的一種替代刑。根據簡牘材料，秦及漢初的贖刑分爲兩種，一種是直接針對犯罪規定的贖刑，適用對象具普遍性，多用於過失、未遂等犯罪，學者稱爲“規定贖刑”或“正刑的贖刑”；另一種是因犯罪者的特殊身份而作爲本刑之替换刑的贖刑，僅適用於特定對象，多用於有爵者及其他身份特殊者，學者稱爲“替换贖刑”或“换刑的贖刑”〔參見［日］角谷常子《秦漢時代的贖刑》，《簡帛研究（二〇〇一）》，廣西師範大學出版社 2001 年版；丁義娟、于淑紅《從出土簡看漢初律中贖刑種類及其發展》，《蘭臺世界》2015 年第 12 期；徐世虹等著《秦律研究》，武漢大學出版社 2017 年版，第 254—259 頁〕。

　　［25］【李賢注】《公羊傳》曰：“上無天子，下無方伯。”此制引以爲謙也。

　　［26］【今注】若涉淵水而無舟楫：《尚書·大誥》：“已，予惟小子，若涉淵水，予惟往求朕攸濟。”

　　［27］【李賢注】帝謙言年尚少壯，思慮輕淺，故須賢人輔弼。

　　［28］【李賢注】賴，恃也（恃，大德本作“侍”）。左右，助也。

　　［29］【今注】高密侯禹：鄧禹，字仲華，南陽新野（今河南新野縣）人。雲臺二十八將之一。傳見本書卷一六。

　　［30］【今注】東平王蒼：劉蒼，光武帝子。傳見本書卷四二。

［31］【李賢注】六尺謂年十五已下（已，殿本作"以"）。大節謂大事。撓（大德本作"橈"），屈也。音女孝反。【今注】六尺之託：謂受囑託撫育遺孤。 撓：屈服。撓，大德本作"橈"。

［32］【今注】太傅：官名。西周始置，爲輔弼君王的大臣，《漢書・百官公卿表上》載太傅與太師、太保並號三公，但實際上西周並無此三公之制。西漢太傅位在三公之上，號稱上公，不常置，地位尊崇，但實際上並沒有什麽作用。東漢不置太師、太保，唯太傅一人，號稱"上公"，位在三公之上。掌善導天子，以授元老重臣，位尊而無常職。常加録尚書事，主持朝政。〔參見吕宗力主編《中國歷代官制大辭典》（修訂版），商務印書館 2015 年版，第 139 頁〕本書《百官志一》："太傅，上公一人。本注曰：掌以善導，無常職。世祖以卓茂爲太傅，薨，因省。其後每帝初即位，輒置太傅録尚書事，薨，輒省。"

［33］【今注】驃騎將軍：將軍名。西漢武帝元狩二年（前121）始用霍去病爲驃騎將軍，與大將軍衛青秩級相同，皆可加大司馬稱號。東漢時爲重號將軍，地位僅次於大將軍，秩萬石，位比三公，地位尊崇。本書《百官志一》："將軍，不常置。本注曰：掌征伐背叛。比公者四：第一大將軍，次驃騎將軍，次車騎將軍，次衞將軍。又有前、後、左、右將軍。"

［34］【李賢注】趙憙也。應劭《風俗通》曰："禮，臣子無爵謚君父之義也，故群臣累其功美，葬日，遣太尉於南郊告天而謚之（於，大德本作'以'）。"【今注】太尉：官名。秦漢最高軍政長官，《漢書・百官公卿表上》："太尉，秦官，金印紫綬，掌武事。"西漢太尉是武將的榮譽職務，並無多少實權，不過是皇帝的軍事顧問，很少參與實際軍務。武帝改太尉爲大司馬。東漢光武帝復改大司馬爲太尉，此後太尉的軍權逐漸加重，於軍事顧問之外，並綜理軍政。（參見安作璋、熊鐵基《秦漢官制史稿》，第74—78 頁）

　　[35]【李賢注】李訢也。梓宮，以梓木爲棺。《風俗通》曰：“宮者，存時所居，緣生事死，因以爲名。”【今注】司徒：官名。三公之一。秦及漢初爲丞相，掌人民事，助天子掌管行政，總理萬機。西漢哀帝時改稱大司徒。《漢書・百官公卿表上》：“相國、丞相，皆秦官，金印紫綬，掌丞天子助理萬機……哀帝元壽二年更名大司徒。”東漢光武帝建武二十七年（51）去“大”字，改名司徒。　李訢：東萊郡（今山東萊州市）人，東漢光武帝時原任司隸校尉，建武中元元年（56）任司徒。明帝繼位後，封安鄉侯。永平三年（60）免官。　梓宮：古代帝王、皇后用以梓木製作的棺材。

　　[36]【李賢注】馮魴也。將校謂將領五校兵以穿壙也（大德本、殿本‘以’後有‘主’字）。《前書音義》曰：“復土，主穿壙填塞事也（塞，大德本、殿本作‘墓’，底本或誤）。言下棺訖，復以土爲墳，故言復土。”【今注】司空：官名。東漢三公之一。西漢稱“大司空”，西漢成帝改御史大夫置。東漢光武帝建武二十七年（51）去“大”字，改名司空。西漢武帝後，由於中朝尚書的權力逐漸發展，御史大夫的職權和丞相一樣，也轉移於尚書。御史大夫改爲大司空之後，雖號稱三公，但已成虛位。東漢司空的職務已與御史大夫的性質大不相同，本書《百官志一》：“司空，公一人。本注曰：掌水土事。”這時的司空成爲專管水土之官了。（參見安作璋、熊鐵基《秦漢官制史稿》，第52—53頁）　魴：馮魴，字孝孫，南陽湖陽（今河南唐河縣）人。傳見本書卷三三。
　　復土：謂掘穴下棺，以所出土覆於棺上爲墳，建陵墓。

　　秋九月，燒當羌寇隴西，[1]敗郡兵於允街。[2]赦隴西囚徒，減罪一等，勿收今年租調。[3]又所發天水三千人，[4]亦復是歲更賦。[5]遣謁者張鴻討叛羌於允吾，[6]鴻軍大敗，戰歿。[7]冬十一月，遣中郎將竇固監捕虜將軍馬武等二將軍討燒當羌。[8]

[1]【今注】燒當羌：漢時西羌的一支。無弋爰劍的後裔，因部落首領燒當而得名。西漢武帝時，受先零羌排擠，燒當羌居黄河北大允谷（今青海貴德縣北）。東漢初，首領滇良會集附落，擊敗先零羌，奪取大榆谷（今青海貴德縣一帶）沃地，發展農牧業，又擅西海（今青海湖）魚鹽之利，勢力强盛。明帝時，屢攻漢隴西塞，爲漢將竇固等擊敗，徙其部於三輔、隴西、漢陽、安定等地。詳見本書卷八七《西羌傳》。　隴西：郡名。治狄道縣（今甘肅臨洮縣南）。

[2]【李賢注】允街，縣名也，允音鉛，街音佳，屬金城郡，故城在今涼州昌松縣東南。城臨麗水，一名麗水城。【今注】允街：縣名。治所在今甘肅永登縣東南。

[3]【今注】租調：租税。

[4]【今注】天水：郡名。治平襄縣（今甘肅通渭縣）。

[5]【李賢注】更謂戍卒更相代也。賦謂雇更之錢也。《前書音義》曰："更有三品：有卒更，有踐更，有過更。占正卒無常（占，紹興本、大德本、殿本作'古'，底本或誤），人皆當迭爲之。有一月一更（有，中華本據《刊誤》删。一，大德本、殿本作'二'），是爲卒更。貧者欲得雇道錢（道，紹興本、大德本、殿本作'更'），次直者出錢雇之，月二千（二，大德本作'一'），是爲踐更，有過更。古者天下人皆當戍邊三日，亦名爲更。不可人人自行三日戍，當行者不可往即還，因任一歲（任，紹興本作'住'），次直者出錢三百雇之（三，大德本作'六'），謂之過更。"【今注】更賦：漢代税目之一，又稱爲"過更""更"等。由代役金演變而來。"更"指秦漢戍役中戍卒輪流服役。卒更即輪流服役，踐更指親自服役，過更指雇人服役。過更本指是向官府交納代役金，由官府雇人行役。由於大多數人並不親自服役，而是繳納代役金，故這筆錢就成爲一種賦税，稱作"過更"或"更賦"。〔參見林甘泉主編《中國經濟通史·秦漢經濟卷

（下）》，中國社會科學出版社 2007 年版，第 443—444 頁］

[6]【李賢注】允吾，縣名，屬金城郡（金，紹興本作‘金’），故城在今蘭州廣武縣西南。允音沿。言音牙（言，紹興本、大德本、殿本作‘吾’，底本誤）。【今注】謁者：官名。春秋戰國即有此官。秦漢爲郎中令（光禄勳）屬官，設謁者僕射統領。西漢員七十人，秩比六百石。選孝廉、郎官年不滿五十儀容威嚴能大聲贊導者充任。本職爲侍從皇帝，擔任賓禮司儀，亦常充任皇帝使者，出使諸侯王國、少數民族，巡視地方，派往災區宣慰存問、發放賑貸，或收捕、考案貴戚、大臣，主持水利工程等。擔任謁者一定期限後，可以拜任其他官職，如縣令、長史等。據文獻記載，西漢還有中謁者、大謁者等名稱，西安漢城出土有“河堤謁者”印。東漢又有常侍謁者、給事謁者、灌謁者等類別。東漢謁者爲外臺，與尚書中臺、御史憲臺並稱三臺，三臺到東漢末年掌握着實際朝政。　允吾：縣名。爲金城郡治。治所在今甘肅永靖縣西北。

[7]【今注】歿：死。

[8]【今注】中郎將：官名。秦和西漢本爲中郎長官，秩比二千石，隸屬郎中令（光禄勳）。職掌宮禁宿衛，隨行護駕，亦常奉詔出使，職位清要。後又設五官、左、右中郎將分領中郎、常侍侍郎，謁者。期門（虎賁）、羽林郎等亦專設中郎將統領。東漢以後，中郎將的名號被割據勢力廣泛加於武官，成爲一個大致介於將軍和校尉之間的階層，統兵將領亦多用此名，其上再加稱號，如使匈奴中郎將等。　竇固：字孟孫，扶風平陵（今陝西咸陽市西北）人。竇融侄。傳見本書卷二三。　捕虜將軍：雜號將軍名。東漢初置，統兵出征。　馬武：字子張，南陽湖陽（今河南唐河縣）人。雲臺二十八將之一。傳見本書卷二二。

十二月甲寅，詔曰：“方春戒節，[1] 人以耕桑。其勑有司務順時氣，使無煩擾。[2]天下亡命殊死以下，[3]聽得贖論：死罪入縑二十匹，[4]右趾至髡鉗城旦舂十匹，[5]完城旦舂至司寇作三匹。[6]其未發覺，[7]詔書到先自告者，[8]半入贖。今選舉不實，[9]邪佞未去，權門請託，殘吏放手，[10]百姓愁怨，情無告訴。[11]有司明奏罪名，并正舉者。[12]又郡縣每因徵發，輕爲姦利，[13]詭責羸弱，[14]先急下貧。其務在均平，無令枉刻。"[15]

[1]【今注】戒節：告知節侯。

[2]【李賢注】《禮記》："孟春之月，布德和令，行慶施惠。仲春，無作大事，以妨農事。"

[3]【今注】亡命：指已確定罪而逃亡的罪犯〔參見〔日〕保科季子《亡命小考——兼論秦漢的確定罪名手續"命"》，《簡帛》第3輯，上海古籍出版社2008年版〕。 殊死：漢代一類嚴重死罪的統稱。以往學者將"殊死"之"殊"理解爲絕、斷，將"殊死"理解爲一種行刑方式，即斬首。宋傑指出，"殊死"之"殊"不應訓爲"斷"，而應訓爲"絕"和"異"，具有"區別"和"特殊"的含義，"殊死"常與一般的"死罪"區別，既是刑名也是罪名，指謀反、大逆等特殊、尤重的死罪，其處決方式主要是腰斬、梟首等，平常很少被赦除，並連坐父母妻子（參見宋傑《漢代"棄市"與"殊死"辨析》，《中國史研究》2015年第3期）。

[4]【今注】縑：一種雙絲的細絹。《說文·糸部》："縑，並絲繒也。"《漢書》卷九七上《外戚傳上》："媼爲翁須作縑單衣，送仲卿家。"顏師古注："縑即今之絹也。"

[5]【李賢注】《前書音義》曰："右趾謂刖其右足，次刖左足（刖，大德本作'則'），次劓，次黥，次髡鉗爲城旦舂。城

旦者，晝曰伺寇虜，夜暮築長城。舂者，婦人犯罪，不任軍役之事，但令舂以食徒者。"【今注】右趾：刑罰名。"鈦右趾"的省稱，指在右足戴上腳鐐。秦及漢初有"斬右趾"，西漢文帝時廢除。約在武帝時出現"鈦右趾"，典籍和簡牘材料中或稱"右趾"。"鈦右趾"附加髡鉗城旦舂之刑，成爲僅次於死刑的刑罰。（參見張建國《論文帝改革後兩漢刑制並無斬趾刑》，《中外法學》1993 年第 4 期）　髡鉗城旦舂：刑罰名。髡是剃髮，鉗是戴刑具。城旦舂是一種勞役刑，男爲城旦，女爲舂。城旦的原始含義是築城，舂的原始含義是舂米，實際上城旦和舂作爲刑罰名，並非局限於從事這兩項勞役。西漢中期至東漢，死刑之下的刑罰序列依次爲鈦右趾髡鉗城旦舂加笞二百，鈦左趾髡鉗城旦舂加笞二百，髡鉗城旦舂加笞一百，髡鉗城旦舂等。右趾爲"鈦右趾髡鉗城旦舂加笞二百"的省稱，故本條謂"右趾至髡鉗城旦舂"。

[6]【李賢注】完者，謂不加髡鉗而築城也。次鬼薪、白粲，次隸臣妾，次作司寇（作司寇，殿本作"司寇作"）。【今注】完城旦舂：刑罰名。與髡鉗城旦舂相對，指不加"肉刑髡剃"和刑具，保持身體髮膚完整性的城旦舂。秦漢時期作爲刑罰術語的"完"的含義發生過演變，秦及西漢初的"完城旦舂"與"刑城旦舂"相對，"刑"指肉刑，"完"指不加肉刑，保持肢體的完整性，但仍需加以耐、髡等刑罰。漢文帝廢除肉刑後，"完"的含義發生演變，指不加肉刑和耐、髡等刑罰，保持身體髮膚完整性的刑罰。（參見韓樹峰《秦漢律令中的完刑》，《中國史研究》2003 年第 4 期）　司寇：刑罰名。秦漢徒刑中較輕的刑罰，在徒刑的刑罰序列中位於隸臣妾之上。秦及漢初的司寇與隸臣妾以下的刑徒身份不同，其可以單獨立戶，帶有自由民的性質。文帝制定歲刑後，徒刑附加刑期，不再具有身份意涵，此時的司寇爲二歲刑。

[7]【今注】發覺：法律術語。指罪行暴露，被發現。

[8]【今注】自告：法律術語。類似於今天的自首。自告必須

在犯罪發覺之前。

　　[9]【今注】選舉不實：秦漢罪名之一。指官吏在選拔人才過程中不根據實際情況，徇私舞弊，導致所選人才不當其位的行爲。

　　[10]【李賢注】放手謂貪縱爲非也。

　　[11]【今注】告訴：告發控訴。

　　[12]【李賢注】舉非其人，並正舉主之罪。

　　[13]【今注】輕：輕易。

　　[14]【今注】案，貴，紹興本、大德本、殿本作"責"。詭責，責備，責問。《説文》："詭，責也。"

　　[15]【今注】枉刻：枉曲苛刻。

　　永平元年春正月，[1]帝率公卿已下朝於原陵，如元會儀。[2]

　　[1]【今注】永平：東漢明帝劉莊年號（58—75）。

　　[2]【李賢注】《漢官儀》曰："古不墓祭。秦始皇起寢於墓側，漢陽而不改（陽，紹興本、大德本、殿本作'因'，底本誤）。諸陵寢皆以晦、望、二十四氣、三伏、社、臘及四時已飯（已飯，紹興本、大德本、殿本作'上飯'）。其親陵所官人（官，紹興本、大德本、殿本作'宮'），隨鼓漏理被枕，具盥水，陳莊具。天子以下至上原陵（下至，紹興本、大德本、殿本作'正月'），公卿百官及諸侯毛（毛，紹興本、大德本、殿本作'王'）、郡國計吏皆當軒下，占其郡國穀價，四方改易，欲先帝魂魄聞之也。"元會儀見下。【今注】元會儀：皇帝於元旦朝會群臣稱元會，元會儀即元旦朝會中的禮儀。

　　夏五月，太傅鄧禹薨。[1]

[1]【今注】薨：古稱諸侯或有爵的高官死去爲“薨”。《禮記·曲禮下》：“天子死曰崩，諸侯死曰薨，大夫曰卒，士曰不禄，庶人曰死。”《説文·死部》：“薨，公侯卒也。”

戊寅，東海王彊薨，[1]遣司空馮魴持節視喪事，[2]賜升龍旐頭、鑾輅、龍旂。[3]

[1]【今注】東海王彊：東漢光武帝劉秀長子劉彊。傳見本書卷四二。

[2]【今注】節：皇帝的使者執行皇帝命令時所持的信物。竹製，長七八尺，上裝飾旄牛尾，旄尾共有三重。節代表皇帝意志，持節者具有較大的權限，甚至可以對人進行斬殺。西漢時期，郎中令領導下的皇帝近侍侍官，包括中郎將、大夫、謁者等，多充當皇帝使者，故此類職官持節較多，司隸校尉亦可以持節，九卿亦偶爾充當使者持節。東漢的三公和將軍亦可以持節。〔參見〔日〕大庭脩著，徐世虹等譯《東漢的將軍與將軍假節》，載《秦漢法制史研究》，中西書局 2017 年版，第 290—326 頁；楊鴻年《漢魏制度叢考》，武漢大學出版社 2005 年版，第 277—283 頁〕

[3]【李賢注】旐頭，見《光武紀》。鑾，鈴也，在鑣。交龍爲旂，唯天子用之，今特賜以葬。【今注】旐頭：皇帝儀仗中一種擔任先驅的騎兵。《漢書》卷六三《武五子傳》：“旦遂招來郡國奸人，賦斂銅鐵作甲兵，數閱其車騎材官卒，建旍旗鼓車，旐頭先驅，郎中侍從者著貂羽，黃金附蟬，皆號侍中。”

六月乙卯，葬東海恭王。[1]

[1]【今注】東海恭王：上文東海王劉彊。

秋七月，捕虜將軍馬武等與燒當羌戰，大破之。
募士卒戍隴右，[1]賜錢人三萬。

[1]【今注】募：廣求。募兵即官府發布公告，廣求士兵，募
求對象爲作戰勇敢或具有特殊技能者，募兵出於自願，且提供報
酬。此外，秦漢還招募人員從事其他事項。（參見楊鴻年《漢魏制
度叢考》，第266—276頁）　隴右：地區名。泛指隴山以西地區。
古代以西爲右，故名。相當今甘肅隴山、六盤山以西，黃河以東
一帶。

八月戊子，徙山陽王荊爲廣陵王，[1]遣就國。

[1]【今注】山陽王荊：劉荊，光武帝子。傳見本書卷四二。
　廣陵：郡名。治廣陵縣（今江蘇揚州市西北）。東漢明帝永平元
年（58），山陽王劉荊有罪，徙爲廣陵王，廣陵爲王國。十年，廣
陵王劉荊自殺，國除，廣陵復爲郡。

是歲，遼東太守祭肜使鮮卑擊赤山烏桓，大破之，
斬其渠帥。[1]越巂姑復夷叛，[2]州郡討平之。

[1]【李賢注】赤山在遼東西北數千里。【今注】遼東：郡
名。治襄平縣（今遼寧遼陽市）。　太守：官名。秦漢郡級行政長
官，職掌一郡之政事。《漢書·百官公卿表上》：“郡守，秦官，掌
治其郡秩二千石……景帝中二年更名太守。”從秦簡材料可知，秦
代郡守即稱太守。　祭肜：字次孫，祭遵從弟。傳見本書卷二〇。
　赤山：山名。即今内蒙古巴林左旗北，烏力吉木倫河發源之烏蘭
大壩（意爲紅山）。　烏桓：古族名。又作“烏丸”。東胡族的一

支。秦漢之際，東胡遭匈奴冒頓單于的攻擊，部分遷居烏桓山（今內蒙古阿魯科爾沁旗北境，即大興安嶺山脉南端），因以爲名。以游牧射獵爲生。西漢武帝時，遷至上谷、漁陽、右北平、遼西、遼東五郡塞外，在今內蒙古錫林郭勒盟、赤峰市、通遼市南部長城以北地。東漢初入居塞內，置護烏桓校尉管理，駐寧城（今河北萬全縣）。傳見本書卷九〇。　渠帥：首領。渠，大。

　　[2]【李賢注】姑復，縣名。【今注】越巂：郡名。治邛都縣（今四川西昌市東南）。　姑復：縣名。治所在今雲南永勝縣。

　　二年春正月辛未，宗祀光武皇帝於明堂，[1]帝及公卿列侯始服冠冕、衣裳、玉佩、絢屨以行事。[2]禮畢，登靈臺。[3]使尚書令持節詔驃騎將軍、三公曰：[4]"今令月吉日，[5]宗祀光武皇帝於明堂，以配五帝。[6]禮備法物，[7]樂和八音，[8]詠祉福，舞功德，[9]其班時令，勅群后。[10]事畢，升靈臺，望元氣，吹時律，觀物變。[11]群僚藩輔，宗室子孫，衆郡奉計，百蠻貢職，[12]烏桓、濊貊咸來助祭，[13]單于侍子、骨都侯亦皆陪位。[14]斯固聖祖功德之所致也。朕以闇陋，[15]奉承大業，親執珪璧，恭祀天地。[16]仰惟先帝受命中興，撥亂反正，以寧天下，[17]封泰山，建明堂，立璧雍，[18]起靈臺，恢弘大道，被之八極；[19]而胤子無成康之質，群臣無呂旦之謀，[20]盥洗進爵，踧踖惟懃。[21]素性頑鄙，臨事益懼，故'君子坦蕩蕩，小人長戚戚'。[22]其令天下自殊死已下，謀反大逆，[23]皆赦除之。百僚師尹，[24]其勉修厥職，順行時令，敬若昊天，以綏兆人。"[25]

　　[1]【今注】明堂：古代最隆重的建築之一，與辟雍、靈臺合稱“三雍”，是國君進行祭祀、朝會諸侯、發布政令之所。其建築結構，一般認爲包括“太室”和堂、室等，並“以茅蓋屋，上圓下方，外水曰辟雍”。

　　[2]【李賢注】《漢官儀》曰：“天子冠通天，諸侯王冠遠遊，三公、諸侯冠進賢三梁，卿、大夫、尚書、二千石、博士冠兩梁，二千石已下至小吏冠一梁。天子、公、卿、特進、諸侯祀天地明堂，皆冠平冕，天子十二旒，三公、九卿、諸侯七，其纓各如其綬色，玄衣纁裳。”《周禮》曰：“王祀昊天上帝則服大裘而冕，祀五帝亦如之。”《三禮圖》曰：“冕以二十升布漆而爲之（二，紹興本、大德本、殿本作‘三’），廣八寸，長尺六寸，前圓後方，前下後高，有俛伏之形，故謂之冕。欲人之位彌高而志彌下，故以名焉。”董巴《輿服志》曰：“顯宗初服冕衣裳以祀天地。衣裳以玄上纁下，乘輿備文日月星辰十二章，三公、諸侯用山龍九章，卿已下用華蟲七章，皆五色采。乘輿刺繡，公卿已下皆織成。陳留襄邑獻之。”徐廣《車服注》曰：“漢明帝案古禮備其服章，天子郊廟衣皁上絳下，前三幅（三，殿本作‘二’），後四幅，衣畫而裳繡。”《禮記》曰：“古之君子必佩玉，君子於玉比德焉。天子佩白玉，公侯佩山玄玉（公，紹興本、大德本作‘諸’），大夫佩水蒼玉，世子佩瑜玉。”《周禮》屨人‘掌王赤舄青絇’。鄭玄注云：“赤舄，爲上冕服之舄也。絇屨，鼻頭以青絑飾之（絑，大德本、殿本作‘絲’）。”絇音劬。《三禮圖》曰：“屨複下曰舄，其色各隨裳色。”【今注】列侯：爵位名。是二十等爵中的最高爵，又稱“徹侯”“通侯”。《漢書·百官公卿表上》：“徹侯，金印紫綬，避武帝諱，曰通侯，或曰列侯，改所食國令長名相，又有家丞、門大夫、庶子。”從秦琅邪石刻和文獻記載看，秦代即存在“列侯”“通侯”。里耶秦簡更名方有“徹侯爲列侯”，可見秦代即將徹侯更名爲列侯，並非漢武帝所改。“列侯”具有封國和食邑權，

其所食之邑的數量從幾百到數千不等，東漢列侯按照食邑數量又分爲縣侯、鄉侯、亭侯等。列侯有封國，侯國自有紀年，列侯之子也稱太子。侯國有置吏權，除侯國令長由中央任命外，其餘諸官吏均由侯國自置。根據尹灣漢簡，侯國職官有侯國相、丞、尉等行政官吏，大致與縣級行政系統平行，又有家丞、庶子、僕、行人、門大夫、洗馬等家吏。（參見柳春藩《秦漢封國食邑賜爵制》，遼寧人民出版社 1984 年版，第 77—79 頁；秦鐵柱《兩漢列侯問題研究》，博士學位論文，南開大學，2014 年）　絢屨：亦作“句屨”。古代鞋的一種。鞋端飾有緣製之鼻。《荀子・哀公》：“然則夫章甫、絢屨、紳而搢笏者，此賢乎？”王先謙《荀子集解》：“王肅云：‘絢，謂屨頭有拘飾也。’鄭康成云：‘絢之言拘也。以爲行戒，狀如刀衣鼻，在屨頭。’”

　　[3]【今注】靈臺：古代的天象觀測臺。周文王所建靈臺即用於觀天象。《詩・大雅・靈臺》孔穎達疏：“天子有靈臺，所以觀祲象，察氣之妖祥。”西漢成帝永始四年（前 13）建清臺，後改名靈臺，爲觀測天象之處。故址在今陝西西安市西北故長安城南。東漢初始建靈臺（今河南偃師市西南崗上村與大郊村之間，臺頂已塌落，臺基尚存），正式用於觀測天象。並設靈臺丞爲掌管觀測天象之官。

　　[4]【今注】尚書令：官名。秦、西漢時爲尚書署長官，掌收發文書，隸屬少府。初秩六百石，武帝以後，職權稍重，爲宮廷機要官員，掌傳達記錄詔命章奏，並有權審閱宣讀裁決章奏，升秩千石。常以中朝官領、平、視尚書事，居其上。東漢時爲尚書臺長官，兼具宮官、朝官職能，掌決策出令、綜理政務，秩位雖低，實際上總領朝政，無所不統，名義上仍隸少府。朝會時，與御史中丞、司隸校尉皆專席坐，時號“三獨坐”。其上常置録尚書事，以太傅、太尉、大將軍等重臣兼領。〔參見呂宗力主編《中國歷代官制大辭典》（修訂版），第 522 頁〕　三公：職官合稱。東漢時指司徒、司馬、司空。較爲普遍的三公職官理論出現於戰國時期，並

被上推古制。班固在《漢書·百官公卿表》中即把太師、太保、太傅，或司徒、司馬、司空視爲三公。然西周和春秋實際上並無三公制，戰國諸國亦未實行三公制。戰國晚期秦國開始把丞相稱爲三公，但是秦代並未將御史大夫、太尉和丞相並稱三公，因此秦代不存在三公制。西漢時期，不晚於景帝時，御史大夫被冠上三公的頭銜，至成帝時太尉也被列爲三公，三公分職開始形成。宣帝時置大司馬，成帝時將御史大夫改稱大司空，哀帝時將丞相改爲大司徒，三公制正式形成。東漢一世基本實行司徒、司馬、司空並稱的三公制。(參見卜憲群《秦漢三公制度淵源考》，《安徽史學》1994 年第 4 期)

[5]【今注】令月：吉月。《儀禮·士冠禮》："令月吉日，始加元服。棄爾幼志，順爾成德，壽考惟祺，介爾景福。"鄭玄注："令、吉，皆善也。"

[6]【李賢注】《五經通義》曰："蒼帝靈威仰，赤帝赤熛怒，黃帝含樞紐，白帝白招矩，黑帝汁光紀（汁，大德本作'叶'）。牲幣及王（王，紹興本、大德本、殿本作'玉'），各依方色。"

[7]【今注】法物：用於儀仗、祭祀的器物。

[8]【今注】八音：用金、石、絲、竹、匏、土、革、木八種不同質材所製的樂器。《史記》卷一《五帝本紀》："詩言意，歌長言，聲依永，律和聲，八音能諧，毋相奪倫，神人以和。"《正義》："八音，金、石、絲、竹、匏、土、革、木也。"

[9]【李賢注】祉亦福也。詠謂《詩》云"降福穰穰"之類。景帝詔曰："歌者所以發德，舞者所以明功。"

[10]【李賢注】班，布也。時令謂月令也。四時各有令，若有乖舛，必致妖災，故告之。

[11]【李賢注】元氣，天氣也。王者承天心，理禮樂，通上下四時之氣也，故望之焉。時律者，即《月令》"孟春律中太蔟，仲春律中夾鍾"之類。《大戴禮》曰："聖人戡十二管，察八音之

清濁，謂之律呂。律呂不正則諸氣不和。"《周禮》保章氏："以五雲之色，辨吉凶、水旱、豐荒之祲象。"鄭司農注云（大德本無"云"字）："以二至二分觀雲色，青爲蟲，白爲喪，赤爲兵荒，黑爲水，黃爲豐。故《春秋傳》曰：'凡分至啓閉必書雲物，爲備故也'。"杜預注云："物謂氣色灾變也。"【今注】案，元氣，中華本校勘記曰："洪頤軒《讀書叢録》謂'元氣'當是'雲氣'之譌，《祭祀志》云'升靈臺以望雲物'，雲物即雲氣也。李慈銘謂洪説是。'雲'古文作'云'，與'元'字易亂。下贊云'登臺觀雲'，可知《范書》此紀正作'雲'字。"　時律：合於節氣的音律。古時設十二管，以察八音之清濁，謂之律呂，律呂不正則諸氣不和。

物：太陽旁雲氣之色，古人據此以判吉凶。《周禮·保章氏》："以五雲之物，辨吉凶、水旱降豐荒之祲象。"鄭玄注："物，色也。視日旁雲氣之色。"

[12]【李賢注】奉計謂計吏也。《詩》曰："因時百蠻。"百言衆多也。獨言蠻，通四夷（大德本、殿本句尾有"也"字）。【今注】計：一種統計類文書，類似於今天的賬簿，統計人口、物資等相關情況，用以向上級匯報。

[13]【今注】濊貊：古族名。古代東夷之一種。秦漢時分布於今吉林、遼東及朝鮮之地。　咸：皆。

[14]【今注】單于：漢時匈奴對其國君的稱謂。《漢書》卷九四上《匈奴傳上》："單于姓攣鞮氏，其國稱之曰'撑犁孤塗單于'。匈奴謂天爲'撑犁'，謂子爲'孤塗'，單于者，廣大之貌也，言其象天單于然也。"　骨都侯：匈奴官號。《史記·匈奴列傳》："（匈奴）置左右賢王，左右谷蠡王，左右大將，左右大都尉，左右大當户，左右骨都侯。"《集解》："骨都，異姓大臣。"東漢時有韓氏、當于氏、呼衍氏、郎氏、栗籍氏等五骨都侯。建武二十四年（48），南北匈奴分裂後，五骨都侯隸屬北匈奴。後歸南庭，受南單于命。韓氏骨都侯屯北地，當于骨都侯屯五原，呼衍骨都侯屯雲

中，郎氏骨都侯屯定襄，栗籍骨都侯屯代郡，領部衆助漢戍邊。詳見本書卷八九《南匈奴傳》。

［15］【今注】闇陋：愚昧鄙陋。

［16］【李賢注】《周禮》曰："四圭尺有二寸，以祀天。"又曰："以蒼璧禮天，以黄琮禮地，以青圭禮東方，以赤璋禮南方，以白琥禮西方，以玄璜禮北方。"

［17］【李賢注】撥，理也。《公羊傳》曰："撥亂世反之正，莫近於《春秋》。"

［18］【今注】璧雍：辟雍，環繞明堂的圓形水池。"璧""辟"通，取四周有水，形如璧環爲名；"雍"同"邕"，指水池環繞的高地及其建築。辟雍是較大的水面，並附有苑囿等區域，有魚鳥集居。西周麥尊等金文材料記載有"辟雍"，辟雍中可以行舟，舉行射禮，進行漁獵等。"辟雍"亦承擔教育功能，是最早的學校之一。（參見楊寬《西周史》，上海人民出版社 2003 年版，第 666—674 頁）

［19］【李賢注】《淮南子》曰："九州之外有八寅，八寅之外有八紘，八紘之外有八極。"【今注】恢弘：發揚，擴大。　八極：八方極遠之地。

［20］【李賢注】明帝自謂無（中華本據《刊誤》在"無"後補"成康之質"四字）。成康之時，刑措不用四十餘年。【今注】胤子：嗣子。　成康：指周成王、周康王。周成王，名誦，西周第二位君主，周武王之子。繼位之初，因年紀幼小，由周公旦攝政。平定三監之亂，營建成周，大封諸侯，鞏固了西周的統治。周康王，名釗，西周第三任君主，周成王之子。西周在周成王、周康王時期，天下安定，四十多年不用刑罰，史稱"成康之治"。　吕旦：指吕尚、周公旦。吕尚，即姜太公，周初名臣。輔佐周文王，被拜爲"太師"，爲軍事統帥。周武王尊爲"師尚父"，輔佐武王消滅商紂，建立周朝。封於齊地。周公旦，周文王第四子，周武王之弟。武王卒，成王幼，周公攝政，率師東征，平定三監之亂，分

封諸侯，營建成周洛邑，制禮作樂。采邑在周，故稱周公。封於曲阜，留朝執政，長子伯禽就封，建立魯國。

[21]【李賢注】鄭玄注《論語》云："踧踖，敬恭貌。"盌音管。

[22]【李賢注】坦蕩，明達之貌。戚戚，常憂懼也。【今注】君子坦蕩蕩小人長戚戚：意爲君子光明磊落、心胸坦蕩，小人則斤斤計較、患得患失。《論語·述而》："子曰：'君子坦蕩蕩，小人長戚戚。'"

[23]【今注】謀反：罪名。古代重罪之一，指圖謀推翻皇帝統治的行爲，後世歸入"十惡"。謀反者皆處以腰斬和夷三族之刑。長沙尚德街東漢簡牘第254簡正面有"謀反者，要斬"的律文（參見長沙市文物考古研究所編《長沙尚德街東漢簡牘》，岳麓書社2016年版，第224頁）。沈家本認爲，"謀反、大逆本是一事，一則已謀，一則已行耳"（參見沈家本《歷代刑法考》，中華書局2006年版，第1414頁）。即謀反是謀議行爲，大逆是實行行爲。但兩者在量刑上似乎並無差別。　大逆：罪名。亦稱"大逆無道"。秦漢重罪之一。指以下犯上、違背君臣之倫的犯罪，具體指顛覆、危害、反對君主統治的行爲，文獻中常以"背叛宗廟" "危宗廟" "危社稷"等描述之。"大逆"爲秦漢"不道"罪的種類之一，後世歸入"十惡"。〔參見［日］大庭脩著，徐世虹等譯《秦漢法制史研究》，第87—95頁〕《漢書》卷五《景帝紀》如淳注："律，大逆不道，父母、妻子、同產皆棄市。"根據律條規定，犯此罪者多本人腰斬，父母妻子同產連坐棄市。

[24]【今注】百僚師尹：百僚即百官，《尚書·皋陶謨》："百僚師師。"《詩·大東》："百僚是試。"師尹即屬官之長，《尚書·洪範》："曰王省惟歲，卿士惟月，師尹惟日。"《詩·節南山》："赫赫師尹，民具爾瞻。"這裏的"百僚師尹"泛指百官。

[25]【李賢注】若，順也。【今注】敬若昊天：《尚書·堯

典》："乃命羲和，欽若昊天，曆象日月星辰，敬授人時。"僞孔傳解釋"敬若昊天"爲"使敬順昊天"。　綏：安撫。　兆人：兆民，"兆"形容數量多，蔡邕《獨斷》卷上："天子曰兆民，諸侯曰萬民，百乘之家曰百姓。"

三月，臨辟雍，初行大射禮。[1]

[1]【李賢注】《儀禮》曰大射之禮，王將祭射宮，擇士以助祭也。張虎侯、熊侯、豹侯，其制若今之射的矣。謂之爲侯者，天子射中之，可以服諸侯也。天子侯中一丈八尺，畫以雲氣焉。王以六耦射三侯，樂以《騶虞》九節；諸侯以四耦射二侯，樂以《狸首》七節；孤卿、大夫以三耦射一侯，樂以《采蘋》五節；士以一耦射豻侯（一，大德本、殿本作"二"），樂以《采蘩》三節。【今注】大射禮：古代禮制之一。射禮即進行射箭比賽，其中包括比耦和三番射等環節，與田獵有關，帶有軍事訓練的性質，亦承擔選拔人才的功用。大射與鄉射相對，兩者内容基本相同，但是大射是射禮中的大禮，參加者爲國君和卿大夫、諸侯等，規格較高。《儀禮》中有《大射禮》。（參見楊寬《西周史》，第716—741頁）西周射禮在金文中有較多反映，如静簋、柞伯簋銘文等。又從西周麥方尊、伯唐父鼎銘文看，西周射禮多於辟雍舉行。辟雍中蓄養有動物，射禮多爲國君乘舟於辟雍大池中射獵。

秋九月，沛王輔、楚王英、濟南王康、淮陽王延、東海王政來朝。[1]

[1]【今注】沛王輔楚王英濟南王康淮陽王延：皆光武帝子，詳細事迹見本書卷四二《光武十王傳》。案，曹金華《後漢書稽疑》謂，"《後漢紀》卷九作'沛王、濟南王、淮陽王、東海王來

朝'，無楚王英"（中華書局 2014 年版，第 57 頁）。　東海王政：
東海恭王劉彊之子。

　　冬十月壬子，幸辟雍，初行養老禮。[1]詔曰："光
武皇帝建三朝之禮，而未及臨饗。[2]眇眇小子，屬當聖
業。[3]間暮春吉辰，初行大射；令月元日，[4]復踐辟
雍。尊事三老，兄事五更，安車軟輪，供綏執授。侯
王設醬，公卿饌珍，朕親袒割，執爵而酳。[5]祝哽在
前，祝噎在後。[6]升歌《鹿鳴》，下管《新宮》，[7]八佾
具脩，萬舞於庭。[8]朕固薄德，何以克當？《易》陳負
乘，《詩》刺彼己，[9]永念慙疚，無忘厥心。[10]三老李
躬，年耆學明。[11]五更桓榮，授朕《尚書》。《詩》
曰：'無德不報，無言不酬。'[12]其賜榮爵關內侯，[13]
食邑五千户。三老、五更皆以二千石禄養終厥身。[14]
其賜天下三老酒人一石，肉四十斤。有司其存耆
耋，[15]恤幼孤，惠鰥寡，稱朕意焉。"

　　[1]【今注】養老禮：對年高德劭的老者按時餉以酒食而敬禮
之的禮節。
　　[2]【李賢注】三朝之禮謂中元元年初起明堂、辟雍、靈臺
也。【今注】饗：相聚宴飲。
　　[3]【李賢注】《尚書》康王曰："眇眇予末小子。"孔安國注
云："眇眇猶微微也。"【今注】眇眇小子：微末小子，自謙之詞。
《尚書・顧命》："王再拜，興，答曰：'眇眇予末小子，其能而亂四
方，以敬忌天威。'"
　　[4]【李賢注】《東觀記》曰："十月元日。"【今注】案，令，
殿本作"今"。

[5]【李賢注】《孝經援神契》曰：“尊事三老，父象也。”宋均注曰：“老人知天地之事者。”安車，坐乘之車；輭輪，以蒲裹輪。輭音而兗反。三老就車，天子親執綏授之。《説文》：“綏，車中把也。”五更，老人知五行更代事者。《漢官儀》曰：“三老、五更，皆取有首妻男女全具者。”《續漢志》曰：“養三老、五更，先吉日，司徒上太傅若講師故三公人名，用其德行年耆高者，三公一人爲三老，次卿一人爲五更，皆服緇紵大袍單衣，皁緣領袖中衣，冠進賢，扶玉杖。五更亦如之，不杖。皆齊于太學講堂。其日乘輿先到辟雍禮殿（乘，大德本作“秉”。殿，大德本、殿本作“畢”），坐于東廂，遣使者安車迎三老、五更，天子迎于門屏，交拜，導自阼階。三老自賓階升，東面。三公設几杖。九卿正履。天子親袒割牲，執醬而饋，執爵而酳。五更南面，三公進供，禮亦如之。明日皆詣闕謝，以其於己禮太隆也。”醬，醢也。珍謂肴羞之屬，即《周禮》“八珍”之類。鄭玄注《儀禮》云：“酳，漱也，所以潔口。”音胤（胤，殿本作“靷”）。【今注】三老五更：“老”指年老，“更”指更事，即經歷世事。古代設三老五更之位，天子以父兄之禮養之，是中國古代敬老、養老習俗的體現。三和五的含義，一種説法是指人數，一種説法是指三辰五星，一種説法是指三德五事。《禮記·文王世子》：“適東序，釋奠於先老，遂設三老五更群老之席位焉。”鄭玄注：“三老五更各一人也，皆年老更事致仕者也。天子以父兄養之，示天下之孝悌也。名以三五者，取象三辰五星，天所因以照明天下者。”孔穎達《正義》：“‘三老五更各一人’，蔡邕以爲更字爲叟。叟，老稱。又以三老爲三人，五更爲五人。非鄭義也。”《禮記·樂記》：“食三老五更於大學。”鄭玄注：“三老五更，互言之耳，皆老人更知三德五事者也。”孔穎達《正義》：“三德謂正直、剛、柔。五事謂貌、言、視、聽、思。”　安車輭輪：亦作“安車蒲輪”。《漢書》卷六《武帝紀》：“遣使者安車蒲輪，束帛加璧，徵魯申公。”顏師古注：“以蒲裹

輪，取其安也。"安車，即可以坐乘之車。頓輪，即軟輪，指以蒲草包裹的車輪，用以防顛簸。安車頓輪用以迎送德高望重的老人，表示優禮。

[6]【李賢注】老人食多哽咽，故置人於前後祝之，令其不哽噎也（噎，殿本作"咽"）。【今注】哽：食物堵塞喉嚨不能下咽。

[7]【李賢注】《鹿鳴》，《詩‧小雅》篇名也。《新宮》，《小雅》逸篇也。升，登也。登堂而歌，所以重人聲也。《燕禮》曰："升歌《鹿鳴》，下管《新宮》。"

[8]【李賢注】佾，列也。謂舞者行列也。《左氏傳》曰："天子八佾，諸侯六，大夫四，士二。夫舞，所以節八音而行八風，故自八以下。"萬亦舞也。《詩》云："公庭萬舞。"

[9]【李賢注】《易》曰："負且乘，致寇至。"負也者，小人之事也。乘也者，君子之器也，小人而乘君子之器，盜思奪之矣。《詩》曰"彼己之子，不稱其服"也。【今注】易陳負乘：《易》，即《周易》，儒家經典之一。本爲古代卜筮之書，包括六十四卦和三百八十四爻，卦和爻各有卦辭和爻辭。《易》又有《傳》，《傳》包含解釋卦辭和爻辭的七種文辭共十篇，統稱《十翼》，傳爲孔子所撰。《周易‧解卦》："六三：負且乘，致寇至，貞吝。""負且乘，致寇至"意思是居非其位，才不稱職，就會招致禍患。 詩刺彼己：《詩》，即《詩經》，儒家經典之一。中國最早的詩歌總集，收集了西周初年至春秋中葉的詩歌，計305篇，稱《詩三百》。傳爲孔子編訂，分爲《風》《雅》《頌》等體裁。漢代有今古文之分，齊魯韓三家詩爲今文，毛詩爲古文。今安徽大學藏戰國竹簡有戰國《詩經》抄本。《詩‧曹風‧候人》："彼其之子，不稱其服。"《左傳》僖公二十四年引"彼其"作"彼己"。鄭玄箋："不稱者言其德薄而服尊。"後以"彼其""彼己"譏功德不稱其位者。

[10]【今注】厥：其。

［11］【今注】耆：年老。

［12］【李賢注】《詩·大雅》也。【今注】無德不報無言不酬：《詩·大雅·抑》："無言不讎，無德不報。"意思是説出的話一定會發生作用，做好事也一定有好報。

［13］【今注】關内侯：爵位名。秦漢二十等爵的第十九級。關内侯又名"倫侯"，秦琅邪刻石有"倫侯"，地位在"列侯"之下。里耶秦簡更名方有"關内侯爲倫侯"，説明倫侯即關内侯。關内侯有侯號，居京師，無封土，但享受食邑權，其所食户數在一百户至五千户之間，以三百户、五百户爲主。

［14］【今注】二千石：漢代官吏秩級之一，低於中二千石，高於比二千石。月俸爲一百二十斛。由於漢代郡守、諸侯國相一般爲二千石，故史籍中的"二千石"一般指郡守和諸侯國相。

［15］【李賢注】《禮記》曰，六十曰耆，七十曰耋。《釋名》曰："耆，指也，不從力役，指事使人也。耋，鐵也，皮膚變黑色如鐵也。"

中山王焉始就國。[1]

［1］【今注】中山王焉：劉焉，光武帝子。傳見本書卷四二。

甲子，西巡狩，[1]幸長安，[2]祠高廟，[3]遂有事於十一陵。[4]歷覽館邑，[5]會郡縣吏，勞賜作樂。[6]十一月甲申，遣使者以中牢祠蕭何、霍光。[7]帝謁陵園，過式其墓。[8]進幸河東，[9]所過賜二千石、令長已下至於掾史，各有差。[10]癸卯，車駕還宮。[11]

［1］【今注】巡狩：又作"巡守"，古代天子巡察諸侯所守之

疆土的一種禮制，秦漢時期指皇帝出行視察郡國。

[2]【今注】幸：古稱帝王到達某地爲“幸”。蔡邕《獨斷》卷上：“（天子）所至曰‘幸’。幸者，宜幸也，世俗謂車駕所至，臣民被其澤以僥倖，故曰幸也……天子車駕，所至，見長吏、三老、官屬，親臨軒，作樂。賜食、皁、帛，民爵有級數，或賜田租之半，故謂之‘幸’，皆非其所當得而得之。”　長安：縣名。爲京兆尹治，治所在今陝西西安市西北漢城。

[3]【今注】高廟：漢代祭祀漢高祖劉邦的宗廟。

[4]【今注】有事：祭祀。　十一陵：西漢皇帝的十一座陵墓，即漢高祖長陵、惠帝安陵、文帝霸陵、景帝陽陵、武帝茂陵、昭帝平陵、宣帝杜陵、元帝渭陵、成帝延陵、哀帝義陵、平帝康陵。

[5]【今注】歷：遍。

[6]【今注】勞賜：增加郡縣官吏的勞績。

[7]【今注】中牢：少牢，指祭祀中采用豬、羊二牲。　蕭何：沛（今江蘇沛縣）人。西漢初開國功臣。初爲沛主吏掾。從劉邦入關，獨收秦相府律令圖書藏之，以是漢知天下關塞險要、郡縣戶口。劉邦王漢中，以何爲丞相。又薦韓信爲大將。楚漢相拒，留守關中，轉輸士卒糧餉，使軍中給食不乏。劉邦稱帝，論何功第一，封酇侯。後定律令制度，協助高祖消滅陳豨、韓信、黥布等，封相國。高祖死後，事惠帝，病危時薦曹參繼相，卒謚文終。世家見《史記》卷五三，傳見《漢書》卷三九。　霍光：字子孟，河東平陽（今山西臨汾市西南）人。西漢權臣。霍去病異母弟。武帝病將死，奉遺詔輔政。昭帝即位，任大司馬大將軍，封博陸侯。誅滅共同輔政的桑弘羊、上官桀等人。政由己出，權勢極大。昭帝死後，迎立昌邑王劉賀爲帝，不久將其廢黜，又迎立宣帝。前後執政約二十年，社會安定，經濟得到一定的發展。傳見《漢書》卷六八。

[8]【李賢注】《東觀漢記》曰：“蕭何墓在長陵東司馬門道

北百步。"又云:"霍光墓在茂陵東司馬門道南四里。"式,敬也。《禮記》曰:"行過墓必式。"【今注】式:敬。"式"通"軾",本指車上憑依的橫木。古代男子立乘,有所敬,則俛而憑式,遂以式爲敬名。

[9]【今注】河東:郡名。治安邑縣(今山西夏縣西北)。

[10]【李賢注】《續漢志》曰:"郡國及縣,諸曹皆置掾史。"【今注】掾史:中央及各州縣設置的分曹治事的小吏,掾的本義爲佐助,史指處理文書的職官,掾史秩級多爲百石以下,屬於辦事的小吏。　差:差等、等級。

[11]【今注】車駕:皇帝所乘之車,亦用爲皇帝的代稱。蔡邕《獨斷》:"乘輿出於《律》。《律》曰:'敢盜乘輿服御物。'謂天子所服食者也。天子至尊,不敢渫瀆言之,故託之於乘輿。乘猶載也,輿猶車也。天子以天下爲家,不以京師宮室爲常處,則當乘車輿以行天下,故群臣託乘輿以言之。或謂之車駕。"

　　十二月,護羌校尉竇林下獄死。[1]

[1]【今注】護羌校尉:官名。西漢武帝時置,持節統領羌族事務。東漢初罷。光武帝建武九年(33),復以牛邯爲護羌校尉。後或省或置。章帝以後遂爲常制。秩比二千石,有長史、司馬二人,多以邊郡太守、都尉轉任。除監護內附羌人各部落外,亦常將羌兵協同作戰,戍衛邊塞。　竇林:扶風平陵(今陝西咸陽市)人。竇融侄。初爲謁者,明帝即位領護羌校尉。永平元年(58)燒當羌首領滇吾之弟滇岸降,林爲下吏所欺,謬奏爲大豪,封歸義侯。永平二年滇吾降,林又奏爲羌族第一豪。帝究其事而免林官。會涼州刺史又奏林贓罪,下獄死。

　　是歲,始迎氣於五郊。[1]少府陰就子豐殺其妻酈邑公主，就坐自殺。[2]

[1]【李賢注】《續漢書》曰："迎氣五郊之兆。四方之兆各依其位。中央之兆在未，壇皆二尺。立春之日，迎春於東郊，祭青帝句芒，車服皆青，歌《青陽》，八佾舞《雲翹》之舞。立夏之日，迎夏於南郊，祭赤帝祝融，車服皆赤，歌《朱明》，八佾舞《雲翹》之舞，先立秋十八日，迎黃靈於中兆，祭黃帝后土，車服皆黃，歌《朱明》，八佾舞《雲翹》《育命》之舞。立秋之日，迎秋於西郊，祭白帝蓐收，車服皆白，歌《白藏》，八佾舞《育命》之舞。立冬之日，迎冬於北郊，祭黑帝玄冥，車服皆黑，歌《玄冥》，八佾舞《育命》之舞。"

[2]【李賢注】酈，縣，屬南陽郡。酈音櫟。【今注】少府：官名。列位九卿，職掌皇室財政。其機構之大、屬官之多，在列卿中居首位。秩中二千石。《漢書·百官公卿表上》："少府，秦官，掌山海池澤之稅，以給共養，有六丞。"　陰就：南陽新野（今河南新野縣）人。光武帝陰皇后弟。封信陽侯。善結交，性剛傲，不得眾譽。明帝時爲少府，位特進。永平二年（59）以子豐殺妻酈邑公主，當連坐，乃自殺。　酈邑公主：漢光武帝劉秀之女，建武二十一年（45）封酈邑公主。嫁於表兄陰豐，永平二年，爲陰豐所殺。

三年春正月癸巳，詔曰："朕奉郊祀，[1]登靈臺，見史官，正儀度。[2]夫春者，歲之始也。始得其正，則三時有成。[3]比者水旱不節，[4]邊人食寡，政失於上，人受其咎。有司其勉順時氣，勸督農桑，去其螟蜮，以及蟊賊；[5]詳刑慎罰，明察單辭，[6]夙夜匪懈，以稱朕意。"[7]

[1]【今注】郊祀：古代帝王祭祀天地之禮，是規格最高的一種祭禮。因祭祀場所設於城郊，故稱郊祀。先秦時代即存在郊祭，爲祭天之禮。秦在雍地設立祭天之所，稱四時，祭白、青、黃、赤四帝。西漢武帝於長安東南郊立天神泰一和五帝祠，又在汾陰立地神后土祠。成帝、哀帝時期，匡衡等人對郊祀進行改革，在長安城南郊祭天、北郊祭地。平帝元始五年（5），王莽提出一套完備的南郊郊祀方案，稱爲“元始儀”。東漢光武帝繼承“元始儀”，在洛陽城南七里建南郊壇祭天，配祀高祖，在洛陽城北四里建北郊壇，配祀薄太后，南北郊祀制度確立。南郊壇是圓形的圜丘，北郊壇是正方形的方丘。東漢南郊祭天爲每年一次，在正月第一個辛日或丁日舉行，並於次日舉行北郊、明堂、高廟等祭祀。〔參見田天《秦漢國家祭祀史稿》，生活·讀書·新知三聯書店 2015 年版；〔日〕金子脩一著，肖聖中等譯《古代中國與皇帝祭祀》，復旦大學出版社 2017 年版〕

[2]【李賢注】儀謂渾儀，以銅爲之，置於靈臺，王者正天文之器也。度謂日月星辰之行度也。史官即大史（大，紹興本、大德本、殿本作“太”），掌天文之官也。

[3]【李賢注】正謂日月五星不失其次也。三時謂春、夏、秋。《左傳》曰：“務其三時。”

[4]【今注】比：近來。

[5]【李賢注】《爾雅》曰：“食苗心曰螟，食節曰賊，食根曰蟊（大德本、殿本無‘節曰賊食’四字）。”蜮一名短弧（弧，殿本作“狐”），今之水弩，含沙射人爲災。言此者，欲令臣下順時行政，勿侵擾也。【今注】螟：昆蟲。《說文》：“螟，蟲食穀心者，吏冥冥犯法即生螟。”今一般認爲即螟蛾的幼蟲，危害農作物。 蟘：一種食禾苗的害蟲。 蟊：昆蟲。腿細長，鞘翅上黃黑色斑紋，成蟲危害農作物。 賊：一種專食苗節的害蟲。

[6]【李賢注】單辭猶偏辭也。 【今注】單辭：法律術語。

《尚書·呂刑》："今天相民，作配在下，明清於單辭。"孔穎達疏："單辭，謂一人獨言，未有與對之人。"指訴訟中無對質的單方面口供。

[7]【今注】夙夜匪懈：語出《詩·大雅·烝民》，指從早到晚都不懈怠。

二月甲寅，太尉趙憙、司徒李訢免。丙辰，左馮翊郭丹爲司徒。[1]己未，南陽太守虞延爲太尉。[2]

[1]【今注】左馮翊：官名。秦置內史，掌治京師及近郊，西漢武帝建元六年（前135）分置左右內史；太初元年（前104）改右內史曰京兆尹，左內史曰左馮翊，屬官有廩犧令丞尉，左都水、鐵官、雲壘、長安四市四長丞。東漢都洛陽，改河南郡爲尹，因陵廟在三輔，故不改京兆尹、左馮翊、右扶風之名，秖減其俸。　郭丹：字少卿，南陽穰（今河南鄧州市）人。傳見本書卷二七。

[2]【今注】南陽：郡名。治宛縣（今河南南陽市臥龍區）。虞延：字子大，陳留東昏（今河南蘭考縣）人。傳見本書卷三三。

甲子，立貴人馬氏爲皇后，[1]皇子烜[2]爲皇太子。賜天下男子爵，人二級；三老、孝悌、力田人三級；流人無名數欲占者人一級；鰥、寡、孤、獨、篤癃、貧不能自存者粟，[3]人五斛。

[1]【今注】貴人：後宮名號。始於東漢，位僅次皇后。本書卷一〇上《皇后紀上》："及光武中興，斲彫爲樸，六宮稱號，唯皇后、貴人。貴人金印紫綬，俸不過粟數十斛。又置美人、宮人、采

女三等，並無爵秩，歲時賞賜充給而已。" 馬氏：馬援小女。年十三選入太子宮。漢明帝即位，相繼立爲貴人、皇后，深受寵敬。紀見本書卷一〇上。

［2］【李賢注】音丁達反。【今注】皇子炟：漢章帝劉炟，漢明帝劉莊第五子。紀見本書卷三。

［3］【今注】案，瘴，大德本、殿本作"癉"。

夏四月辛酉，封皇子建爲千乘王，[1]羨爲廣平王。[2]

［1］【李賢注】千乘，國名，今青州縣，故城在今淄州高苑北。【今注】皇子建：劉建，東漢明帝子。傳見本書卷五〇。 千乘：國名。治狄縣（今山東高青縣東南）。

［2］【今注】羨：劉羨，明帝子。傳見本書卷五〇。 廣平：國名。治或在廣平縣（今河北雞澤縣東）。

六月丁卯，有星孛于天船北。[1]

［1］【李賢注】天船，星名。《續漢志》曰："天船爲水，彗出之爲大水。是歲，伊、洛水溢到津城門。"伏侯《古今注》曰："彗長三尺所（所，大德本、殿本作'許'，底本或誤），見三十五日乃去。"【今注】星孛：光芒四射的彗星。孛，彗星之別稱。古以彗星爲不祥，預兵戎之災。 天船：星官名。屬於二十八宿的胃宿，意爲"天上的船"。

秋八月戊辰，改大樂爲太予樂。[1]

[1]【李賢注】《尚書琁機鈐》曰"有帝漢出，德洽作樂名予"，故據《琁機鈐》改之。《漢官儀》曰："大予樂令一人（大，大德本、殿本作'太'），秩六百石。"【今注】大樂：官署名。即太樂，掌管樂人奏樂，奉常屬官有太樂令、丞。《漢書·百官公卿表上》："奉常，秦官，掌宗廟禮儀，有丞。景帝中六年更名太常。屬官有太樂、太祝、太宰、太史、太卜、太醫六令丞。"東漢明帝永平三年（60）改太樂爲太予樂，掌伎樂人，凡國家祭祀時掌管奏樂，有太予樂令一人。本書《百官志二》："大予樂令一人，六百石。本注曰：掌伎樂。凡國祭祀，掌請奏樂，及大饗用樂，掌其陳序。丞一人。"大，大德本、殿本作"太"。

　　壬申晦，[1]日有蝕之。[2]詔曰："朕奉承祖業，無有善政。日月薄蝕，[3]彗孛見天，水旱不節，稼穡不成，人無宿儲，下生愁墊。[4]雖夙夜勤思，而智能不逮。昔楚莊無災，以致戒懼；[5]魯哀禍大，天不降譴。[6]今之動變，儻尚可救。[7]有司勉思厥職，以匡無德。[8]古者卿士獻詩，百工箴諫。[9]其言事者，靡有所諱。"

　　[1]【今注】晦：每月最後一天。

　　[2]【今注】日有蝕之：日食。蝕，虧損。

　　[3]【今注】日月薄蝕：指日月交會相掩。《吕氏春秋·明理》"其月有薄蝕"高誘注："薄，迫也。日月激會相掩，名爲薄蝕。"《漢書·天文志》："彗孛飛流，日月薄食。"孟康曰："日月無光曰薄。京房《易傳》曰日月赤黃爲薄。或曰不交而食曰薄。"韋昭曰："氣往迫之爲薄，虧毀曰食也。"

　　[4]【李賢注】儲，積也。墊，溺也，音丁念反。【今注】宿儲：先期的儲備。宿，先期。《説文》："宿，止也。"段玉裁注：

"先期亦曰宿。" 塾：陷沉，淹没。

[5]【李賢注】《説苑》曰："楚莊王見天不見妖而地不出孽，則禱于山川曰：'天其忘余歟？'此能求過于天，必不逆諫矣（大德本無'必'字）。"

[6]【李賢注】《春秋感精符》曰："魯哀公時，政彌亂絶，不日食。政亂之類，當致日食之變，而不應者，譴之何益，告之不悟，故哀公之篇絶無日食之異。"

[7]【今注】儻：通"倘"。倘若、或者。

[8]【今注】匡：糾正。《詩·小雅·六月》："王于出征，以匡王國。"毛傳："匡，正也。"段玉裁謂："蓋正其不正爲匡。"

[9]【李賢注】《國語》曰："天子聽政，公卿至于庶士獻詩，師箴，百工諫，庶人傳語，近臣盡規（臣，大德本作'自'），而後王斟酌事焉。"

冬十月，烝祭光武廟，[1]初奏《文始》《五行》《武德》之舞。[2]

[1]【李賢注】《禮記》曰："冬祭曰烝。"烝，衆也。冬物畢成，可祭者衆。【今注】烝祭：亦作"烝祭"，在宗廟舉行的冬祭。古代國君在一年中的四季都要舉行宗廟祭祖儀式，即四時之祭。《周禮·春官·大宗伯》："以祠春享先王，以禴夏享先王，以嘗秋享先王，以烝冬享先王。"《禮記·王制》："天子、諸侯宗廟之祭，春曰礿，夏曰禘，秋曰嘗，冬曰烝。"

[2]【李賢注】《前書》曰，《文始舞》者，本舜《韶舞》也，高祖六年更名曰《文始》，其舞人執羽籥。《五行》者，本周舞也，秦始皇二十六年更名曰《五行》，其舞人冠冕衣服法五行色。《武德》者，高祖四年作，言行武以除亂也，其舞人執干戚。光武草創，禮樂未備，今始奏之，故云初也。

甲子，車駕從皇太后幸章陵，[1]觀舊廬。十二月戊辰，至自章陵。

[1]【今注】章陵：縣名。東漢光武帝建武六年（30）改春陵侯國置，治所在今湖北棗陽市南。

是歲，起北宮及諸官府。[1]京師及郡國七大水。[2]

[1]【今注】北宮：東漢洛陽城宮名。西漢時期洛陽城有南宮，“南宮”之稱顯然與“北宮”相對，故西漢洛陽城應已經存在“北宮”。東漢明帝繼位後，又大興土木，對北宮及其他官府進行了修繕和擴建。工程浩大，勞民傷財。明帝移居北宮後，北宮成爲政治中心，南宮降爲附屬設施。此後東漢章帝、和帝、安帝、順帝、桓帝、靈帝、少帝、獻帝等均居住過北宮。（參見陳蘇鎮《東漢的南宮和北宮》，《文史》2018年第1輯）

[2]【今注】京師：國都。蔡邕《獨斷》卷上：“天子所都曰京師。”

四年春二月辛亥，詔曰：“朕親耕藉田，以祈農事。[1]京師冬無宿雪，春不燠沐，[2]煩勞群司，積精禱求。[3]而比再得時雨，[4]宿麥潤澤。[5]其賜公卿半奉。有司勉遵時政，務平刑罰。”

[1]【李賢注】《禮記》曰：“天子親耕于東郊，爲藉田千畝，冕而朱紘，躬秉耒耜。”《五經要義》曰：“天子藉田，以供上帝之粢盛，所以先百姓而致孝敬也。藉，蹈也。言親自蹈履于田而耕之。”《續漢志》云：“正月始耕，既事，告祠先農。”《漢舊儀》

曰："先農即神農炎帝也。何以太牢（何，紹興本、大德本、殿本作'祠'，底本誤），百官皆從。皇帝親執耒耜而耕。天子三推，三公五，孤卿七（七，大德本、殿本作'十'），大夫十二，士庶人終畝。乃致藉田倉（致，殿本作'置'），置令丞，以給祭天地宗廟，以爲粢盛。"【今注】藉田：古代帝王親自耕種，所收糧食專用於祭祀的土地。"籍田"不是"公田"，而是一種特殊的"祭祀田"。商代在孟津一帶設有專門土地，收穫糧食專供祭祀，是爲籍田之萌芽。清華大學藏戰國竹簡《繫年》記載周武王創設籍田，《國語·周語上》記載周宣王時籍田禮廢弛。西周的籍田名爲"千畝"，有學者認爲西周籍田不止"千畝"一處。（參見劉光勝、王德成《從"殷質"到"周文"：商周籍田禮再考察》，《江西社會科學》2018 年第 2 期）西漢文帝時開始設置籍田。《漢書》卷四《文帝紀》："（二年）春正月丁亥，詔曰：夫農，天下之本也，其開藉田，朕親率耕，以給宗廟粢盛。"並置籍田令，《漢書·百官公卿表上》："（大司農）屬官有太倉、均輸、平準、都内、籍田五令、丞。"籍田令管理籍田事宜，隸大司農。東漢省。江西南昌海昏侯墓出土有"昌邑籍田銅鼎"，其銘文曰："昌邑籍田銅鼎，容十斗，重卅八斤，第一。"説明西漢諸侯王國亦設置"籍田"。

[2]【李賢注】燠，暖也，音於六反。沐，潤澤也。言無暄潤之氣也。【今注】宿雪：積留過冬的雪。

[3]【李賢注】積精猶儲積也。《説文》云："告事求福曰禱。"【今注】積精：積聚，儲存。

[4]【今注】比：近來。

[5]【今注】宿麥：秋種春收的越冬小麥。《漢書》卷六《武帝紀》："遣謁者勸有水災郡種宿麥。"顏師古注："秋冬種之，經歲乃熟，故云宿麥。"

秋九月戊寅，千乘王建薨。

冬十月乙卯，司徒郭丹、司空馮魴免。丙辰，河南尹范遷爲司徒，[1]太僕伏恭爲司空。[2]

[1]【今注】河南尹：官名。東漢光武帝建武十五年（39）置，爲京都洛陽所在之河南郡長官，二千石，有丞一員，爲其副貳。主掌京都事務。春行屬縣，勸農桑，振乏絶。秋冬案訊囚徒，平其罪法。歲終遣吏上計。並舉孝廉，典禁兵。　范遷：字子廬，沛國（今安徽濉溪縣）人。初爲漁陽太守，以智略守邊，匈奴不敢入境。後爲河南尹，又代郭丹爲司徒。持身儉約，家無餘財，田不過一頃，宅有數畝。

[2]【今注】太僕：官名。列位九卿，掌皇帝專用車馬，有時親自爲皇帝駕車，地位親近重要，兼管官府畜牧業，秩中二千石〔參見呂宗力主編《中國歷代官制大辭典》（修訂版），第124頁〕。本書《百官志二》：“太僕，卿一人，中二千石。本注曰：掌車馬。天子每出，奏駕上鹵簿用；大駕則執馭。丞一人，比千石。”　伏恭：字叔齊，琅邪東武（今山東諸城市）人。東漢光武帝、明帝時歷任劇縣令、博士、常山太守、司空等職。精通《齊詩》，注重傳授學問，因此北方盛行伏氏學。曾整理父黯章句二十多萬字。傳見本書卷七九下。

十二月，陵鄉侯梁松下獄死。[1]

[1]【李賢注】坐縣飛書誹謗。

五年春二月庚戌，驃騎將軍東平王蒼罷歸藩；琅邪王京就國。[1]

［1］【今注】琅邪王京：光武帝子。傳見本書卷四二。

冬十月，行幸鄴。[1]與趙王栩會鄴。[2]常山三老言於帝曰：[3]“上生於元氏，[4]願蒙優復。”[5]詔曰：“豐、沛、濟陽，[6]受命所由，加恩報德，適其宜也。今永平之政，百姓怨結，而吏人求復，令人愧笑，重逆此縣之拳拳，[7]其復元氏縣田租更賦六歲，[8]勞賜縣掾史，及門闌走卒。”[9]至自鄴。

［1］【今注】鄴：縣名。爲魏郡治。治所在今河北臨漳縣西南。

［2］【今注】趙王栩：劉栩，東漢宗室，趙孝王劉良之子。光武帝建武十七年（41），其父劉良去世，劉栩嗣位。在位四十年卒，謚曰節。

［3］【今注】常山：郡名。治元氏縣（今河北元氏縣西北）。

［4］【今注】元氏：縣名。爲常山郡治，治所在今河北元氏縣西北。

［5］【今注】優：優待。 復：免除租稅徭役。

［6］【今注】豐：縣名。治所在今江蘇豐縣。 沛：縣名。治所在今江蘇沛縣。 濟陽：縣名。治所在今河南蘭考縣東北。

［7］【李賢注】重，難也。拳拳猶勤勤也。《禮記》曰：“得一善則拳拳服膺而不息。”【今注】拳拳：本意爲奉持之貌、緊握不舍，引申爲勤勉、努力。《禮記·中庸》：“得一善，則拳拳服膺而弗失之矣。”

［8］【今注】案，祖，紹興本、大德本、殿本作“租”，是。

［9］【李賢注】《續漢志》曰：“五伯、鈴下、侍閤（侍，大德本、殿本作‘待’）、門闌部署、街里走卒，皆有程品，多少

隨所典領。"【今注】走卒：供差遣奔走的隸卒、差役。《漢書》卷六七《胡建傳》："孝武天漢中，守軍正丞，貧亡車馬，常步與走卒起居，所以尉薦走卒，甚得其心。"

十一月，北匈奴寇五原；[1]十二月，寇雲中，[2]南單于擊却之。[3]

[1]【今注】北匈奴：東漢光武帝建武二十三年（47），匈奴發生王位之爭。次年，部領匈奴南邊的薁鞬日逐王比自立爲單于，依附東漢稱臣，史稱"南單于"，自此匈奴分爲南北。光武帝將南匈奴安置在河套地區，建庭五原塞（今内蒙古包頭市）。次年，遷庭於美稷縣（今内蒙古准格爾旗西北），即匈奴"南庭"。漢置使匈奴中郎將率兵保護其安全。留居漠北的匈奴稱"北匈奴"。詳見本書卷八九《南匈奴傳》。　五原：郡名。治九原縣（今内蒙古包頭市西）。

[2]【今注】雲中：郡名。治雲中縣（今内蒙古托克托縣東北）。

[3]【今注】南單于：南匈奴單于。光武帝建武二十六年遣中郎將段郴授南單于璽綬，令入居雲中。

是歲，發遣邊人在内郡者，賜裝錢，人二萬。[1]

[1]【今注】裝錢：置辦行裝的費用。

六年春正月，沛王輔、楚王英、東平王蒼、淮陽王延、琅邪王京、東海王政、趙王盱、北海王興、齊王石來朝。[1]

[1]【今注】趙王旴：或即趙王栩。　北海王興：劉興，劉縯子。東漢光武帝建武二年（26）封魯王，出繼光武帝兄劉仲，曾爲緱氏令、弘農太守，有政績。後徙北海王。死後謚靖王。　齊王石：劉石，齊哀王劉章之子，劉縯之孫。東漢光武帝建武二十七年，劉石始就國。在位二十四年卒，謚曰煬。　案，曹金華《後漢書稽疑》謂，《後漢紀》卷九作"沛王、楚王、濟南王、東平王、淮陽王、琅邪王、中山王、東海王來朝"，與此不同（第59頁）。

二月，王雒山出寶鼎，[1]廬江太守獻之。[2]夏四月甲子，詔曰："昔禹收九牧之金，鑄鼎以象物，使人知神姦，不逢惡氣。[3]遭德則興，遷于商、周；周德既衰，鼎乃淪亡。[4]祥瑞之降，以應有德。方今政化多僻，[5]何以致茲？[6]《易》曰鼎象三公，[7]豈公卿奉職得其理邪？太常其以祫祭之日，[8]陳鼎於廟，以備器用。賜三公帛五十匹，九卿、二千石半之。[9]先帝詔書，禁人上事言聖，而間者章奏頗多浮詞，[10]自今若有過稱虛譽，尚書皆宜抑而不省，[11]示不爲諂子蚩也。"[12]

[1]【李賢注】"雒"或作"雄"。【今注】王雒山：山名。一作"土雄山"。在今安徽中部。

[2]【今注】廬江：郡名。治舒縣（今安徽廬江縣西南）。

[3]【李賢注】夏禹之時，令遠方圖畫山川奇異之物，使九州之牧貢金鑄鼎以象之，令人知鬼神百物之形狀而備之，故人入山林川澤，魑魅罔兩莫能逢之。惡氣謂罔兩之類。事見《左傳》。【今注】禹：夏后氏首領，夏朝開國君主。鯀之子，治水有功，舜讓位於他。他死後，子啟即位，開始了世襲制度。傳說大禹令九州

貢獻青銅，鑄造九鼎。《左傳》宣公三年："昔夏之方有德也，遠方圖物，貢金九牧，鑄鼎象物，百物而爲之備，使民知神、姦。故民入川澤山林，禁禦不若。螭魅罔兩，莫能逢之。用能協於上下，以承天休。桀有昏德，鼎遷於商，載祀六百。商紂暴虐，鼎遷於周。"《史記·封禪書》："禹收九牧之金，鑄九鼎。皆嘗亨鬺上帝鬼神。遭聖則興，鼎遷於夏商。周德衰，宋之社亡，鼎乃淪没，伏而不見。"

[4]【李賢注】《史記》曰，周鼎亡入泗水中，秦始皇過彭城，齋成（成，紹興本、大德本、殿本作"戒"，是），欲出周鼎於泗水，使千人没水求之，不得。

[5]【今注】僻：邪僻。

[6]【今注】兹：此。

[7]【李賢注】《易》曰："鼎折足，覆公餗。"【今注】鼎象三公：意爲鼎有三足，像三公奉承天子。《周易·鼎卦》："九四，鼎折足，覆公餗，其形渥，凶。"

[8]【李賢注】《禮記》曰"夏祭曰礿"，音藥。礿，薄也。夏物未成，祭尚薄。【今注】太常：官名。列卿之一。秦及漢初名奉常，西漢景帝中元六年（前144）改名太常。主要職掌宗廟祭祀禮儀，兼管選試博士等文化教育活動。秩中二千石。《漢書·百官公卿表上》："奉常，秦官，掌宗廟禮儀，有丞。景帝中六年更名太常。"西漢景帝陽陵出土封泥有"太常之印"，學者考證爲景帝中元六年奉常更名後之物（參見楊武站《漢陽陵出土封泥考》，《考古與文物》2011年第4期）。太，大德本作"大"。　礿祭：亦作"禴祭"，古代在宗廟舉行的時祭名。《詩·小雅·天保》："吉蠲爲饎，是用孝享。禴祠烝嘗，于公先王。""礿"在夏商時爲春祭，在周代則爲夏祭。《禮記·王制》："天子諸侯宗廟之祭，春曰礿，夏曰禘，秋曰嘗，冬曰烝。"鄭玄注："此蓋夏殷之祭名。周則改之，春曰祠，夏曰礿，以禘爲殷祭。《詩·小雅》曰：'礿祠烝嘗，

于公先王。'此周四時祭宗廟之名。"《爾雅·釋天》："春祭曰祠，夏祭曰礿，秋祭曰嘗，冬祭曰烝。"《周禮·春官·大宗伯》："以肆獻祼享先王，以饋食享先王，以祠春享先王，以禴夏享先王，以嘗秋享先王，以烝冬享先王。"

[9]【今注】九卿：職官合稱。漢時指列入"卿"一級位次中，秩級爲中二千石的中央職官，包括奉常、光禄勳、衛尉、太僕、大鴻臚、廷尉、少府、宗正、司農等九職。先秦政制中有公、卿、大夫、士的位次排列，列國政制中也有"二卿""三卿"等執政的事實，但是並無九卿制。秦及西漢初年既無九卿制，也無將中央部分官僚視爲九卿的説法。文景之後始將中央部分高級官吏泛稱爲九卿，非特指九人，其秩次既有中二千石也有二千石。西漢末年在儒家思想影響下九卿有向實際政制轉變之趨勢。至王莽時確定了九卿九職的制度，此制被東漢所繼承，東漢的九卿成爲專稱，具體指九種職官。（參見卜憲群《秦漢九卿源流及其性質問題》，《南都學壇》2002 年第 6 期）

[10]【今注】間者：近來。 章奏：秦漢時期官民上給皇帝的文書，分爲章、奏、表和駁議四種，其中以章、奏最爲重要和常見。蔡邕《獨斷》卷上："凡群臣上書於天子者，有四名：一曰章，二曰奏，三曰表，四曰駁議。章者，需頭，稱稽首上書。謝恩、陳事。詣闕通者也。奏者，亦需頭，其京師官但言稽首，下言稽首以聞。其中有所請，若罪法劾案。公府送御史臺，公卿校尉送謁者臺也。"章主要用於"陳事"，包括吏民向皇帝建言獻策、檢舉官吏、訴訟冤屈和陳説心願。奏主要用於請求皇帝的批准及指示，或向皇帝報告司法案件。章是官民個人上給皇帝的文書，而奏屬於官僚機構上給皇帝的公文。（參見代國璽《漢代公文形態新探》，《中國史研究》2015 年第 2 期） 浮詞：虛飾浮夸的言詞。

[11]【今注】抑：壓制。 省：查看。

[12]【今注】詘：《説文》："諔也。" 蚩：通"嗤"。譏笑。

冬十月，[1]行幸魯，[2]祠東海恭王陵；會沛王輔、楚王英、濟南王康、東平王蒼、淮陽王延、琅邪王京、東海王政。[3]十二月，還，幸陽城，[4]遣使者祠中岳。[5]壬午，車駕還宮。東平王蒼、琅邪王京從駕來朝皇太后。

[1]【今注】案，冬十月，曹金華《後漢書稽疑》謂《後漢紀》卷九作“冬十一月”（第59頁）。

[2]【今注】魯：國名。治魯縣（今山東曲阜市）。

[3]【今注】案，淮陽王延，大德本、殿本作“淮南王延”。

[4]【今注】陽城：縣名。治所在今河南登封市東南。

[5]【今注】中岳：嵩山。

七年春正月癸卯，皇太后陰氏崩。二月庚申，葬光烈皇后。[1]

[1]【今注】光烈皇后：皇太后陰麗華。王先謙《後漢書集解》引《通鑑》胡注：“西京諸后皆從帝謐，惟衛思后、許恭哀后不以壽終而別追謐之。從帝謐而又加一字，自陰后始。”

秋八月戊辰，北海王興薨。
是歲，北匈奴遣使乞和親。
八年春正月己卯，司徒范遷薨。[1]三月辛卯，太尉虞延爲司徒，[2]衛尉趙憙行太尉事。[3]

[1]【李賢注】《漢官儀》曰，遷字子閭，沛人也。

[2]【今注】案，曹金華《後漢書稽疑》謂，"永平八月三月丁未朔，是月無'辛卯'。《後漢紀》卷九作永平六年'太尉虞延爲司徒'，疑也非是"（第60頁）。

[3]【今注】衞尉：官名。戰國秦始置，漢沿置，秩中二千石，列位諸卿。西漢景帝曾改名中大夫令，景帝後元元年（前143）復故。衞尉、光禄勳與執金吾均執掌宮殿禁衞，執金吾主宮外，光禄勳、衞尉主宮内。衞尉主管宮門屯駐衞士，地位比較重要。（參見楊鴻年《漢魏制度叢考》，第21—33頁）本書《百官志二》："衞尉，卿一人，中二千石。本注曰：掌宮門衞士，宮中徼循事。丞一人，比千石。"　行：漢代官吏兼任術語。指某官臨時代行某官的事務。所代行之官，多爲雖有本官，但本官多因休假、出差等，不在署辦公，故由他官臨時代爲處理其事務。〔參見［日］大庭脩著，徐世虹等譯《漢代官吏的兼任》，載《秦漢法制史研究》，第382—385頁〕

遣越騎司馬鄭衆報使北匈奴。[1]初置度遼將軍，屯五原曼柏。[2]

[1]【今注】越騎司馬：官名。越騎校尉屬官，掌領越騎宿衞兵，東漢時秩千石。《漢書·百官公卿表上》："越騎校尉掌越騎……凡八校尉，皆武帝初置，有丞、司馬。"本書《百官志四》："越騎校尉一人，比二千石。本注曰：掌宿衞兵。司馬一人，千石。"　鄭衆：字仲師，河南開封（今河南開封市）人。鄭興子。著名經學家。傳見本書卷三六。

[2]【李賢注】武帝拜范明友爲度遼將軍（武帝，中華本改爲"昭帝"，校勘記謂"據殿本《考證》引何焯説改。按：《通鑑》注引亦作'昭帝'"），至此復置爲（爲，大德本、殿本作"焉"，底本誤）。以中郎將吳常行度遼將軍。曼柏，縣，在今勝

州銀城縣。【今注】度遼將軍：官名。西漢置。昭帝元鳳三年（前78），遼東烏桓起事，以中郎將范明友爲此，率騎擊之，因須度遼水，故以爲官號。宣帝時罷。東漢明帝永平八年（65），爲防止南、北匈奴交通，乃置度遼營兵，以中郎將吳棠行度遼將軍事領之，駐屯五原曼柏，與使匈奴中郎將、護羌校尉、護烏桓校尉等同掌西北邊防及匈奴、鮮卑、烏桓、西羌諸部事。安帝永初元年（107）置真，遂爲常守。秩二千石，下設有長史、司馬等僚屬。東漢末，曾分置左、右度遼將軍。　曼柏：縣名。治所在今內蒙古達拉特旗東南。

秋，郡國十四雨水。

冬十月，北宮成。

丙子，臨辟雍，養三老、五更。禮畢，詔三公募郡國中都官死罪繫囚，[1]減罪一等，勿笞，詣度遼將軍營，屯朔方、五原之邊縣；[2]妻子自隨，便占著邊縣；[3]父母同産欲相代者，恣聽之。其大逆無道殊死者，一切募下蠶室。[4]亡命者令贖罪各有差。凡徙者，賜弓弩衣糧。

[1]【今注】中都官：官署合稱，《漢書》卷八《宣帝紀》顏師古注："中都官，謂在京師諸官也。"宋傑認爲，中都官即在京的中央機構，具體指朝廷列卿所屬的諸官署。中都官附設監獄，稱"中都官獄"。西漢國內的行政組織基本上分爲三大系統，即中都官、三輔和郡國，代表中央各官署、首都特別行政區和地方行政部門，它們各有自己的司法機構，分別管轄屬下的監獄和囚犯，而中都官獄"或是泛指中央機構囚禁犯人的各種監獄，或是代表武帝以降設立的二十六所兼有司法審判職能的'詔獄'"。（參見宋傑

《西漢的中都官獄》，載《漢代監獄制度研究》，中華書局 2013 年版，第 60—97 頁）　繫囚：羈押的罪犯。

[2]【今注】朔方：郡名。西漢治朔方縣（今內蒙古杭錦旗東北），東漢治臨戎縣（今內蒙古磴口縣北）。

[3]【李賢注】占著謂附名籍。【今注】占著：登記戶口。

[4]【今注】蠶室：執行宮刑及受宮刑者所居之獄室。因受宮刑者畏風須暖，故進入加溫的密室，如養蠶之室，故稱"蠶室"。《漢書》卷五九《張安世傳》："初，安世兄賀幸於衛太子，太子敗，賓客皆誅，安世爲賀上書，得下蠶室。"顏師古注："謂腐刑也。凡養蠶者，欲其溫而早成，故爲密室蓄火以置之。而新腐刑亦有中風之患，須入密室乃得以全，因呼爲蠶室耳。"

壬寅晦，日有食之，既。[1]詔曰："朕以無德，奉承大業，而下貽人怨，[2]上動三光。[3]日食之變，其災尤大，《春秋》圖讖所爲至譴。[4]永思厥咎，在予一人。[5]群司勉修職事，極言無諱。"於是在位者皆上封事，各言得失。[6]帝覽章，深自引咎，乃以所上班示百官。[7]詔曰："群僚所言，皆朕之過。人冤不能理，吏黠不能禁；[8]而輕用人力，繕修宮宇，[9]出入無節，[10]喜怒過差。[11]昔應門失守，《關雎》刺世；[12]飛蓬隨風，微子所歎。[13]永覽前戒，竦然兢懼。[14]徒恐薄德，久而致怠耳。"

[1]【李賢注】既，盡也。

[2]【今注】貽：遺留。《爾雅·釋言》："貽，遺也。"文獻中多用"詒"表示。

[3]【今注】三光：指日、月、星。

[4]【李賢注】《春秋感精符》曰："人主含天光（含，大德本作'言'），據機衡，齊七政，操八極。"故君明聖，天道得正，則日月光明，五星有度。日明則道正（道正，大德本、殿本作"政理"），不明則政亂，故常戒以自敕屬。日食皆象君之進退爲盈縮。當春秋撥亂，日食三十六，故曰至譴也。【今注】圖讖：讖是一種政治預言，所謂"詭爲隱語，預決吉凶"，即假託神預示人間吉凶禍福的啓示和隱語。古代宣揚讖言的書籍，常附有圖，故稱"圖讖"。這類讖言後多附會五經，稱爲"緯"，讖和緯合稱"讖緯"。　案，爲，大德本作"謂"。

[5]【今注】永思厥咎在予一人：意爲長思其過錯在我一人。《論語·堯曰》："朕躬有罪，無以萬方；萬方有罪，罪在朕躬。周有大賚，善人是富。雖有周親，不如仁人。百姓有過，在予一人。"

[6]【李賢注】宣帝始令群臣得奏封事，以知下情。封有正有副，領尚書者先發副封，所言不善，屏而不奏；後魏相奏去副封，以防擁蔽。【今注】封事：上呈皇帝的秘密奏章。漢代的普通奏章，先經尚書之文書作業，再送呈皇帝。封事則直接上呈皇帝，由皇帝本人或皇帝所指定的人開閱。〔參見廖伯源《漢"封事"雜考》，載《秦漢史論叢》（增訂本），中華書局 2008 年版，第 195 頁〕

[7]【今注】班示：即頒示。謂頒布出來，使人知道。

[8]【今注】黠：狡猾。

[9]【今注】繕修宮宇：即繕修宮殿。王先謙《後漢書集解》引惠棟曰："謂起北宮及諸官府也。"宇，《説文》："屋邊也。"

[10]【今注】出入無節：指行爲不遵法度，無節制。王先謙《後漢書集解》引惠棟曰："《洪範五行傳》曰：出入不節，奪命農時，及有姦謀，則木不曲直。"

[11]【今注】喜怒過差：喜怒沒有限度，指情緒沒有節制。

[12]【李賢注】《春秋説題辭》曰："人主不正，應門失守，故歌《關雎》以感之。"宋均注曰："應門，聽政之處也。言不以

政事爲務，則有宣淫之心。《關雎》樂而不淫，思得賢人與之共化，修應門之政者也。"薛君《韓詩章句》曰："詩人言雎鳩貞絜慎匹，以聲相求，隱蔽于無人之處。故人君退朝，入于私宮，后妃御見有度，應門擊柝，鼓人上堂，退反宴處，體安志明。今時大人内傾于色，賢人見其萌，故詠《關雎》，說淑女，正容儀，以刺時。"

[13]【李賢注】《管子》曰："無儀法程式，飛摇而無所定，謂之飛蓬。飛蓬之間，明主不聽（主，紹興本作'王'）。"此言"微子"，未詳。【今注】微子：名啓。商末貴族，商王帝乙長子，商紂王帝辛長兄。因見商代將亡，數諫紂王不聽，遂出走。周武王伐紂，他持祭器前往軍門，袒身反縛以告，武王釋之。西周初年，被周成王封於商丘，建立宋國。案，中華本校勘記謂《集解》引沈濤說當作"微管"，六朝人每以管仲爲微管。

[14]【今注】兢懼：恐懼、惶恐。

北匈奴寇西河諸郡。[1]

[1]【今注】西河：郡名。治平定縣（今内蒙古准格爾旗西南）。

九年春三月辛丑，詔郡國死罪囚減罪，與妻子詣五原、朔方占著，所在死者皆賜妻父若男同産一人復終身；[1]其妻無父兄獨有母者，賜其母錢六萬，又復其口筭。[2]

[1]【今注】若：或者。

[2]【李賢注】口筭，已見《光武紀》。【今注】口筭：口賦，

漢代稅收稅目之一，指成年人的人頭稅，即"人年十五至五十六出賦錢，人百二十，爲一筭"。

夏四月甲辰，[1]詔郡國以公田賜貧人各有差。[2]令司隸校尉、部刺史歲上墨綬長吏視事三歲已上理狀尤異者各一人，[3]與計偕上。[4]及尤不政理者，亦以聞。[5]

[1]【今注】案，曹金華《後漢書稽疑》謂，"永平九年四月辛未朔，無'甲辰'，《後漢紀》卷十作'夏四月'，則'甲辰'誤"（第60頁）。

[2]【今注】公田：秦漢時期的國有土地。秦漢時期官府除向民衆授田外，亦掌握大量的國有土地，不但中央若干機構掌握一定數量的公田，郡縣亦存在大量公田。公田采用刑徒或其他官奴婢等進行耕種，或采用"假民公田"的方式，將公田出租給私人耕種，收取地租。"假民公田"往往帶有救濟平民的性質。（參見裘錫圭《從出土文獻資料看秦和西漢官有農田的經營》，《裘錫圭學術文集》第5卷，復旦大學出版社2012年版，第210—253頁）

[3]【今注】司隸校尉：官名。西漢武帝時置，執掌京師及其周邊地區的監察，秩二千石。《漢書·百官公卿表上》："司隸校尉，周官，武帝征和四年初置。持節，從中都官徒千二百人，捕巫蠱，督大奸猾。後罷其兵。察三輔、三河、弘農。元帝初元四年去節。成帝元延四年省。綏和二年，哀帝復置，但爲司隸，冠進賢冠，屬大司空，比司直。"　部刺史：官名。秦設監御史，監督各郡。西漢武帝元封五年（前106）在全國十三部（州）設刺史，以六條監督郡國。秩六百石，屬官有從事史、假佐等。成帝綏和元年（前8）改爲州牧，秩二千石。哀帝建平二年（前5）又改爲刺史，元壽二年（前1）又改爲州牧。東漢光武帝建武十八年（42）又改爲

刺史。　墨綬：銅印墨綬，一般爲秩級比六百石以上之吏所佩。
長吏：與“少吏”相對，秦漢時期對一類職官的通稱。《漢書·百
官公卿表上》：“縣令、長，皆秦官，掌治其縣。萬戶以上爲令，秩
千石至六百石。減萬戶爲長，秩五百石至三百石。皆有丞、尉，秩
四百石至二百石，是爲長吏。百石以下有斗食、佐史之秩，是爲少
吏。”有學者認爲，長吏主要用作從中央到地方機構主要負責人的
一種代稱（參見張欣《秦漢長吏再考》，《中國史研究》2010 年第
3 期）。　視事：治事、辦公。　理狀尤異：政績突出。

　　[4]【李賢注】偕，俱也。所徵之人，令與計吏俱上。【今
注】與計偕上：與計簿一同上報。《漢書》卷六《武帝紀》：“徵吏
民有明當時之務習先聖之術者，縣次續食，令與計偕。”顏師古注：
“計者，上計簿使也，郡國每歲遣詣京師上之。偕者，俱也。令所
徵之人與上計者俱來，而縣次給之食。”漢代皇帝指令地方在每年
上計時附帶將相關事項的簿籍一同上報，稱“與計偕”“與計偕
上”。

　　[5]【今注】以聞：與“上聞”同。臣民向皇帝上書、告事時
的專用語。

　　是歲，大有年。[1]爲四姓小侯開立學校，置五
經師。[2]

　　[1]【李賢注】《穀梁傳》曰：“五穀皆熟，書大有年。”【今
注】有年：指農作物成熟。《説文》：“年，穀孰（熟）也。”
　　[2]【李賢注】袁宏《漢紀》曰，永平中崇尚儒學，自皇太
子、諸王侯及功臣子弟，莫不受經。又爲外戚樊氏、郭氏、陰氏、
馬氏諸子弟立學，號四姓小侯，置五經師。以非列侯，故曰小侯。
《禮記》曰“庶方小侯”，亦其義也。【今注】四姓小侯：小侯指
有侯爵的外戚子弟，或將承襲侯爵的外戚子弟。因非正式封侯，故

號小侯。四姓小侯指外戚樊氏、郭氏、陰氏、馬氏諸子弟。

十年春二月，廣陵王荆有罪，自殺，國除。

夏四月戊子，詔曰："昔歲五穀登衍，[1]今茲蠶麥善收，其大赦天下。方盛夏長養之時，蕩滌宿惡，[2]以報農功。百姓勉務桑稼，以備災害。吏敬厥職，無令愆惲。"[3]

[1]【李賢注】鄭玄注《周禮》云："五穀，黍、稷、麥、麻、未也（未，殿本作'豆'）。"登，成也。衍，饒也，音以戰反。【今注】登衍：豐收。

[2]【今注】蕩滌宿惡：洗滌積久的惡事。

[3]【今注】愆：過失。

閏月甲午，南巡狩，幸南陽，祠章陵。日北至，又祠舊宅。[1]禮畢，召校官弟子作雅樂，奏《鹿鳴》，[2]帝自御塤篪和之，以娛嘉賓。[3]還，幸南頓，[4]勞饗三老、官屬。[5]

[1]【李賢注】北至，夏至也。

[2]【李賢注】校，學也。《鹿鳴》，《詩·小雅》篇名，宴群臣嘉賓之詩。

[3]【李賢注】鄭玄注《周禮》云："塤，燒土爲之，大如鴈子。"鄭眾曰："有六孔。"《世本》曰："暴辛公作篪，以竹爲之，長尺四寸，有八孔。"【今注】塤：亦作"壎"，一種閉口吹奏樂器，多以陶土燒製而成，圓形或橢圓形，上有孔可吹奏。《說文》："壎，樂器也。以土爲之，六孔。"　篪：一種橫吹竹管樂器。《爾

雅·釋樂》：“大簅謂之沂。”郭璞注：“簅以竹爲之，長尺四寸，圍三寸，一孔上出，一寸三分，名翹，横吹之。小者尺二寸。《廣雅》云：‘八孔。’”

[4]【今注】南頓：縣名。治所在今河南項城市西。

[5]【今注】官屬：指官府機構的屬吏。

　　冬十一月，[1]徵淮陽王延會平輿，[2]徵沛王輔會睢陽。[3]

[1]【今注】案，十一月，大德本、殿本作“十月”。

[2]【李賢注】縣名，屬汝南郡，故城在今豫州汝陽縣東北。輿音預。【今注】平輿：縣名。爲汝南郡治，治所在今河南平輿縣北。

[3]【今注】睢陽：縣名。治所在今河南商丘市南。

　　十二月甲午，車駕還宮。

　　十一年春正月，沛王輔、楚王英、濟南王康、東平王蒼、淮陽王延、中山王焉、琅邪王京、東海王政來朝。

　　秋七月，司隸校尉郭霸下獄死。

　　是歲，潩湖出黃金，廬江太守以獻。[1]時麒麟、白雉、醴泉、嘉禾所在出焉。[2]

[1]【李賢注】潩湖，湖名，音子小反，在今廬州合肥縣東南。【今注】潩湖：湖泊名。即巢湖，在今安徽中部，合肥、肥東、肥西、廬江、巢湖等市縣間。

[2]【今注】醴泉：醴是一種甜酒，醴泉即甘甜的泉水。《禮

記·禮運》："故天降膏露，地出醴泉。"

　　十二年春正月，益州徼外夷哀牢王相率內屬，[1]於是置永昌郡，罷益州西部都尉。[2]

　　[1]【今注】益州：治滇池縣（今雲南晉寧縣東北）。　徼：邊界、邊塞。　哀牢：古國名。在今雲南西部。戰國、秦、漢時期，哀牢的範圍，約東起禮社江邊的哀牢山，西至印、緬交界的巴特開山，北抵今西藏與緬甸交界處，南達今雲南西雙版納。東西三千里，南北四千六百里，分七十七王。土地肥沃，物產豐富，人口眾多，族系繁雜。東漢明帝永平十二年（69）內屬，置永昌郡。詳見本書卷八六《南蠻西南夷傳》。

　　[2]【李賢注】《西南夷傳》曰："罷益州西部所領六縣，合爲永昌郡，置哀牢、博南二縣。"去洛陽七千里，在今匡州匡川縣西。【今注】永昌郡：東漢永平十二年哀牢內屬，以其地置哀牢、博南二縣，並割益州西部都尉所領六縣合置。治不韋縣（今雲南保山市東北）。　部都尉：漢代爲加強對新闢地區少數民族的統治，往往在邊郡分部設置都尉，一郡之中有二部或三部都尉。部都尉掌地方駐軍，維護地方治安，防禁外來侵略。東漢見於文獻的有金城西部都尉、遼東西部都尉、蜀郡西部都尉等。（參見安作璋、熊鐵基《秦漢官制史稿》，第579—580頁）

　　夏四月，遣將作謁者王吳修汴渠，[1]自滎陽至于千乘海口。[2]

　　[1]【李賢注】汴渠即莨蕩渠也。汴自滎陽首受河，所謂石門，在滎陽山北一里。過汴以東，積石爲隄，亦號金隄，成帝陽

嘉中所作也（中華本校勘記謂"成帝年號有‘陽朔’，有‘鴻嘉’，無‘陽嘉’，注必有誤"）。【今注】將作謁者：領將作大匠之職的謁者。《宋書·百官志》云，將作大匠，"光武建武中元二年省，以謁者領之，章帝建初元年復置"。據此可知東漢曾一度省去將作大匠，以謁者領將作大匠之職，故有將作謁者之稱（參見魏向東《兩漢謁者官制初探》，《蘇州大學學報》1985 年第 2 期）。汴渠：汴水，自今河南滎陽市東北接黃河，東南經今開封市南、民權縣與商丘市北，復東南經今安徽碭山縣、蕭縣北，至江蘇徐州市北入泗水。上游又稱鴻溝或狼湯渠，中、下游又稱汳水、獲水。魏、晉時爲中原通往東南沿海地區的重要水運幹道。

[2]【今注】滎陽：縣名。治所在今河南滎陽市東北。

　　五月丙辰，賜天下男子爵，人二級，三老、孝悌、力田人三級，流民無名數欲占者人一級；鰥、寡、孤、獨、篤癃、貧無家屬不能自存者粟，人三斛。詔曰："昔曾、閔奉親，竭觀致養，[1]仲尼葬子，有棺無椁。[2]喪貴致哀，禮存寧儉。今百姓送終之制，競爲奢靡，[3]生者無擔石之儲，而財力盡於墳土。[4]伏臘無糟糠，[5]而牲牢兼於一奠。[6]糜破積世之業，[7]以供終朝之費，子孫飢寒，絕命於此，豈祖考之意哉！又車服制度，恣極耳目。田荒不耕，游食者衆。[8]有司其申明科禁，[9]宜於今者，宣下郡國。"

　　[1]【李賢注】曾參字子輿，閔損字子騫，並孔子弟子，皆有孝行也。【今注】曾閔：曾參、閔子騫，二人皆以孝著稱。曾參，字子輿。孔子弟子，著有《曾子十篇》。閔子騫，名損，字子騫。孔子弟子。《論語·先進》："子曰：‘孝哉閔子騫！人不間於其

父母昆弟之言。" 竭觀致養：窮盡所能看到的東西來奉養父母。

[2]【李賢注】《論語》曰："鯉也死，有棺而無椁。"【今注】椁：套在棺外的大棺。《説文》："椁，葬有木郭也。"段玉裁注："木郭者，以木爲之，周於棺，如城之有郭也。"

[3]【今注】競：争着、争相。

[4]【李賢注】《前書音義》曰："擔音丁濫反。言一石之儲。"《方言》作"甋"，云"甇也，齊東北海岱之間謂之甋"。郭璞注曰："所謂'家無甋石之儲'者也。"《埤蒼》曰："大甖也。"字或作"儋"，音丁甘反。【今注】擔石：亦作"儋石"，一擔一石之糧，比喻微小。《史記》卷九二《淮陰侯列傳》："守儋石之禄者。"前人多認爲"擔石"中的"擔"和"石"含義相同，均爲容器，如晉灼曰："楊雄《方言》'海岱之間名甖爲儋'。石，斗石也。"蘇林曰："齊人名小甖爲儋。石，如今受鮑魚石甖，不過一二石耳。一説，一儋與一斛之餘。"《索隱》："儋音都濫反。石，斗也。"他們都認爲"儋石"中的"儋"與"石"同義，都指容器"甖"。清代學者桂馥指出："以石爲擔，由來舊矣。詳其故，因儋受一石，遂呼石爲儋。"學者據此指出，"儋"與"石"同義，是因爲一儋受一石。"儋"爲容器，"石"爲重量單位（約120斤），由於一石重的穀物恰好可存放在叫作"儋"的容器内，故稱一石爲一擔。石、擔含義相同，使得"石"具有了"擔"的讀音。（參見馬彪、林力娜《秦、西漢容量"石"諸問題研究》，《中國史研究》2018年第4期）

[5]【李賢注】《史記》曰，秦德公始爲伏祠。《歷忌》曰："伏者何也? 金氣伏藏之日也。四氣代謝，皆以相生。至于立秋，以金代火；金畏于火，故庚日必伏。"《月令》："孟冬之月，臘先祖。"《説文》云："臘，冬至後祭百神。"始皇更臘曰嘉平。奠，喪祭也。【今注】伏：伏祭，又作"伏祠"。秦漢在伏日舉行的一種祭祀活動。 臘：臘祭。《説文》："冬至後三戌臘祭百神。"臘祭

是一種重要的祭祀活動，亦爲節日，秦代稱爲“嘉平”。睡虎地漢簡所載漢律律名有“臘律”，可能是規範臘祭相關禮儀的法律。

糟糠：窮人用來充飢的酒渣、米糠等粗劣食物。

[6]【今注】奠：陳設祭品以祭祀。《説文》：“奠，置祭也。”段玉裁注：“置祭，置酒食而祭。”

[7]【今注】靡：消耗。

[8]【李賢注】游食謂浮食者。【今注】游食：不事耕作而食。

[9]【今注】科禁：戒律，禁令。

秋七月乙亥，司空伏恭罷。乙未，大司農牟融爲司空。[1]

[1]【今注】大司農：官名。西漢武帝太初元年（前104）改大農令置。秩中二千石，列位諸卿。掌全國租賦收入和國家財政開支，凡百官俸禄、軍費、各級政府機構經費等由其支付，管理各地倉儲、水利，官府農業、手工業、商業的經營，調運貨物，管制物價等。（參見林甘泉主編《中國歷史大辭典·秦漢史》，第20頁）《漢書·百官公卿表上》：“治粟内史，秦官，掌穀貨，有兩丞。景帝後元年更名大農令，武帝太初元年更名大司農。” 牟融：字子優，北海安丘（今山東安丘市）人。傳見本書卷二六。 案，曹金華《後漢書稽疑》謂，“永平十二年七月壬子朔，‘乙亥’爲二十四日，無‘乙未’。八月辛巳朔，‘乙未’十五日，‘乙未’前疑脱‘八月’二字。《後漢書》卷十作‘乙亥，司徒伏恭以老病罷，大司農牟融爲司空’，亦誤”（第62頁）。

冬十月，司隸校尉王康下獄死。

是歲，天下安平，人無徭役，歲比登稔，[1]百姓殷富，粟斛三十，牛羊被野。

[1]【今注】稔：莊稼成熟。《説文》：“稔，穀孰（熟）也。”

十三年春二月，帝耕於籍田。禮畢，賜觀者食。

三月，河南尹薛昭下獄死。

夏四月，汴渠成。辛巳，行幸滎陽，巡行河渠。乙酉，詔曰：“自汴渠決敗，六十餘歲，[1]加頃年以來，[2]雨水不時，汴流東侵，日月益甚，水門故處，皆在河中，滺瀁廣溢，[3]莫測圻岸，[4]蕩蕩極望，不知綱紀。今兖、豫之人，[5]多被水患，乃云縣官不先人急，[6]好興它役。又或以爲河流入汴，幽、冀蒙利，[7]故曰左隄彊則右隄傷，[8]左右俱彊則下方傷，宜任水埶所之，[9]使人隨高而處，公家息壅塞之費，百姓無陷溺之患。議者不同，南北異論，朕不知所從，久而不決。今既築隄理渠，絕水立門，河、汴分流，[10]復其舊迹，陶丘之北，漸就壞墳，[11]故薦嘉玉絜牲，以禮河神。[12]東過洛汭，歎禹之績。[13]今五土之宜，反其正色，[14]濱渠下田，賦與貧人，無令豪右得固其利，[15]庶繼世宗《瓠子》之作。”[16]因遂度河，登太行，進幸上黨。[17]壬寅，車駕還宮。

[1]【李賢注】《王景傳》曰，平帝時沐河決壞（沐，紹興本、大德本、殿本作“汴”）。

[2]【今注】頃年：近年。

[3]【今注】滺：水廣遠貌。　瀁：“漾”字古文，廣闊無邊。

[4]【李賢注】圻，塄也。【今注】圻：“垠”字的異體，《説文》：“垠，一曰岸也。”

　　[5]【今注】兗：州名。西漢武帝時所置十三刺史部之一。約當今山東西南部及河南東部地區，北至山東茌平縣、萊蕪市，東至沂水流域，東南至莒縣、平邑縣、濟寧市兗州區、魚臺縣、單縣，南至河南鹿邑縣、淮陽縣、扶溝縣等地，西南至開封、濮陽等市。東漢時治昌邑縣（今山東巨野縣東南）。　豫：州名。西漢武帝時所置十三刺史部之一。轄境約當今淮河以北伏牛山以東豫東、皖北地。東漢治譙縣（今安徽亳州市）。

　　[6]【今注】縣官：官府，朝廷。

　　[7]【今注】幽：州名。西漢武帝時所置十三刺史部之一。東漢治薊縣（今北京市西南）。轄境相當於今北京、河北北部、遼寧大部、天津海河以北及朝鮮大同江流域。　冀：州名。西漢武帝時所置十三刺史部之一。轄境相當於今河北中、南部，山東西端及河南北端。東漢治高邑縣（今河北柏鄉縣北）。後移治鄴縣（今河北臨漳縣西南）。

　　[8]【今注】隄：亦作“堤”，攔水的堤壩。

　　[9]【今注】埶：通“勢”。

　　[10]【今注】河：黃河。

　　[11]【李賢注】《爾雅》曰：“丘再成曰陶丘。”孫炎曰：“形如累兩盂也。”郭璞曰：“今濟陰定陶城中有陶丘也。”《尚書》曰：“厥土惟黑墳（墳，大德本、殿本作‘壤’），下土墳壚。”孔安國曰：“無塊曰壤。墳，起也。”【今注】陶丘：兩重的山丘，亦爲地名，在今山東菏澤市定陶區。　就：靠近。　壤墳：高起的土地。

　　[12]【李賢注】《禮記》曰：“凡祭玉曰嘉玉。”《儀禮》曰：“絜牲剛鬣。”

　　[13]【李賢注】水北曰納（納，紹興本、大德本、殿本作“汭”）。洛汭，洛水入河處也。讀（大德本、殿本作“績”，是），功也。河、洛皆禹所加功，故歎之。

［14］【李賢注】《周禮》曰“山林、川澤、丘陵、墳衍、原隰，謂之五土”也。色謂其黄、白、青、黑之類。孔安國曰“水所去，土復其性”也。

［15］【李賢注】濱，近也。豪右，大家也。【今注】賦：給予。《漢書》卷一一《哀帝紀》：“皆以賦貧民。”顔師古注：“賦，給與也。”　豪右：豪門大族。漢以右爲上，故稱豪右。　固其利：壟斷其利。王先謙《後漢書集解》引惠棟曰：“固，規固也。”

［16］【李賢注】瓠子，隗名也（隗，紹興本、大德本、殿本作“隄”，是）。武帝元封二年，發卒數萬人塞瓠子決河（瓠，大德本作“匏”），沈白馬，玉璧，令群臣皆負薪填河。在今濮州濮陽縣西也。

［17］【今注】太行：山名。即今太行山。　上黨：郡名。治長子縣（今山西長子縣稍西）。

冬十月壬辰晦，日有食之。[1]三公免冠自劾。[2]制曰：“冠履勿劾。災異屢見，咎在朕躬，[3]憂懼遑遑，[4]未知其方。[5]將有司陳事，多所隱諱，使君上壅蔽，下有不暢乎？昔衞有忠臣，靈公得守其位。[6]今何以和穆陰陽，消伏災譴？刺史、太守詳刑理冤，存恤鰥孤，勉思職焉。”

［1］【今注】案，中華本校勘記謂，“是年十月甲辰朔，不得有‘壬辰’。《續五行志》作‘甲辰晦’，亦非。今查是年九、十、十一等月皆無日食，參閱《續五行志》六校記”。

［2］【今注】免冠：脱帽，古時表示謝罪。　自劾：自我舉發。“劾”是秦漢時期起訴的形式之一，“劾”的提出者往往是官吏，被劾的對象往往是官，但也可以是民。“劾”是官吏起訴的專

用語，多與履行公職有關。“自劾”含有自陳過失，自舉不勝任之意。（參見劉慶《秦漢告、劾制度辨析》，《中國史研究》2016 年第 4 期）

[3]【今注】躬：自身。《説文》：“躬，身也。”

[4]【今注】遑遑：亦作“惶惶”，恐懼不安貌。

[5]【今注】方：方法、辦法。

[6]【李賢注】《論語》：“孔子曰：‘衛靈公無道。’季康子曰：‘夫如是，奚其不喪？’孔子曰：‘仲叔圉主賓客（主，大德本、殿本作“治”。賓，紹興本、大德本、殿本作“賓”，底本當誤），況它主宗廟（況它，大德本、殿本作“祝佗”），王孫賈主軍旅。夫如是，奚其喪？’”【今注】靈公：衛靈公。春秋時期衛國國君，姬姓，名元，公元前 534 年至前 493 年在位。《論語·憲問》：“子言衛靈公之無道也。康子曰：‘夫如是，奚而不喪？’孔子曰：‘仲叔圉治賓客，祝鮀治宗廟，王孫賈治軍旅。夫如是，奚其喪？’”

　　十一月，[1]楚王英謀反，廢，國除，遷於涇縣，[2]所連及死徙者數千人。[3]

[1]【今注】案，十一月，曹金華《後漢書稽疑》謂疑作“十二月”（第 63 頁）。

[2]【李賢注】涇縣屬丹陽郡，今宣州縣，故城在縣東。有涇水，出蕪湖，因水立名。　【今注】涇縣：治所在今安徽涇縣西北。

[3]【今注】案，千，大德本、殿本作“十”。

　　是歲，齊王石薨。
　　十四年春三月甲戌，司徒虞延免，自殺。夏四月丁巳，鉅鹿太守南陽邢穆爲司徒。[1]

[1]【李賢注】穆字綏公，宛人。【今注】鉅鹿：郡名。又作"巨鹿"。治巨鹿縣（今河北平鄉縣西南）。

前楚王英自殺。

夏五月，封故廣陵王荊子元壽爲廣陵侯。

初作壽陵。[1]

[1]【今注】壽陵：指帝后生前預建的墳墓。

十五年春二月庚子，東巡狩。辛丑，幸偃師。[1] 詔亡命自殊死以下贖：死罪縑四十匹，右趾至髡鉗城旦春十匹，完城旦至司寇五匹；犯罪未發覺，詔書到日自告者，半入贖。徵沛王輔會睢陽。進幸彭城。[2] 癸亥，帝耕于下邳。[3]

[1]【今注】偃師：縣名。治所在今河南偃師市東。
[2]【今注】彭城：縣名。治所在今江蘇徐州市。
[3]【今注】下邳：縣名。治所在今江蘇邳州市南。

三月，徵琅邪王京會良成，[1] 徵東平王蒼會陽都，[2] 又徵廣陵侯及其三弟會魯。祠東海恭王陵。還，幸孔子宅，祠仲尼及七十二弟子。親御講堂，[3] 命皇太子、諸王說經。又幸東平。[4] 辛卯，進幸大梁，[5] 至定陶，祠定陶恭王陵。[6] 夏四月庚子，車駕還宮。

[1]【李賢注】良成，縣名，屬東海郡（大德本、殿本無
"郡"字），故城在今泗州下邳縣北。【今注】良成：縣名。治所
在今江蘇邳州市東。

[2]【李賢注】陽都，縣名，屬琅邪郡，故城在今沂州沂水
縣南（折，紹興本、大德本、殿本作"沂"）。【今注】陽都：縣
名。治所在今山東沂南縣南。

[3]【李賢注】孔子宅在今兗州曲阜縣故魯城中歸德門內闕
里之中，背洙面泗，矍相圃之東北也。七十二弟子，顏、閔之徒。
《漢春秋》曰："帝時升廟立，群臣中庭大面（大，紹興本、大德
本、殿本作'北'，是），皆再拜，帝進爵而後坐。"

[4]【李賢注】東平，國名，故城在今鄆州東。【今注】東
平：國名。治無鹽縣（今山東東平縣南）。

[5]【李賢注】大梁城，魏惠王所築，故城在今汴州。【今
注】大梁：戰國時魏國都城，在今河南開封市。

[6]【李賢注】恭王，元帝子康。【今注】定陶恭王：劉康，
漢元帝劉奭之子，漢成帝劉驁異母弟，母傅昭儀，其子為漢哀帝劉
欣。封定陶王，死後謚號恭（或作"共"）。傳見《漢書》卷八
〇。定陶，國名。治定陶縣（今山東菏澤市定陶區稍西北）。

改信都為樂成國，[1]臨淮為下邳國。[2]封皇子恭為
鉅鹿王，黨為樂成王，衍為下邳王，暢為汝南王，昞
為常山王，長為濟陰王。[3]賜天下男子爵，人三級；[4]
郎、從官二十歲已上帛百匹，[5]十歲已上二十匹，十歲
已下十匹，官府吏五匹，書佐、小史三匹。[6]令天下大
酺五日。[7]乙巳，大赦天下，其謀反大逆及諸不應宥
者，皆赦除之。

[1]【今注】信都：郡名。治信都縣（今河北衡水市冀州區）。
樂成國：東漢永平十五年（72）改信都郡置，治信都縣。

[2]【今注】臨淮：郡名。治徐縣（今江蘇泗洪縣南）。 下
邳國：治下邳縣（今江蘇邳州市南）。案，周振鶴等認爲本書此條
記載有誤，永平十五年初置下邳國時，其領域與臨淮郡毫不相涉，
乃是分東海郡地置。至章帝建初四年（79），始以臨淮郡及九江之
十七縣益下邳國（參見周振鶴、李曉傑、張莉《中國行政區劃通
史·秦漢卷》，復旦大學出版社 2017 年版，第 769—771 頁）。

[3]【李賢注】濟陰，郡，今曹州。【今注】案，恭黨衍暢晎
長，皆明帝子。傳見本書卷五〇。 汝南：郡名。治平輿縣（今河
南平輿縣北）。此時始爲國。 濟陰：郡名。治定陶縣（今山東菏
澤市定陶區西北）。此時始爲國。

[4]【今注】案，三，殿本作“二”。

[5]【今注】郎：職官類名。西漢有郎中、中郎、外郎、侍
郎、議郎等，無定員，多至千餘人。皆隸屬郎中令（光禄勳）。諸
侯王國亦置。職掌守衛皇宫殿廊門户、出充車騎扈從、備顧問應
對、守衛陵園廟等。因與皇帝關係密切，任職滿一定期限即可遷補
内外官職，爲重要選官途徑。《漢書·百官公卿表上》：“郎掌守門
户，出充車騎，有議郎、中郎、侍郎、郎中，皆無員，多至千人。
議郎、中郎秩比六百石，侍郎比四百石，郎中比三百石。中郎有五
官、左、右三將，秩皆比二千石。郎中有車、户、騎三將，秩皆比
千石。”東漢於光禄勳下設五官、左、右中郎將，主管中郎、侍郎、
郎中，實爲官吏儲備人才的機構，其郎官多達二千餘人。〔參見吕
宗力主編《中國歷代官制大辭典》（修訂版），第 605 頁〕 從官：
指君王的隨從、近臣。《漢書》卷九《元帝紀》：“令從官給事宫司
馬中者，得爲大父母、父母、兄弟通籍。”顔師古注：“從官，親近
天子常侍從者皆是也。”案，中華本據《刊誤》在“從官”後補
“視事”二字。

[6]【今注】書佐：官名。秦漢時期主辦文書的小吏，州、

郡、縣各曹皆設，掌起草和繕寫文書。隸於州者，位從事下，隸於郡、縣者，位掾、史下。由州、郡、縣長官自行辟除。 小史：官名。基層小吏。

[7]【李賢注】《前書音義》曰：“《漢律》：三人已上無故群飲，罰金四兩。”今恩詔橫賜，得令聚會飲食五日。酺，布也。言天子布恩於天下。《史記》：“趙惠文王三年，大赦，置酒大酺五日。”【今注】酺：《說文·酉部》：“王德布，大飲酒也。”漢律規定，三人以上無故群飲，罰金四兩。“酺”指皇帝開放酒禁，特賜民間可以自由群聚飲酒。“酺”中舉行聚餐，同時進行祭祀。西嶋定生認爲，漢代的賜酺與賜牛酒、賜爵多同時進行，三件事是結合在一起的，具有統一的機能。漢代賜爵時，在里社的神前舉行“酺”的宴會，賜予的牛酒是爲了在宴會上使用。在這種行禮的儀式中，按賜予的爵位來決定宴會的座次，從而使爵制在里中產生的秩序逐漸形成。〔參見〔日〕西嶋定生著，武尚清譯《中國古代帝國的形成與結構——二十等爵制研究》，第403—411頁〕

冬，車騎校獵上林菀。[1]

[1]【李賢注】《周禮》校人掌王田獵之馬，故曰校獵。謂以木相貫穿爲欄校，以遮禽獸。【今注】校獵：打獵。《漢書》卷一〇《成帝紀》：“冬，行幸長楊宮，從胡客大校獵。”顏師古注：“校，謂以木自相貫穿爲闌校耳……校獵者，大爲闌校以遮禽獸而獵取也。” 上林菀：菀名。秦都咸陽時置，在今陝西西安市西渭水以南、終南山以北。秦惠文王時即開始興建。至秦始皇時，先後在上林菀中修建了朝宮和宏偉壯麗的阿房宮前殿，還修建了大量的離宮別館。西漢初荒廢。武帝時復加拓展，周圍擴至二百餘里。案，菀，紹興本、大德本作“苑”。

十二月，遣奉車都尉竇固、駙馬都尉耿秉屯涼州。[1]

[1]【李賢注】《前書》曰，奉車都尉，掌乘輿；駙馬都尉，掌天子之副馬。駙，副也。並武帝置，秩二千石。【今注】奉車都尉：官名。西漢武帝始置，職掌皇帝車輿，入侍左右，多由皇帝親信充任，秩比二千石。東漢名義上隸光祿勳。　駙馬都尉：官名。西漢武帝始置，皇帝出行時掌副車，秩比二千石。爲侍從近臣，常用作加官。東漢員五人，名義上隸屬光祿勳。《漢書·百官公卿表上》："奉車都尉掌御乘輿車，駙馬都尉掌駙馬，皆武帝初置，秩比二千石。"　耿秉：字伯初，扶風茂陵（今陝西興平市東北）人。大司農耿國長子，建威大將軍耿弇侄子。傳見本書卷一九。　涼州：西漢武帝時所置十三刺史部之一。東漢時治隴縣（今甘肅張家川回族自治縣）。轄境相當於今甘肅、寧夏，青海湟水流域，陝西定邊縣、吳起縣、鳳縣、略陽縣和內蒙古額濟納旗一帶。

十六年春二月，遣太僕祭肜出高闕，[1]奉車都尉竇固出酒泉，[2]駙馬都尉耿秉出居延，[3]騎都尉來苗出平城，[4]伐北匈奴。竇固破呼衍王於天山，[5]留兵屯伊吾盧城。[6]耿秉、來苗、祭肜並無功而還。

[1]【李賢注】高闕，山名，因以名塞，在朔方北。【今注】高闕：障塞名。即今內蒙古烏拉特中旗西南狼山南麓之石蘭計山口。《史記》卷一一〇《匈奴列傳》：趙武靈王"築長城，自代並陰山下，至高闕爲塞"。西漢時衛青領兵出此，與匈奴右賢王作戰。東漢竇固等數路伐匈奴，祭肜軍出此。

[2]【今注】酒泉：郡名。治禄福縣（今甘肅酒泉市肅州區）。

[3]【李賢注】本匈奴地名也，武帝因以名縣，屬張掖郡，在今甘州張掖縣東北。【今注】居延：縣名。治所在今內蒙古額濟納旗東南。

[4]【今注】騎都尉：官名。秦時最早稱“騎邦尉”，西安相家巷秦封泥有“騎邦尉印”，後改爲“騎都尉”，里耶秦簡更名方有“（改）騎邦尉爲騎□尉”，張新超認爲“□”當爲“都”字。秦漢之際，騎都尉開始出現於傳世文獻。騎都尉的主要職責是領兵作戰，其所率領的軍隊不一定爲騎兵。騎都尉無員，無固定職掌，不統兵時爲侍衛武官。宣帝時開始掌握禁衛軍中的羽林軍，又領西域都護。常作爲皇帝使者領護河堤事，參與某些外交事務。因親近皇帝，多以侍中兼任。東漢名義上隸光禄勳，秩比二千石。西漢時某些邊郡也設置騎都尉。東漢地方騎都尉消失，衹剩下中都官騎都尉。（參見張新超《西漢騎都尉考》，《天水師範學院學報》2012 年第 1 期；張新超《兩漢騎都尉續考——以東漢騎都尉爲中心》，《史林》2014 年第 5 期）《漢書·百官公卿表上》：“宣帝令中郎將、騎都尉監羽林，秩比二千石。”本書《百官志一》：“騎都尉，比二千石。本注曰：無員。本監羽林騎。騎都尉，大德本作“駙馬都尉”。

平城：縣名。治所在今山西大同市東北。

[5]【李賢注】呼衍，匈奴王號。天山即祁連山，一名雲山（雲，紹興本、大德本、殿本作“雪”），今名折羅漢山，在伊州北。祁音時。【今注】呼衍：匈奴姓氏。本書卷八九《南匈奴傳》：“（匈奴）異姓有呼衍氏、須卜氏、丘林氏、蘭氏四姓，爲國中名族，常與單于婚姻。呼衍氏爲左，蘭氏、須卜氏爲右，主斷獄聽訟，當決輕重，口白單于，無文書簿領焉。” 天山：今祁連山一帶。

[6]【李賢注】本匈奴中地名，既破呼衍，取其地置宜禾都尉（取，紹興本、大德本、殿本作“即”），以爲屯田，今伊州細職縣伊吾故城是也。【今注】伊吾盧：簡稱伊吾。在今新疆哈密

市西北四堡。爲匈奴呼衍王庭。

夏五月，淮陽王延謀反，發覺。癸丑，司徒邢穆、駙馬都尉韓光坐事下獄死，[1]所連及誅死者甚衆。

[1]【李賢注】坐與延同謀。【今注】韓光：東漢光武帝建武十五年（39），尚帝女館陶公主，爲駙馬都尉。明帝永平十六年（73）參與淮陽王劉延謀逆，下獄死。

戊午晦，日有食之。
六月丙寅，大司農西河王敏爲司徒。[1]

[1]【李賢注】《漢官儀》曰，敏字叔公，并州隰城人也。

秋七月，淮陽王延徙封阜陵王。[1]

[1]【李賢注】阜陵，縣名，屬九江郡，故城在今除州全椒縣南。【今注】阜陵：縣名。治所在今安徽和縣西。

九月丁卯，[1]詔令郡國中都官死罪繫囚減死罪一等，勿笞，詣軍營，屯朔方、敦煌；[2]妻子自隨，父母同産欲求從者，恣聽之；女子嫁爲人妻，勿與俱。謀反大逆無道不用此書。

[1]【今注】案，曹金華《後漢書稽疑》謂，"《後漢紀》卷十同，然永平十六年九月戊子朔，是月無‘丁卯’"（第64頁）。

[2]【今注】敦煌：郡名。治敦煌縣（今甘肅敦煌市西）。

　　是歲，北匈奴寇雲中，雲中太守廉范擊破之。[1]

[1]【今注】廉范：字叔度，京兆杜陵（今陝西西安市）人。傳見本書卷三一。

　　十七年春正月，甘露降於甘陵。[1]北海王睦薨。[2]

[1]【今注】甘露：甘甜的露水。古以爲甘露降是太平瑞徵。《老子》第三十二章：“天地相合，以降甘露。”　甘陵：當爲“原陵”，東漢光武帝陵墓，位於今河南孟津縣白鶴鎮鐵謝村西南。中華本校勘記謂，“惠棟《補注》引《通鑑考異》，謂‘甘陵’當作‘原陵’”。

[2]【今注】北海王睦：劉睦，劉縯孫，嗣北海王。少好學，博通書傳，謙恭好士，結交名儒。東漢明帝永平年間，法尚嚴峻，睦乃謝絶賓客，以聲色自娛。卒諡敬。

　　二月乙巳，[1]司徒王敏薨。三月癸丑，汝南太守鮑昱爲司徒。[2]

[1]【今注】案，曹金華《後漢書稽疑》謂，“永平十七年二月乙卯朔，是月無‘乙巳’，此作‘二月乙巳’必誤”（第64—65頁）。

[2]【今注】鮑昱：字文泉，上黨屯留（今山西長治市屯留區）人。兗州牧鮑永子。傳見本書卷二九。

　　是歲，甘露仍降，樹枝內附，[1]芝草生殿前，[2]神雀五色翔集京師。西南夷哀牢、儋耳、僬僥、槃木、白狼、動黏諸種，前後慕義貢獻；[3]西域諸國遣子入侍。夏五月戊子，公卿百官以帝威德懷遠，祥物顯應，乃並集胡堂，[4]奉觴上壽。[5]制曰：“天生神物，以應王者；遠人慕化，實由有德。朕以虛薄，何以享斯？唯高祖、光武聖德所被，[6]不敢有辭。其敬舉觴，太常擇吉日策告宗廟。[7]其賜天下男子爵，人二級，三老、孝悌、力田人三級，流人無名數欲占者人一級；鰥、寡、孤、獨、篤癃、貧不能自存者粟，人三斛；郎、從官視事十歲以上者，帛十匹。中二千石、二千石下至黃綬，[8]貶秩奉贖，在去年以來皆還贖。”

　　[1]【李賢注】仍，頻也。內附謂木連理也。《前書》終軍曰：“衆枝內附，是無外也得（紹興本、大德本、殿本無‘得’字，底本誤）。”【今注】仍：重複、頻繁。

　　[2]【今注】芝草：靈芝，菌屬。古以爲瑞草，服之能成仙。

　　[3]【李賢注】《山海經》曰：“周僥國在三首國東，爲人短小，冠帶，一名僬僥。”《國語》曰：“僬僥氏三尺，短之至也。”楊浮《異物志》曰（浮，中華本校勘記謂“《集解》引惠棟說，謂‘浮’當作‘孚’。漢議郎楊孚，字孝先，撰《異物志》一卷，見《廣志》及《經籍志》”）：“儋耳，南方夷，生則鏤其頰，皮連耳匡，分爲數支，狀如雞腸，纍纍下垂至肩。”

　　[4]【今注】案，胡，紹興本、大德本、殿本作“朝”，底本誤。

　　[5]【李賢注】壽者人之所欲，故卑下奉觴進酒，皆言上壽。【今注】觴：盛滿酒的酒杯。

[6]【今注】高祖：漢高祖劉邦，西漢開國皇帝。紀見《史記》卷八、《漢書》卷一。

[7]【今注】策告：以簡册相告。

[8]【今注】中二千石：漢代官吏秩禄等級之一，其地位在二千石、比二千石之上，月俸一百八十斛。凡太常、光禄勳、衛尉、太僕、廷尉、大鴻臚、宗正、大司農、少府等中央機構的主管長官，皆爲中二千石。在地方官中還有三輔的設置。秦及漢初祇有二千石，無中二千石和比二千石，中二千石最早指中央二千石，以與地方的郡守二千石區别。到西漢景帝中元六年（前144）或武帝建元之後，爲提高中央官員地位，壓制郡國官員，便將中二千石作爲一個秩級確定了下來。（參見周群《西漢二千石秩級的演變》，《史學月刊》2009年第10期）　案，二千石，中華本校勘記謂，"《刊誤》謂案文既云中二千石下至黄綬，不須更比二千石，明多'二千石'三字"。

秋八月丙寅，令武威、張掖、酒泉、敦煌及張掖屬國，[1]繫囚右趾已下任兵者，[2]皆一切勿治其罪，詣軍營。

[1]【李賢注】張掖，郡，故匈奴昆邪王地也。《漢官儀》曰："張國臂掖，故曰張掖。"故城在今甘州張掖縣西北。【今注】武威：郡名。治姑臧縣（今甘肅武威市涼州區）。　張掖：郡名。治鱳得縣（今甘肅張掖市西北）。　屬國：秦漢時期設置的用於安置歸附的匈奴、羌、夷等少數民族的特别行政區。秦代設置有"屬邦"，有學者認爲漢代的"屬國"即"屬邦"。西漢武帝元狩三年（前120）置五屬國於西北邊郡，安置内附匈奴。宣帝以後，屬國或增置，或廢罷，兼安置羌族。東漢西北、東北、西南等邊境地區皆置。屬國設屬國都尉主之，屬國内部的少數民族仍保留原來的部

族、文化，多采用固有的仟、佰等基層組織。（參見孫言誠《秦漢的屬邦與屬國》，《史學月刊》1987 年第 2 期；黎明釗、唐俊峰《秦至西漢屬國的職官制度與安置模式》，《中國史研究》2018 年第 3 期）

［2］【李賢注】任，堪也。【今注】任兵：能够擔任士兵。

冬十一月，[1]遣奉車都尉竇固、駙馬都尉耿秉、騎都尉劉張出敦煌昆侖塞，[2]擊破白山虜於蒲類海上，遂入車師。[3]初置西域都護、戊己校尉。[4]

［1］【今注】案，冬十一月，曹金華《後漢書稽疑》謂《後漢紀》卷一〇作"冬十月"（第65頁）。

［2］【李賢注】昆侖，山名，因以爲塞，在今肅州酒泉縣西南。山有昆侖之體，故名之。周穆王見西王母于此山，有石室、王母臺。【今注】劉張：東漢宗室。劉續孫。光武建武三十年（54）封下博侯。明帝永平十六年（73）隨竇固出擊匈奴，十七年以騎都尉出擊車師，均建功。章帝建初中卒。　昆侖塞：障塞名。一名昆侖障。西漢時置，在今甘肅安西縣南，爲宜禾都尉治所。《漢書·地理志下》敦煌郡廣至縣："宜禾都尉治昆侖障。"本書卷八八《西域傳》："今以酒泉屬國吏士二千餘人集昆侖塞，先擊呼衍王，絶其根本，因發鄯善兵五千人脅車師後部，此上計也。"李賢注："《前書》敦煌郡廣至縣有昆侖障也，宜禾都尉居也。"

［3］【李賢注】《西河舊事》曰："白山冬夏有雪，故曰白山，匈奴謂之天山，過之皆下馬拜焉。去蒲類海百里之内。"【今注】白山虜：白山即天山，因終年積雪而得名。又名折羅漫山。白山虜當指天山附近的匈奴。　蒲類海：湖泊名。又名婆悉海、巴爾庫勒淖爾。即今新疆巴里坤哈薩克自治縣西北巴里坤湖。　車師：古國名。一名姑師國。漢西域三十六國之一。都城在交河城（今新疆吐

魯番市西北二十里雅爾湖西）。後分爲車師前國與車師後國，皆屬
西域都護。詳見本書卷八八《西域傳》。

[4]【李賢注】宣帝初置，鄭吉爲都護，護三十六國，秩比
二千石。元帝置戊己校尉，有丞、司馬各一人，秩比六百石。戊
己，中央也，鎮覆四方，見《漢官儀》。亦處西域，鎮撫諸國。
【今注】西域都護：官名。西漢始置，亦稱“都護西域”“使西域
都護”，主管西域地區軍政事務。初，武帝置使者、校尉領護西域。
宣帝神爵中，以鄭吉並護鄯善以西南道、車師以西北道，稱都護西
域騎都尉，於烏壘設府，監護西域諸國。後遂爲常制，秩比二千
石，有副校尉，設丞一員，司馬、候、千人各二員。諸屯田校尉、
戊己校尉皆屬之。新莽時中原王朝與西域斷絕，或罷。東漢明帝永
平十七年（74）復置，後或省或置。班超任都護時，府治移龜
兹。安帝永初元年（107）以後不復置，西域事務由西域副校尉或西域
長史、戊己校尉主之。　戊己校尉：官名。西漢元帝初元元年（前
48）置，爲西域都護屬官，掌護西域諸國及屯田事務，單獨開府，
駐車師前王庭。有丞、司馬、候等屬官。所領吏士亦任征伐。秩比
二千石。新莽至東漢初或置或省。東漢明帝永平十七年復置二員，
一屯車師後王部金蒲城，一屯車師前王部柳中城，相去千餘里。後
或置或罷。安帝永初元年省西域都護後，常與西域長史共同管理西
域事務。

是歲，改天水爲漢陽郡。[1]

[1]【今注】漢陽：郡名。東漢明帝永平十七年（74）改天水
郡置。治冀縣（今甘肅天水市西北）。

十八年春三月丁亥，詔曰：“其令天下亡命，自殊
死已下贖：死罪縑三十匹，[1]右趾至髡鉗城旦舂十匹，

完城旦至司寇五匹；[2] 吏人犯罪未發覺，詔書到自告者，半入贖。”

[1]【今注】案，三，大德本作“二”。
[2]【今注】案，大德本“五”前有“作”字。

夏四月己未，詔曰：“自春已來，[1] 時雨不降，宿麥傷旱，秋種未下，政失厥中，憂懼而已。其賜天下男子爵，人二級，[2] 及流民無名數欲占者人一級；鰥、寡、孤、獨、篤癃、貧不能自存者粟，人三斛。理冤獄，錄輕繫。[3] 二千石分禱五岳四瀆。[4] 郡界有名山大川能興雲雨者，[5] 長吏各絜齋禱請，冀蒙嘉澍。”[6]

[1]【今注】案，已，大德本作“以”。
[2]【今注】案，人二級，曹金華《後漢書稽疑》謂《後漢紀》卷一〇作“人三級”（第65頁）。
[3]【今注】輕繫：罪輕的囚犯。
[4]【今注】四瀆：古代指四條獨自注入海的河流，即長江、黃河、淮河、濟水。《爾雅·釋水》：“江河淮濟爲四瀆，四瀆者，發原注海者也。”
[5]【李賢注】《周禮》：“職方氏掌天下之地。揚州，其山曰會稽，其川曰三江。荊州，其山曰衡山，其川曰江、漢。豫州，其山曰華（大德本‘華’後有‘山’字），其川曰滎、洛。青州，其山曰沂山，其川曰淮、泗。兗州，其山曰岱（大德本、殿本‘岱’後有‘山’字），其川曰河、泲。雍州，其山曰嶽，其川曰涇、汭。幽州，其山曰醫無閭，其川曰河、泲。冀州，其山曰霍，其川曰漳。并州，其山曰恒，其川曰滹沱。”此謂九州名山大川

也。【今注】案，興雲雨，大德本作"興雲致雨"。

[6]【李賢注】《説文》曰："時雨所以澍生萬物。"《淮南子》曰："春雨之灌，萬物無地不澍，無物不生。"澍音之戍反。【今注】冀：通"覬"。希望。《國語·魯語》："吾冀而朝夕修我曰：'必無廢先人。'"韋昭注："冀，望也。" 澍：及時雨。《説文》："澍，時雨也。所以澍生萬物者也。"

六月己未，有星孛於大微。[1]

[1]【今注】大微：太微，即太微垣，星座名。爲三垣之一，是三垣的上垣，位於紫微垣之下的東北方、北斗之南。紹興本、大德本、殿本作"太微"。本書《天文志中》："十八年六月己未，彗星出張，長三尺，轉在郎將，南入太微，皆屬張。張，周地，爲東都。太微，天子廷。彗星犯之爲兵喪。其八月壬子，孝明帝崩。"

焉耆、龜兹攻西域都護陳睦，[1]悉没其衆。北匈奴及車師後王圍戊己校尉耿恭。[2]

[1]【今注】焉耆：古國名。又名"烏耆國""烏纏國""烏夷國""阿耆尼國"。漢西域三十六國之一。都城在員渠城（今新疆焉耆回族自治縣）。詳見本書卷八八《西域傳》。 龜兹：古國名。一作"鳩兹""屈茨""歸兹""拘夷""俱支囊""苦先""曲先""苦叉""丘兹"等。西漢時王治延城，在今新疆庫車縣一帶。居民主要務農，兼營畜牧。産良馬、封牛、孔雀、葡萄、五金。能冶鑄、釀酒。有文字。擅長音樂舞蹈。宣帝時，其王絳賓娶烏孫公主，復娶漢解憂公主女爲妻，同到長安，習漢制度，行於境内。旋屬西域都護。東漢初屬匈奴。和帝永元三年（91），班超廢其王尤利多，立原在漢朝做侍子的白霸爲王，復臣於漢。

[2]【今注】車師後王：車師後國國王。車師爲古國名。一名
"姑師國"。漢宣帝時分前後兩部：前部亦稱"車師前國"，王治交
河城（今新疆吐魯番市西北交河故城遺址），轄境相當於今新疆吐
魯番盆地；後部亦稱"車師後國"，王治務塗谷（今新疆吉木薩爾
縣南泉子街一帶），轄境約當今新疆奇臺、吉木薩爾二縣地。 耿
恭：字伯宗，扶風茂陵（今陝西興平市東北）人。耿況之孫，耿弇
之姪。傳見本書卷一九。

秋八月壬子，帝崩於東宮前殿。[1]年四十八。遺詔
無起寢廟，藏主於光烈皇后更衣別室。[2]帝初作壽陵，
制令流水而已，[3]石椁廣一丈二尺，長二丈五尺，無得
起墳。[4]萬年之後，埽地而祭，杅水脯糒而已。[5]過百
日，唯四時設奠，置吏卒數人供給灑埽，勿開修道。
敢有所興作者，以擅議宗廟法從事。[6]

[1]【今注】崩：古代稱天子死爲崩，秦漢用於皇帝、太后等
死亡的代稱。《禮記·曲禮下》："天子死曰崩，諸侯死曰薨，大夫
曰卒，士曰不禄，庶人曰死。"《説文·山部》："崩，山壞也。"段
玉裁注："引申之，天子死曰崩。" 東宮：東漢洛陽城宮名。洛陽
城有"南宮"和"北宮"，其中又各有"東宮"和"西宮"，構成
四個相對獨立的建築群。皇帝例居"東宮"，皇太后皆居"西宮"。
其中北宮之"東宮"以德陽殿爲前殿，其後有章德殿等建築。此處
明帝所崩之"東宮"爲北宮之東宮，故"東宮前殿"可能即德陽
殿。（參見陳蘇鎮《東漢的"東宮"與"西宮"》，《"中研院"史
語所集刊》第89本第3分，2018年）
[2]【李賢注】《禮》"藏主於廟"，既不起寢廟，故藏於后之
易衣別室。更，易也。【今注】寢廟：古代宗廟的正殿稱廟，後殿

稱寢，合稱寢廟。《説文》："寢，臥也。"段玉裁注："臥必於室，故其字從宀，引申爲宮室之稱。"《爾雅·釋宮》："室有東西廂曰廟，無東西廂有室曰寢。" 更衣別室：正殿旁的便殿。本書卷三《肅宗孝章帝紀》："（明帝）深執謙謙，自稱不德，無起寢廟，埽地而祭，除日祀之法，省送終之禮，遂藏主於光烈皇后更衣別室……臣愚以爲更衣在中門之外，處所殊別，宜尊廟曰顯宗，其四時禘祫，於光武之堂，閒祀悉還更衣，共進《武德》之舞，如孝文皇帝祫祭高廟故事。"李賢注引《續漢書》："四時正祭外，有五月嘗麥，三伏立秋嘗粢盛酎，十月嘗稻等，謂之閒祀，即各於更衣之殿。更衣者，非正處也。園中有寢，有便殿。寢者，陵上正殿。便殿，寢側之別殿，即更衣也。"有學者認爲，本書所説的"更衣"，是皇帝陵寢殿旁的別殿，而明帝藏主之"更衣"，指宗廟的"更衣"，兩者所指並非一處〔參見〔日〕金子脩一著，肖聖中等譯《古代中國與皇帝祭祀》，第85頁〕。

〔3〕【今注】制：裁斷。

〔4〕【李賢注】《東觀記》曰："陵東北作廡，長三丈，五步出外爲小厨（大德本、殿本無'出'字），財足祠祀。"【今注】墳：埋葬死人築起的土堆。《説文》："墳，墓也。"段玉裁注："析言之，則墓爲平處，墳爲高處。"

〔5〕【李賢注】《説文》曰："杅，飲器。"音于。《方言》曰："盌謂之盂。"《説文》曰："糒，乾餔也。"【今注】埽：同"掃"。脯：《説文》："乾肉也。" 糒：乾糧。《説文》："糒，乾飯也。"

〔6〕【李賢注】《前書》曰："擅議宗廟者弃市。"【今注】擅議宗廟：罪名。漢代重罪之一，指妄自非議皇家宗廟事項。漢代以令規定的罪名，犯者棄市。《漢書》卷七三《韋玄成傳》："初，高后時患臣下妄非議先帝宗廟寢園官，故定著令，敢有擅議者棄市。至元帝改制，蠲除此令。成帝時以無繼嗣，河平元年復復太上皇寢廟園，世世奉祠。昭靈后、武哀王、昭哀后并食於太上寢廟如故，

又復擅議宗廟之命。"東漢時仍行此令。

　　帝遵奉建武制度，無敢違者。後宮之家，不得封侯與政。[1]館陶公主[2]爲子求郎，不許，而賜錢千萬。謂群臣曰："郎官上應列宿，出宰百里，[3]有非其人，[4]則民受其殃，是以難之。"故吏稱其官，民安其業，遠近肅服，户口滋殖焉。[5]

　　[1]【李賢注】《東觀記》曰："光武閔傷前代權臣太盛，外戚與政，上濁明主，下危臣子，后族陰、郭之家不過九卿，親屬榮位不能及許、史、王氏之半耳。"

　　[2]【李賢注】光武女。【今注】館陶公主：名劉紅夫，劉秀第三女，母郭聖通。東漢光武帝建武十五年（39），封館陶公主。下嫁韓光。後韓光因與淮陽王劉延謀反被誅。

　　[3]【李賢注】《史記》曰，太微宮後二十五星，郎位也。【今注】宰：主管、主持。

　　[4]【今注】案，有，大德本、殿本作"苟"，底本誤。

　　[5]【今注】滋殖：增多。《説文》："滋，益也。"

　　論曰：明帝善刑理，[1]法令分明。日晏坐朝，[2]幽枉必達。[3]内外無倖曲之私，[4]在上無矜大之色。[5]斷獄得情，[6]號居前代十二。[7]故後之言事者，莫不先建武、永平之政。而鍾離意、宋均之徒，常以察慧爲言，[8]夫豈弘人之度未優乎？

　　[1]【今注】刑理：刑法、法律。

　　[2]【今注】日晏：天色已晚。　《小爾雅·廣言》："晏，

晚也。"

[3]【今注】幽枉：冤屈。

[4]【今注】倖曲：寵幸偏袒。倖，通"幸"。

[5]【今注】矜大：自大。《禮記·表記》："不矜而莊。"鄭玄注："矜謂自尊大也。"

[6]【今注】情：法律術語。即案件的實情。

[7]【李賢注】十斷其二，言少刑也。

[8]【李賢注】並見本傳。【今注】鍾離意：字子阿，會稽山陰（今浙江紹興市）人。傳見本書卷四一。 宋均：字叔庠，南陽安衆（今河南鄧州市）人。傳見本書卷四一。曹金華《後漢書稽疑》謂，"'宋均'當作'宗均'，詳參《宋均傳》之《校勘記》"（第66頁）。 察慧：亦作"察惠"，指聰明有智慧。

贊曰：顯宗丕承，業業兢兢。危心恭德，政察姦勝。[1]備章朝物，省薄墳陵。[2]永懷廢典，下身遵道。[3]登臺觀雲，臨雍拜老。懋惟帝績，增光文考。[4]

[1]【李賢注】危心言常危懼。姦勝猶勝姦佞。

[2]【李賢注】朝物謂朝儀文物也。

[3]【李賢注】廢典謂明堂、辟雍之禮，歷漢不行（大德本、紹興本"歷"後有"於"字）。下身謂進爵授綏之類。

[4]【李賢注】懋，勉也。《書》曰："惟我文考，光于四海。"

後漢書　卷三

帝紀第三

肅宗孝章皇帝

　　肅宗孝章皇帝諱炟，顯宗弟五子也。[1]母賈貴人。[2]永平三年，[3]立爲皇太子。少寬容，[4]好儒術，顯宗器重之。

[1]【李賢注】《謚法》曰："温克令儀曰章。"伏侯《古今注》曰："炟之字曰著，音丁達反。"【今注】肅宗：東漢章帝劉炟廟號。　章：劉炟謚號。　顯宗：東漢明帝劉莊，公元57年至75年在位。紀見本書卷二。　案，弟，紹興本、大德本、殿本作"第"。

[2]【今注】賈貴人：南陽郡人，東漢明帝劉莊之妃。光武帝建武末選入太子宮，生章帝劉炟。明帝命馬貴人養育劉炟，故劉炟以馬氏爲外家。賈貴人未成皇太后，賈氏親屬亦未能受到榮寵，史書對賈氏記載較少。紀見本書卷一〇上。

[3]【今注】永平：東漢明帝劉莊年號（58—75）。

[4]【今注】寬容：寬宏有氣量。

十八年八月壬子，即皇帝位，年十九。尊皇后曰皇太后。

壬戌，葬孝明皇帝于顯節陵。[1]

[1]【李賢注】《帝王紀》曰（曹金華《後漢書稽疑》謂《帝王紀》當作《帝王世紀》）："顯節陵方三百步，高八丈。其地故富壽亭也，西北去洛陽三十七里。"【今注】顯節陵：東漢明帝陵墓。在今河南偃師市寇店鎮李家村西南。

冬十月丁未，大赦天下。賜民爵，人二級，爲父後及孝悌、力田人三級，[1]脱無名數及流人欲占者人一級，[2]爵過公乘得移與子若同産子；[3]鰥、寡、孤、獨、篤癃、貧不能自存者粟，[4]人三斛。[5]詔曰："朕以眇身，[6]託于王侯之上，[7]統理萬機，懼失厥中，[8]兢兢業業，未知所濟。[9]深惟守文之主，必建師傅之官。《詩》不云乎：'不愆不忘，率由舊章。'[10]行太尉事節鄉侯憙三世在位，爲國元老；[11]司空融[12]典職六年，勤勞不怠。其以憙爲太傅，[13]融爲太尉，並録尚書事。[14]'三事大夫，莫肯夙夜'，《小雅》之所傷也。[15]'予違汝弼，汝無面從'，[16]股肱之正義也。[17]群后百僚勉思厥職，[18]各貢忠誠，以輔不逮。[19]申勑四方，稱朕意焉。"

[1]【今注】父後：後子，指繼承父親户主、爵位、財産的兒子。張家山漢簡《二年律令》有《置後律》，對家庭户主、財産、爵位繼承次序做了詳細規定。從律文看，繼承爵位者稱爲"爵後"，

繼承户主者稱爲"户後"。其中關於後子繼承爵位的律文有："疾死置後者，徹侯後子爲徹侯，其無嫡子，以孺子子、良人子。關内侯後子爲關内侯，卿後子爲公乘，五大夫後子爲官大夫，公大夫後子爲大夫，官大夫後子爲不更，大夫後子爲簪裹，不更後子爲上造，簪裹後子爲公士，其無嫡子，以下妻子、偏妻子。"〔參見彭浩、陳偉、〔日〕工藤元男主編《二年律令與奏讞書——張家山二四七號漢墓出土法律文獻釋讀》，上海古籍出版社 2007 年版，第 235—241 頁〕可見一般的"父後"當指正妻所生的嫡長子。　孝悌力田：又作"孝弟力田"。漢代官府設置的兩類身份，亦爲鄉官之名。"孝悌"指孝敬父母、尊敬兄長，"力田"指努力耕作。《漢書》卷二《惠帝紀》："（孝惠四年）春正月，舉民孝弟力田者，復其身。"是爲漢廷舉"孝弟力田"之始。呂后時期將"孝弟力田"設置爲鄉官。文帝時開始按照户口設置"孝弟力田"的"常員"。終兩漢之世，舉"孝弟力田"成爲一種固定的制度。被推舉出來的"孝弟力田"，或免除徭役，或厚加賞賜，其作用是使其爲民表率。除個别例外，一般都不是到政府去做官，至多和三老相似，做一個鄉官而已。（參見安作璋、熊鐵基《秦漢官制史稿》，齊魯書社 2007 年版，第 802 頁）

　　[2]【今注】名數：户籍。《漢書》卷四六《石奮傳》："元封四年，關東流民二百萬口，無名數四十萬，公卿議欲請徙流民於邊以適之。"顏師古注："名數，若今户籍。"　占：登記。

　　[3]【今注】"爵過公乘"句：公乘，爵位名。二十等爵中的第八級。漢代的二十等爵以第八級公乘和第九級五大夫之間作爲分界。公乘以下之爵，可授予一般庶民和秩級未達六百石之官吏；五大夫以上，則是秩六百石以上之官吏方可受之爵。由於向平民賜爵不得超過公乘，故因賜爵而爵位超出公乘者，必須移授其子或兄弟、兄弟子〔參見〔日〕西嶋定生著，武尚清譯《中國古代帝國的形成與結構——二十等爵制研究》，中華書局 2004 年版，第 87—88 頁〕。同產，秦漢時指同父所生之兄弟。前人對"同產"有兩種

解釋，或曰同父所生兄弟，或曰同母所生兄弟。在先秦文獻中，"同産"指同母所生，而在秦漢文獻中，"同産"都是指同父所生，並不限於同母。張家山漢簡《二年律令·置後律》："同産相爲後，先以同居，毋（無）同居乃以不同居，皆先以長者。其或異母，雖長，先以同母者。"〔參見彭浩、陳偉、〔日〕工藤元男主編《二年律令與奏讞書——張家山二四七號漢墓出土法律文獻釋讀》，第238頁〕"同産"有同母、異母之分，正説明當時法律概念中的"同産"是指同父所生（參見田煒《説"同生""同産"》，《中國語文》2017年第4期）。

〔4〕【今注】鰥：老而無妻。　寡：老而無夫。　孤：幼而無父。　獨：老而無子。　篤癃：病重。

〔5〕【今注】斛：容量單位，《説文·斗部》："斛，十斗也。"

〔6〕【今注】詔：詔書，皇帝所下文書之一種。蔡邕《獨斷》卷上："（天子）命令一曰'策書'，二曰'制書'，三曰'詔書'，四曰'戒書'……策書，策者簡也。禮曰：不滿百文，不書於策。其制長二尺，短者半之，其次一長一短。兩編，下附篆書，起年、月、日，稱皇帝曰，以命諸侯王、三公。其諸侯王、三公之薨於位者，亦以策書誄諡其行而賜之，如諸侯之策。三公以罪免，亦賜策，文體如上策而隸書，以一尺木兩行，唯此爲異者也。制書，帝者制度之命也。其文曰'制詔三公'，赦令、贖令之屬是也。刺史、太守、相劾奏申中土遷書，文亦如之。其徵爲九卿，若遷京師近官，則言官，具言姓名；其免若得罪，無姓。凡制書，有印、使符，下遠近皆璽封，尚書令印重封。唯赦令、贖令，召三公詣朝堂受制書，司徒印封，露布下州郡。詔書者，詔誥也。有三品：其文曰'告某官官'，如故事，是爲詔書；群臣有所奏請，'尚書令奏'之下有'制曰'，天子答之曰'可'，若'下某官'云云，亦曰詔書；群臣有所奏請，無'尚書令奏''制'之字，則答曰'已奏，如書'，本官下所當至，亦曰詔。戒書，戒勅。刺史、太守及三邊營官被勅，文曰'有詔勅某官'，是爲戒勅也。世皆名此爲策書，

失之遠矣。” 眇：小。《説文·目部》：“眇，小目也。”段玉裁注：“眇訓小目，引申爲凡小之稱。”

［7］【今注】託：寄託，依託。《説文·言部》：“託，寄也。”

［8］【今注】懼失厥中：害怕失去中道，即爲政不適當，發生錯誤。厥，其。中，中正。《尚書·大禹謨》有“允執厥中”句。

［9］【今注】未知所濟：不知如何纔能成功。《尚書·大誥》：“已，予惟小子，若涉淵水，予惟往求朕攸濟。”

［10】【李賢注】《詩·大雅》也。鄭玄云（殿本“云”前有“注”字）：“愆，過也。率，循也。由，用也。言成王之令德，不過誤，不違失，皆循用舊典文章，謂周公之禮法。”【今注】不愆不忘率由舊章：意爲不做錯事，不忘自己的職責，一切都遵循原有的法度章程。語出《詩·大雅·假樂》。

［11】【李賢注】趙憙，光武時爲太尉，明帝時行太尉事，故曰三代在位。元，長也。《詩》曰：“方叔元老。”【今注】行：又稱“兼行”，漢代官吏兼任術語，常在兼官名下加“事”。“行某官事”指一官臨時代行某官的事務。所代行之官，多雖有本官，但本官因休假、出差等不在署辦公，故由他官臨時代爲處理其事務〔參見〔日〕大庭脩著，徐世虹等譯《漢代官吏的兼任》，《秦漢法制史研究》，中西書局2017年版，第382—385頁〕。 太尉：官名。秦漢最高軍政長官，《漢書·百官公卿表上》：“太尉，秦官，金印紫綬，掌武事。”西漢太尉是武將的榮譽職務，並無多少實權，不過是皇帝的軍事顧問，很少參與實際軍務。武帝改太尉爲大司馬。東漢光武帝復改大司馬爲太尉，此後太尉的軍權逐漸加重，於軍事顧問之外，並綜理軍政。（參見安作璋、熊鐵基《秦漢官制史稿》，第74—78頁） 憙：趙憙，字伯陽，南陽宛（今河南南陽市卧龍區）人。傳見本書卷二六。 元老：年輩、資望皆高的老臣。《詩·小雅·采芑》：“方叔元老，克壯其猶。”毛傳：“元，大也。五官之長，出於諸侯，曰天子之老。”

［12］【李賢注】融，牟融。【今注】司空：官名。東漢三公之一。西漢稱大司空，西漢成帝改御史大夫置。東漢建武二十七年（51）去“大”字，改名司空。西漢武帝後，由於中朝尚書的權力逐漸發展，御史大夫的職權和丞相一様，也轉移於尚書。御史大夫改爲大司空之後，雖號稱三公，但已成虚位。東漢司空的職務，已與御史大夫的性質大不相同。本書《百官志一》：“司空，公一人。本注曰：掌水土事。”這時的司空成爲專管水土之官了。（參見安作璋、熊鐵基《秦漢官制史稿》，第 52—53 頁）　融：牟融，字子優，北海安丘（今山東安丘市）人。傳見本書卷二六。

［13］【今注】太傅：官名。西周始置，爲輔弼君王的大臣，《漢書·百官公卿表上》載太傅與太師、太保並號三公，但實際上西周並無此三公之制。西漢太傅位在三公之上，號稱上公，不常置，地位尊崇，但實際上並没有什麼作用。東漢不置太師、太保，唯太傅一人，號稱“上公”，位在三公之上。掌善導天子，以授元老重臣，位尊而無常職。常加録尚書事，主持朝政。〔參見吕宗力主編《中國歷代官制大辭典》（修訂版），商務印書館 2015 年版，第 139 頁〕本書《百官志一》：“太傅，上公一人。本注曰：掌以善導，無常職。世祖以卓茂爲太傅，薨，因省。其後每帝初即位，輒置太傅録尚書事，薨，輒省。”

［14］【李賢注】武帝初以張子孺領尚書事。録尚書事由此始。【今注】録尚書事：西漢稱“領尚書事”“平尚書事”“視尚書事”等，即中央高級官吏兼管或主持尚書臺的工作。西漢昭帝初立，大將軍霍光柄政，與金日磾、上官桀共領尚書事，是爲此官之始。東漢明帝永平十八年（75），漢章帝初即位，以太傅趙熹、太尉牟融並録尚書事，用“録”代“領”始此。後東漢每帝即位，常以三公、大將軍、太傅録尚書事。當時政令、政務總於尚書臺，尚書臺成爲中央政府總樞。太傅、太尉、大將軍等加此名義始得參與樞密，總知國事，綜理政務，成爲真宰相（參見安作璋、熊鐵基

《秦漢官制史稿》，第 278—282 頁）。

[15]【李賢注】《詩·雨無正》之文也。三事，三公也。鄭玄注云：“幽王在外，三公及諸侯隨而行者，皆無復君臣之禮，不肯晨夜省王。”【今注】三事大夫莫肯夙夜：語出《詩·小雅·雨無正》，孔穎達疏：“三事大夫無肯早起夜卧以勤國事者。”三事大夫，西周職官。以往認爲指“三公”或“三有司”，不確。《尚書·立政》載：“立政：任人、準夫、牧，作三事。”楊善群認爲，牧（即常伯）是管理民衆的治民官，任人（常任）是任人辦事的理政官，準人（常司）是執行法律的司法官。因此，“三事”指治民、理政、執法三件事，三事大夫是分負三類事務的官吏（參見楊善群《西周“三事大夫”析》，《史林》1990 年第 3 期）；馬楠、王天然指出，常伯、常任，漢代人常比之於侍中，故“三事”當指內廷近官（參見馬楠、王天然《西周三事大夫考》，《中國史研究》2015 年第 3 期）。

[16]【李賢注】《尚書·益稷》之文也。孔安國注云：“我違道，汝當以道爲正我（道爲，紹興本、大德本、殿本作‘義輔’），無面從我。”【今注】予違汝弼汝無面從：意爲我若違背了道義，你當以義輔正我，不要當面順從，背後又去報怨。《尚書·皋陶謨》：“予違，汝弼。汝無面從，退有後言。”

[17]【今注】股肱：腿與胳膊，喻指輔弼君主的大臣。《尚書·皋陶謨》：“臣作朕股肱耳目。”

[18]【今注】群后：泛指公卿。　百僚：百官。

[19]【今注】逮：及。

十一月戊戌，蜀郡太守第五倫爲司空。[1]

[1]【今注】蜀郡：治成都縣（今四川成都市武侯區）。　太守：官名。郡級行政長官，職掌一郡之政事。《漢書·百官公卿表

上》：“郡守，秦官，掌治其郡秩二千石……景帝中二年更名太守。”從秦簡材料可知，秦代郡守即稱太守。　第五倫：字伯魚，京兆長陵（今陝西咸陽市）人。傳見本書卷四一。第，紹興本、大德本作“弟”。

詔征西將軍耿秉屯酒泉。[1]遣酒泉太守段彭救戊己校尉耿恭。[2]

[1]【李賢注】酒泉，今肅州縣也。《前書音義》曰：“城下有泉，其味若酒，因名酒泉焉。”【今注】征西將軍：雜號將軍名。東漢置，掌征伐。　耿秉：字伯初，扶風茂陵（今陝西興平市東北）人。耿弇侄，耿國子。傳見本書卷一九。　酒泉：郡名。治禄福縣（今甘肅酒泉市肅州區）。

[2]【今注】案，段彭，王先謙《後漢書集解》引惠棟曰：“《袁宏紀》作‘殷彭’。”　戊己校尉：官名。西漢元帝初元元年（前48）置，爲西域都護屬官，掌護西域諸國及屯田事務，單獨開府，駐車師前王庭。有丞、司馬、候等屬官。所領吏士亦任征伐。秩比二千石。新莽至東漢初或置或省。東漢明帝永平十七年（74）復置二員，一屯車師後王部金蒲城，一屯車師前王部柳中城，相去千餘里。後或置或罷。安帝永初元年（107）省西域都護後，常與西域長史共同管理西域事務。　耿恭：字伯宗，扶風茂陵（今陝西興平市東北）人。耿況孫，耿弇侄。傳見本書卷一九。

甲辰晦，[1]日有食之。於是避正殿，[2]寢兵，[3]不聽事五日。[4]詔有司各上封事。[5]

[1]【今注】晦：每月最後一天。

　　[2]【今注】避正殿：正殿是位置居中的主殿，國家有災異急難之事，帝王避正殿，以自我貶責，意在消災彌難。

　　[3]【今注】寢兵：停止戰事。寢，殿本作“寢”。

　　[4]【今注】聽事：處理政事。

　　[5]【今注】有司：主管某一具體事務的官吏，負責人。　封事：上呈皇帝的秘密奏章。漢代的普通奏章，先經尚書之文書作業，再送呈皇帝；封事則直接上呈皇帝，由皇帝本人或皇帝所指定的人開閱（參見廖伯源《漢“封事”雜考》，載《秦漢史論叢》，中華書局 2008 年版，第 195 頁）。

　　十二月癸巳，有司奏言：“孝明皇帝聖德淳茂，劬勞日昃，身御浣衣，[1]食無兼珍。澤臻四表，[2]遠人慕化，僬僥、儋耳，款塞自至。[3]克伐鬼方，開道西域，[4]威靈廣被，無思不服。以烝庶爲憂，[5]不以天下爲樂。備三雍之教，[6]躬養老之禮。[7]作登歌，正予樂，[8]博貫六藝，[9]不舍晝夜。[10]聰明淵塞，[11]著在圖讖。[12]至德所感，通於神明。功烈光于四海，仁風行於千載。而深執謙謙，[13]自稱不德，無起寢廟，[14]掃地而祭，[15]除日祀之法，[16]省送終之禮，遂藏主於光烈皇后更衣別室。[17]天下聞之，莫不悽愴。陛下至孝烝烝，[18]奉順聖德。臣愚以爲更衣在中門之外，處所殊別，宜尊廟曰顯宗，其四時禘祫，於光武之堂，閒祀悉還更衣，[19]共進《武德》之舞，如孝文皇帝祫祭高廟故事。”[20]制曰：“可。”

　　[1]【李賢注】日昃，日昳。《尚書》曰：“文王自朝至于日

中昃，不遑暇食。”【今注】劬勞：劬，《説文新附・力部》：“勞也。”“劬勞”指勞苦、勞累。　　昃：太陽偏西。《説文・日部》：“昃，日在西方時，側也。”　　浣衣：謂多次洗過的衣服，即舊衣。

[2]【李賢注】《尚書》曰：“光被四表。”【今注】臻：《爾雅・釋詁》：“至也。”　　四表：謂四方極遠之地，亦泛指天下。

[3]【李賢注】款，扣。僬僥、儋耳解見《明紀》。

[4]【李賢注】鬼方，遠方。《易》曰：“高宗伐鬼方，三年克之。”【今注】鬼方：商周時期方國，《易・既濟》：“高宗伐鬼方，三年克之。”《詩・大雅・蕩》：“内奰於中國，覃及鬼方。”毛傳：“鬼方，遠方也。”

[5]【今注】烝庶：衆多的黎民百姓。烝，《爾雅・釋詁》：“衆也。”庶，百姓。

[6]【今注】三雍：對辟雍、明堂、靈臺的總稱。

[7]【今注】躬：親自、親身。　　養老之禮：對年高德劭的老者按時餉以酒食而敬禮之的禮節。

[8]【今注】予樂：大予樂，官署名，東漢明帝永平三年（60）改太樂置，掌伎樂人，凡國家祭祀時掌管奏樂，有太予樂令一人。本書《百官志二》：“大予樂令一人，本注曰：掌伎樂。凡國祭祀，掌請奏樂，及大饗用樂，掌其陳序。丞一人。”予，大德本、殿本作“雅”。

[9]【李賢注】《周禮》保氏教之六藝：一曰禮，二曰樂，三曰射，四曰馭，五曰書，六曰數。《前書・藝文志》曰以《禮》《樂》《春秋》《易》《詩》《書》爲六藝。博貫謂究極深幽耳。

[10]【今注】不舍晝夜：意爲晝夜不停息，夜以繼日。《論語・子罕》：“子在川上曰：‘逝者如斯夫，不舍晝夜。’”

[11]【今注】淵塞：亦作“塞淵”，指深遠誠實。《詩・鄘風・定之方中》：“秉心塞淵。”鄭玄箋：“塞，充滿也。”“塞”通“寒”，《説文・心部》：“寒，實也。”

[12]【李賢注】《河圖》曰："圖出代，九天開明，受用嗣興，十代以光。"又《括地象》曰："十代禮樂，文雅並出。"謂明帝也。【今注】圖讖：漢代的一種政治預言。圖指《河圖》《洛書》，讖指一種政治預言。《河圖》《洛書》傳説爲一種聖王的瑞應，史籍記載河出圖、洛出書，則聖王出現、天下太平。至秦漢時期，方士將《河圖》《洛書》文本化，使之成爲帶有圖和文字的讖言。因此《河圖》《洛書》與讖言合稱"圖讖"。讖言後又多附會五經，稱爲"緯"，讖和緯合稱"讖緯"。

[13]【今注】深執謙謙：堅持謙遜。深執，執著、堅持。

[14]【今注】寢廟：古代宗廟的正殿稱"廟"，後殿稱"寢"，合稱"寢廟"。

[15]【今注】案，掃，紹興本、大德本、殿本作"埽"。

[16]【李賢注】《春秋外傳》曰："日祭，月祀，時享。祖禰則日祭，高曾則月祀（曾，大德本作'祖'），三祧則時享（三，中華本校勘記謂'《刊誤》謂自古但有二祧，無三祧，明"三"字誤'）。"今此除日祀之法，從時月之祭。

[17]【今注】光烈皇后：陰麗華。東漢光武帝劉秀皇后。更衣別室：指正殿旁的便殿。

[18]【今注】烝烝：厚美。《詩·魯頌·泮水》："烝烝皇皇，不吳不揚。"毛傳："烝烝，厚也。皇皇，美也。"馬瑞辰《通釋》："《大雅》'文王烝哉'，《釋文》引《韓詩》曰：'烝，美也。'以《傳》訓皇皇爲美推之，烝烝亦當爲美。"（參見馬瑞辰《毛詩傳箋通釋》，中華書局 1989 年版，第 1135—1136 頁）《尚書·堯典》："父頑，母嚚，象傲，克諧，以孝烝烝，乂不格姦。"王引之《經義述聞·尚書上》："'烝烝'即是孝德之形容，故漢魏人多以'烝烝'爲孝者……謂之'烝烝'者，言孝德之厚美也。"

[19]【李賢注】《續漢書》曰："五年再殷祭，三年一祫，五年一禘。父爲昭，南向；子爲穆，北向。禘以夏四月，祫以冬十

月。禘之爲言諦，諦審昭穆尊卑之義。祫者，合也。冬十月五穀成，故骨肉合飲食於祖廟，謂之殷祭。四時正祭外，有五月嘗麥，三伏立秋嘗粢盛酎（中華本校勘記謂，'《刊誤》謂漢制立秋嘗粢，八月飲酎，此文誤出一"盛"字，少"八月飲"三字'），十月嘗稻等，謂之閒祀，即各于更衣之殿。更衣者，非正處也。圜中有寢，有便殿。寢者，陵上正殿。便殿，寢側之別殿，即更衣也。"【今注】禘：禘祭。將祖先的神主集合於太祖之廟，並根據昭穆加以分別而舉行的一種合祭。《説文・示部》："禘，諦祭也。"段玉裁注："言部曰：諦者，審也。諦祭者，祭之審諦者也。何言乎審諦？自來説者皆言審諦昭穆也……禘與祫皆合群廟之主祭于大祖廟也。"禘祭按照祭祀時間、參加人員和規模等區分爲時禘、殷禘和大禘。　祫：祫祭。把遠近祖先的神主集合在太廟舉行的一種合祭。《説文・示部》："祫，大合祭先祖親疏遠近也。"《春秋》文公二年："八月丁卯，大事於大廟。"《公羊傳》："大事者何？大祫也。大祫者何？合祭也。其合祭奈何？毀廟之祖陳於大祖，未毀廟之祖皆升，合食於大祖。"禘祭與祫祭皆爲殷祭，殷祭是一種盛大的祭典。

[20]【李賢注】《前書》高廟奏《武德》《文始》《五行》之舞。【今注】孝文皇帝：西漢文帝劉恒，公元前180年至前157年在位。廟號太宗，謚號孝文。紀見《史記》卷一〇、《漢書》卷四。　高廟：漢代祭祀漢高祖劉邦的宗廟。　故事：指舊有的慣例、事例，秦漢時期的一種習慣法，又稱"行事""成事""舊事""舊制"等。"故事"有時指朝廷的典章制度，是"法令""法度""制度"等的同義語，有時指某一時期朝廷關於某一方面的政策、原則和具體做法。故事分爲慣例性故事和事例性故事，慣例性故事是一種習慣法；事例性故事本身沒有約束力，而一旦被援引，就有很强的法律效力（參見閻曉君《兩漢"故事"論考》，《中國史研究》2000年第1期）。

是歲，牛疫。京師及三州大旱，[1]詔勿收兗、豫、徐州田租、芻稾，[2]其以見穀賑給貧人。[3]

[1]【今注】京師：國都。蔡邕《獨斷》卷上："天子所都曰京師。"

[2]【今注】兗：州名。西漢武帝時所置十三刺史部之一。約當今山東西南部及河南東部地區，北至茌平、萊蕪，東至沂水流域，東南至莒縣、平邑、兗州、魚臺、單縣，南至鹿邑、淮陽、扶溝等市縣，西南至開封、濮陽等地。東漢時治昌邑縣（今山東巨野縣東南）。　豫：州名。西漢武帝時所置十三刺史部之一。轄境約當今淮河以北伏牛山以東豫東、皖北地。東漢時治所在譙縣（今安徽亳州市）。　徐：州名。西漢武帝時所置十三刺史部之一。轄境相當於今山東東南部和江蘇長江以北地區。東漢時治郯縣（今山東郯城縣西）。　芻稾：芻稿稅，秦漢稅目之一。芻是餵馬的糧草，稿是農作物的莖杆，芻稿稅是徵收農作物莖杆的實物稅收。據簡牘材料可知，秦漢時期國家徵收芻稿分爲兩種：一種是按戶徵收，稱爲"戶芻"，屬於秦漢"戶賦"的一種徵收方式，每戶徵收固定數量的芻稿；另一種是按土地徵收，稱爲"田芻"，其按照土地面積徵收，而無論是否耕種土地〔參見楊振紅《秦漢時期的芻稿稅》，載《出土簡牘與秦漢社會》（續編），廣西師範大學出版社2015年版，第142—155頁〕。

[3]【今注】見穀：現有的穀物。見，通"現"。

建初元年春正月，[1]詔三州郡國："方春東作，[2]恐人稍受稟，往來煩劇，或妨耕農。[3]其各實覈尤貧者，[4]計所貸并與之。[5]流人欲歸本者，郡縣其實稟，令足還到，聽過止官亭，[6]無雇舍宿。長吏親躬，[7]無使貧弱遺脱，小吏豪右得容姦妄。[8]詔書既下，勿得稽留，[9]刺史明加督察尤無狀者。"[10]

[1]【今注】建初：東漢章帝劉炟年號（76—84）。

[2]【今注】東作：春耕。《尚書·堯典》："寅賓出日，平秩東作。"孔傳："歲起於東而始就耕，謂之東作。"

[3]【李賢注】稟（稟，殿本作"廩"），給也。稍爲少少給之，不頓與。【今注】稍：逐漸、逐次。《說文·禾部》："稍，出物有漸也。"段玉裁注："古言稍稍者，皆漸進之。"簡牘中有"稍入""稍出"，均指漸入、漸出，而非一次性出入。　煩劇：繁重。案，稟，殿本作"廩"。

[4]【今注】實覈："覈"通"核"，"實覈"即調查核實。

[5]【李賢注】并音必政反。

[6]【今注】聽：聽任。　官亭：官方設立供過往官吏食宿的處所。

[7]【今注】長吏：與"少吏"相對，秦漢時期對一類職官的通稱。《漢書·百官公卿表上》："縣令、長，皆秦官，掌治其縣。萬戶以上爲令，秩千石至六百石。減萬戶爲長，秩五百石至三百石。皆有丞、尉，秩四百石至二百石，是爲長吏。百石以下有斗食、佐史之秩，是爲少吏。"有學者認爲，長吏主要用作從中央到地方機構主要負責人的一種代稱（參見張欣《秦漢長吏再考》，《中國史研究》2010年第3期）。

[8]【李賢注】《前書》曰，百石已下有斗食佐史之秩，言小吏也。【今注】豪右：又稱"豪富民""豪強""豪大家""大姓""著姓""強宗"等，漢代的一種社會身份，即豪門大族。漢以右爲上，故稱"豪右"。"豪右"的特徵有三：一是"無尺祿之奉"，即司馬遷所謂的"無秩祿之奉，爵邑之人，而樂與之比者"的"素封"。也就是說他們並非官吏或貴族。二是家資巨萬，農、林、

牧、副多種經營，屬於“庶人之富者”。三是在社會上活動能量巨大，上可以“交通王侯”，與官府分庭抗禮，下則“武斷鄉曲”“刺客死士，爲之投命”，即庶民之豪者。（參見王彥輝《漢代豪民與鄉里政權》，《史學月刊》2000 年第 4 期） 妄：《説文·女部》：“妄，亂也。”

[9]【今注】稽留：停留、遷延。稽，《説文·稽部》：“留止也。”

[10]【李賢注】無狀謂其罪惡尤大，其狀無可寄言，故云無狀。它皆類此。【今注】刺史：官名。秦設監御史，監督各郡。西漢武帝元封五年（前 106）在全國十三部（州）設刺史，以六條監督郡國。秩六百石，屬官有從事史、假佐等。成帝綏和元年（前 8）改爲州牧，秩二千石。哀帝建平二年（前 5）又改爲刺史，元壽二年（前 1）又改爲州牧。東漢光武帝建武十八年（42）又改爲刺史。

丙寅，詔曰：“比年牛多疾疫，[1]墾田減少，穀價頗貴，人以流亡。方春東作，宜及時務。[2]二千石勉勸農桑，[3]弘致勞來。[4]群公庶尹，[5]各推精誠，專急人事。罪非殊死，[6]須立秋案驗。[7]有司明慎選舉，進柔良，退貪猾，[8]順時令，理冤獄。‘五教在寬’，帝《典》所美；[9]‘愷悌君子’，《大雅》所歎。[10]布告天下，使明知朕意。”

[1]【今注】比年：近年。

[2]【今注】時務：按時節應做之事，多指農事。

[3]【今注】二千石：漢代官吏秩級之一，低於中二千石，高於比二千石。月俸爲一百二十斛。由於漢代郡守、諸侯國相一般爲

二千石，故史籍中的“二千石”一般指郡守和諸侯國相。

[4]【今注】勞來：勸勉，勉勵。“來”通“勑”。《詩·小雅·大東》：“東人之子，職勞不來。”馬瑞辰《通釋》：“勞來之‘來’本作‘勑’。《爾雅》：‘勞、來，勤也。’《釋文》：‘來，本又作勑。’《説文》：‘勑，勞勑也。’《廣雅》：‘勑，勤也。’今經典通借作來。”王引之《經義述聞·爾雅上》：“‘勞來’亦有三義，一爲‘勤勞’之‘勤’……一爲‘相勸勉’之‘勤’……一爲‘相勞苦’之‘勤’。”“勞來”取第二義，即勸勉、勉勵。

[5]【今注】庶尹：百官。庶，衆；尹，官。《尚書·皋陶謨》：“百獸率舞，庶尹允諧。”

[6]【今注】殊死：漢代一類嚴重死罪的統稱。以往學者將“殊死”之“殊”理解爲絶、斷，將“殊死”理解爲一種行刑方式，即斬首。宋傑指出，“殊死”之“殊”不應訓爲“斷”，而應訓爲“絶”和“異”，具有“區別”和“特殊”的含義，“殊死”常與一般的“死罪”區別，既是刑名也是罪名，指謀反、大逆等特殊、尤重的死罪，其處決方式主要是腰斬、梟首等，平常很少被赦除，並連坐父母妻子（參見宋傑《漢代“棄市”與“殊死”辨析》，《中國史研究》2015 年第 3 期）。

[7]【今注】立秋案驗：案驗爲法律術語，指調查、核實犯罪。古代司法活動多於秋冬進行，以與季節相適應，立秋案驗爲古代司法傳統之一。

[8]【今注】貪猾：貪婪狡猾。

[9]【李賢注】五教謂父義、母慈、兄友、弟恭、子孝也。《尚書·舜典》曰：“汝作司徒，敬敷五教在寬。”【今注】五教在寬：《尚書·堯典》：“帝曰：‘契，百姓不親，五品不遜，汝作司徒，敬敷五教，在寬。’”

[10]【李賢注】愷，樂；悌，易也。《詩·大雅·泂酌篇》曰：“愷悌君子，人之父母（人，殿本作‘民’）。”【今注】愷悌

君子：和樂平易的有德君子。《詩·大雅·泂酌》："愷悌君子，民之父母。"

酒泉太守段彭討擊車師，[1]大破之。罷戊己校尉官。

[1]【今注】車師：古國名。一名姑師國。漢西域三十六國之一。都城在交河城（今新疆吐魯番市西北二十里雅爾湖西）。後分爲車師前國與車師後國，皆屬西域都護。詳見本書卷八八《西域傳》。

二月，武陵澧中蠻叛。[1]

[1]【李賢注】武陵，郡，今澧州（澧州，曹金華《後漢書稽疑》認爲乃"朗州"之訛）。《水經》曰"澧水出武陵充縣西歷山之北"也。【今注】武陵：郡名。治義陵縣（今湖南溆浦縣南）。東漢時移治臨沅縣（今湖南常德市武陵區） 澧中：古地區名。指今湖南澧水兩岸。東漢時泛稱其地居民爲澧中蠻。因在武陵郡境內，亦稱武陵澧中蠻。

三月甲寅，山陽、東平地震。[1]己巳，詔曰："朕以無德，奉承大業，夙夜慄慄，不敢荒寧。[2]而災異仍見，[3]與政相應。朕既不明，涉道日寡；又選舉乖實，[4]俗吏傷人，官職耗亂，[5]刑罰不中，[6]可不憂與！昔仲弓季氏之家臣，子游武城之小宰，孔子猶誨以賢才，問以得人。[7]明政無大小，以得人爲本。夫鄉舉里選，[8]必累功勞。[9]今刺史、守相不明真僞，[10]茂才、

孝廉歲以百數，[11] 既非能顯，而當授之政事，甚無謂
也。每尋前世舉人貢士，或起畎畝，不繫閥閱。[12] 敷
奏以言，則文章可採；明試以功，則政有異迹。[13] 文
質彬彬，朕甚嘉之。[14] 其令太傅、三公、中二千石、
二千石、郡國守相舉賢良方正、能直言極諫之士各
一人。”[15]

[1]【今注】山陽：郡名。治昌邑縣（今山東巨野縣東南）。
東平：國名。治無鹽縣（今山東東平縣南）。

[2]【李賢注】孔安國注《尚書》曰：“不敢荒怠自安寧。”
【今注】荒寧：荒怠自安。《尚書·無逸》：“我聞曰：昔在殷王中
宗，嚴恭寅畏，天命自度，治民祗懼，不敢荒寧。”

[3]【今注】仍：頻繁。

[4]【今注】乖：違背。

[5]【今注】耗亂：昏亂。

[6]【今注】刑罰不中：指刑罰不適當。《論語·子路》：“刑
罰不中，則民無所措手足。”

[7]【李賢注】《論語》，仲弓為季氏宰，問政，子曰：“赦小
過，舉賢才。”子游為武城宰，孔子謂之曰：“汝得人焉耳乎？”
【今注】仲弓：冉雍，字仲弓，春秋末期魯國人，孔子弟子，曾擔
任季氏宰。　子游：言偃，字子游，吳人，孔子弟子，曾擔任魯國
武城宰。

[8]【今注】鄉舉里選：秦漢及其後的人對秦漢選舉制度的歸
納。先秦即存在鄉舉、鄉興賢能的制度，然這種制度在多大範圍內
實施過，還難以判定。卜憲群指出，秦漢鄉舉里選的內涵，一是鄉
里民眾存在一定的入仕途徑，二是鄉里社會的輿論評價對選舉有重
要影響，三是鄉里組織在選舉過程中有一定的管理和組織職能。如
在基層屬吏任用上擁有選舉權，掌握着鄉民的基本情況，對被舉者

的人品和能力有考核的責任等。但鄉舉里選並不是指鄉里民衆有自主選擇官吏的權力，目前的材料不能夠證明鄉里民衆對察舉諸環節有制度化影響（參見卜憲群《秦漢"鄉舉里選"考辨》，《社會科學戰綫》2008年第5期）。

[9]【今注】功勞：官吏的勞績。根據漢簡材料，勞又稱"勞日"，指官吏任某種職務的累積時間，以出勤天數爲標準，有時因某種原因會被"賜勞""奪勞"；功指戰場上獲取敵人首級、平時緝捕盜賊等他人所無，祇有本人能做到的特別事迹。勞和功之間可以轉換，一功等於四歲勞。官吏的功勞需要定期自行申報，稱爲"上功"，西北漢簡有"功勞墨將名籍""功將"簡等，即申報功勞的文書。功勞是官吏晉升的條件，因積功勞而晉升，稱爲"累功勞""以功次遷""以久次遷"等。秦漢有《功令》，是專門規定功勞計算方法和擔任官吏標準的法律。〔參見［日］大庭脩著，徐世虹等譯《漢代的因功次晉升》，《秦漢法制史研究》，第386—399頁；胡平生《居延漢簡中的"功"與"勞"》，《文物》1995年第4期〕

[10]【今注】守相：郡守和王國相。

[11]【今注】茂才：漢代察舉科目之一。西漢稱"秀才"，東漢避光武帝劉秀諱，改爲"茂才"，或作"茂材"，指才能卓著者。察舉茂才，始於西漢武帝。西漢茂才皆從現任官吏中察舉，且屬於特舉。東漢茂才成爲歲舉，常與孝廉並稱，不過孝廉屬於郡舉，茂才屬於州舉。茂才的數量較孝廉爲少。茂才的出路多爲地方縣令。漢代被察舉爲孝廉、茂才者，一般都是先舉孝廉，後舉茂才，可見茂才比孝廉爲高。（參見安作璋、熊鐵基《秦漢官制史稿》，第808—809頁）　孝廉：漢代察舉科目之一，即孝子廉吏。原爲二科，西漢武帝於元光元年（前134）初令郡國舉孝、廉各一人。其後多連稱而混同爲一科。察舉孝廉爲歲舉，郡國每年向中央推舉一至二人，其所舉人數比茂才爲多。所舉者不限於現任官吏。孝廉的出路多爲郎官。（參見安作璋、熊鐵基《秦漢官制史稿》，第804—

807頁）

[12]【李賢注】《説文》曰：“甽，田中之溝。”音工犬反。《史記》曰：“明其等曰閥，積其功曰閱。”言前代舉人務取賢才，不拘門地。【今注】閥閱：又作“伐閱”，本指官吏記録功勞和履歷的檔案。《漢書》卷八三《朱博傳》：“博復移書曰……檄到，齎伐閱詣府。”顏師古注：“伐，功勞也。閱，所經歷也。”《漢書》卷六六《車千秋傳》：“千秋無他材能術學，又無閥閱功勞。”顏師古注：“伐，積功也。閱，經歷也。”里耶秦簡8—246簡有“資中令史陽里釦伐閱”文書，其分欄記載了令史釦擔任的各類職務（依次爲鄉史、田部史、令史等），具體負責的事務（錢計、户計等），任職時間，年齡，最後寫明其遷傳的部門和職務。可見“閥閱”類似於一種任職“履歷表”，其功能是展示官吏個人的資歷情況，以申報職務晉升。〔參見戴衛紅《湖南里耶秦簡所見“伐閱”文書》，載《簡帛研究（二〇一二）》，廣西師範大學出版社2014年版，第82—92頁〕東漢以後“伐閱”的含義發生演變，成爲“門閥”“門第”的同義語。

[13]【李賢注】敷，陳；奏，進也。令各陳進其言，則知其能否也。《尚書》曰“敷奏以言，明試以功”，則政之類。【今注】敷奏以言：《尚書·堯典》：“敷奏以言，明試以功，車服以庸。”《書大傳》注：“奏猶白，白之義與告相近，言使諸侯遍以治術奏告也。”

[14]【李賢注】彬彬，雜半之貌。【今注】文質彬彬：《論語·雍也》：“子曰：‘質勝文則野，文勝質則史。文質彬彬，然後君子。’”

[15]【今注】三公：職官合稱，東漢指司徒、司馬、司空。較爲普遍的三公職官理論出現於戰國時期，並被上推古制。班固在《漢書·百官公卿表上》中即把太師、太保、太傅，或司徒、司馬、司空視爲三公。然西周和春秋實際上並無三公制，戰國諸國亦未實

行三公制。戰國晚期秦國開始把丞相稱爲三公，但是秦代並未將御史大夫、太尉和丞相並稱三公，因此秦代不存在三公制。西漢時期，不晚於景帝時，御史大夫被冠上三公的頭銜，至成帝時太尉也被列爲三公，三公分職開始形成。宣帝時置大司馬，成帝時將御史大夫改稱大司空，哀帝時將丞相改爲大司徒，三公制正式形成。東漢一世基本實行司徒、司馬、司空並稱的三公制。（參見卜憲群《秦漢三公制度淵源考》，《安徽史學》1994 年第 4 期）　中二千石：漢代官吏秩禄等級之一，其地位在二千石、比二千石之上，月俸一百八十斛。凡太常、光禄勳、衛尉、太僕、廷尉、大鴻臚、宗正、大司農、少府等中央機構的主管長官，皆爲中二千石。在地方官中還有三輔的設置。秦及漢初祇有二千石，無中二千石和比二千石，中二千石最早指中央二千石，與地方的郡守二千石區別。到西漢景帝中元六年（前 144）或武帝建元初年之後，爲提高中央官員地位，壓制郡國官員，便將中二千石作爲一個秩級確定了下來。（參見周群《西漢二千石秩級的演變》，《史學月刊》2009 年第 10 期）　賢良方正：漢代察舉科目之一，賢良指有德之士，方正指正直之士。舉賢良方正，始於西漢文帝二年（前 178），自此以後，兩漢諸帝大都頒布過察舉賢良方正的詔令。諸侯王、公卿、郡守均得依詔令察舉。賢良方正常連言"直言極諫"，其目的主要是廣開直言之路。漢代詔舉賢良方正多在發生災異之後。（參見安作璋、熊鐵基《秦漢官制史稿》，第 809 頁）　直言極諫：漢代察舉科目之一，常與賢良方正連稱。它們兼有"求言"即徵求吏民之政治意見的目的，往往施行於發生了災異、動亂或其他重大政治問題之時，由皇帝下詔察舉，被舉者以"對策"形式發表政見，然後分等授官。（參見閻步克《察舉制度變遷史稿》，北京師範大學出版社2021 年版，第 3 頁）

夏五月辛酉，[1]初舉孝廉、郎中寬博有謀，[2]任典城者，以補長、相。[3]

[1]【今注】案，西，殿本作“卯”。

[2]【今注】郎中：官名。郎官之一種。春秋戰國爲郎官通稱，侍從君主左右，參與謀議，執兵宿衛，亦奉命出使。秦時一分爲三，郎中給事禁中者爲中郎，給事宮中者仍爲郎中，給事宮外者爲外郎，形成三郎體制。其中郎中掌執戟殿下，宿衛皇宮。西漢武帝時，郎官組織擴大，郎中一官分爲車郎、户郎、騎郎，分隸郎中令（光禄勳）所轄郎中車、户、騎將。其初多由功臣充任，地位親近尊顯，後稍減，位次中郎、侍郎，秩比三百石。任滿一定期限，選補内外官職。東漢劉秀改組郎制，精簡郎職，省郎中三將，除中郎、侍郎兩官，將郎中分隸五官、左、右中郎將三署，故曰“三署郎”。名義上備宿衛，實爲後備官吏人材。（參見王克奇《論秦漢郎官制度》，載安作璋、熊鐵基《秦漢官制史稿》，第344—408頁）

寬博：指心胸開闊，能容人。

[3]【李賢注】任（任，大德本作“在”），堪使也。典，主也。長謂縣長，相謂侯相。【今注】案，任，大德本作“在”。長：縣長。官名。秦漢縣級行政長官，職掌一縣之政事。《漢書·百官公卿表上》：“縣令、長，皆秦官，掌治其縣。萬户以上爲令，秩千石至六百石；減萬户爲長，秩五百石至三百石。”　相：列侯相，本書《百官志五》：“列侯，所食縣爲侯國。本注曰：承秦爵二十等，爲徹侯，金印紫綬，以賞有功。功大者食縣，小者食鄉、亭，得臣其所食吏民……每國置相一人，其秩各如本縣。本注曰：主治民，如令、長，不臣也。但納租於侯，以户數爲限。”據此，漢列侯置相，相當於縣令、長。

秋七月辛亥，詔以上林池籞田賦與貧人。[1]

　　[1]【李賢注】蘥，禁苑也，音籞。《前書音義》曰：“折竹以繩懸連之，使人得往來（紹興本、大德本、殿本‘人’後有‘不’字，底本誤），謂之蘥。”【今注】上林：苑名。秦都咸陽時置，在今陝西西安市西渭水以南、終南山以北。秦惠文王時即開始興建。至秦始皇時，先後在上林苑中修建了朝宮和宏偉壯麗的阿房宮前殿，還修建了大量的離宮別館。西漢初荒廢。西漢武帝時復加拓展，周圍擴至二百餘里。

八月庚寅，有星孛于天市。[1]

　　[1]【李賢注】《史記》曰：“房爲天駟，東北曲十二星曰旗，旗中四星曰天市。”【今注】星孛：光芒四射的彗星。孛，彗星之別稱。古以彗星爲不祥，預兵戎之災。　　天市：星官名。即天市垣。是三垣的下垣，位居紫微垣之下的東南方向。詳見《史記·天官書》。案，唐楊筠松《撼龍經·垣局篇》説天市垣又名天府。市者，四方所樂。帝都之邦，主王之座。若彗星冒犯，所起者誅。故下文有反叛事起。

九月，永昌哀牢夷叛。[1]

　　[1]【今注】永昌：郡名。東漢明帝永平十二年（69）哀牢内屬，以其地置哀牢、博南二縣，並割益州西部都尉所領六縣合置。治不韋縣（今雲南保山市東北）。　　哀牢：古國名。在今雲南西部。戰國、秦、漢時期，哀牢的範圍，約東起禮社江邊的哀牢山，西至印、緬交界的巴特開山，北抵今西藏與緬甸交界處，南達今雲南西雙版納。東西三千里，南北四千六百里，分七十七王。土地肥沃，物産豐富，人口衆多，族系繁雜。東漢明帝永平十二年内屬，置永昌郡。詳見本書卷八六《南蠻西南夷傳》。

冬十月，武陵郡兵討叛蠻，破降之。

十一月，阜陵王延謀反，[1]貶爲阜陵侯。

[1]【今注】阜陵王延：劉延，東漢光武帝子，封淮陽王，後參與私作圖讖，漢明帝不忍殺之，遷爲阜陵王。傳見本書卷四二。

謀反：罪名。古代重罪之一，指圖謀推翻皇帝統治的行爲，後世歸入“十惡”。謀反者皆處以腰斬和夷三族之刑。長沙尚德街東漢簡牘第254簡正面有“謀反者，要斬”的律文（參見長沙市文物考古研究所編《長沙尚德街東漢簡牘》，岳麓書社2016年版，第224頁）。沈家本認爲，“謀反、大逆本是一事，一則已謀，一則已行耳”（參見沈家本《歷代刑法考》，中華書局2006年版，第1414頁）。即謀反是謀議行爲，大逆是實行行爲。但兩者在量刑上似乎並無差別。

二年春三月辛丑，詔曰：“比年陰陽不調，飢饉屢臻。深惟先帝憂人之本，[1]詔書曰‘不傷財，不害人’，誠欲元元去末歸本。[2]而今貴戚近親，奢縱無度，嫁聚送終，尤爲僭侈。[3]有司廢典，莫肯舉察。《春秋》之義，以貴理賤。今自三公，並宜明糾非法，宣振威風。朕在弱冠，[4]未知稼穡之艱難，[5]區區管窺，豈能照一隅哉！[6]其科條制度所宜施行，[7]在事者備爲之禁，先京師而後諸夏。”[8]

[1]【李賢注】本謂稼穡。

[2]【今注】元元：庶民，百姓。

[3]【今注】僭：過分。

[4]【今注】弱冠：《禮記·曲禮上》：“二十曰弱冠。”孔穎達

《正義》：“二十成人，初加冠，體猶未壯，故曰弱也。”古代男子二十歲舉行冠禮以示成年，但身體還未發育強壯，所以稱“弱”。後世用“弱冠”泛指男子二十歲左右的年紀。

[5]【今注】稼穡之艱難：《尚書·無逸》：“自時厥後，立王生則逸。生則逸，不知稼穡之艱難，不聞小人之勞，惟耽樂之從。”

[6]【李賢注】《史記》扁鵲曰：“以管窺天，以隙視文。”【今注】區區管窺豈能照一隅：從管中窺物，連一個狹小的地方都看不到。比喻見識狹小，見聞不廣。管窺，從管中窺物。

[7]【今注】科條：指法律條文。

[8]【李賢注】《公羊傳》曰：“春秋內中國而外諸夏，內諸侯而外夷狄。王者欲一乎天下（乎，殿本作‘平’），曷以內外之辭言？自近者始也。”

甲辰，罷伊吾盧屯兵。[1]

[1]【李賢注】永平十六年置。【今注】伊吾盧：簡稱“伊吾”。在今新疆哈密市西北四堡。爲匈奴呼衍王庭。

永昌、越巂、益州三郡民、夷討哀牢，[1]破平之。

[1]【今注】越巂：郡名。治邛都縣（今四川西昌市東南）。益州：郡名。治滇池縣（今雲南昆明市晉寧區東北）。

夏四月戊子，詔還坐楚、淮陽事徙者四百餘家，[1]令歸本郡。[2]

[1]【今注】坐：古代法律術語，本指坐地獄訟，後引申爲指

犯罪、連坐。　楚淮陽事：指楚王英、淮陽王延謀反之事。

　　[2]【今注】案，曹金華《後漢書稽疑》謂，"此事載於建初二年，而《後漢紀》卷十載於上年春，異"（中華書局 2014 年版，第 69 頁）。

　　癸巳，詔齊相省冰紈、方空縠、吹綸絮。[1]

　　[1]【李賢注】紈，素也。冰言色鮮潔如冰。《釋名》曰："縠，紗也。"方空者，紗薄如空也。或曰空，孔也，即今之方目紗也。綸，似絮而細。吹者，言吹噓可成，亦紗也。《前書》齊有三服官，故詔齊相罷之。【今注】冰紈：一種潔白的細絹。　方空縠：一種方孔的薄紗。　吹綸絮：一種輕薄的紗。

　　六月，燒當羌叛，[1]金城太守郝崇討之，[2]敗績，羌遂寇漢陽。[3]秋八月，遣行車騎將軍馬防討平之。[4]

　　[1]【今注】燒當羌：漢時西羌的一支。無弋爰劍的後裔，因部落首領燒當而得名。西漢武帝時，受先零羌排擠，燒當羌居黃河北大允谷（今青海貴德縣北）。東漢初，首領滇良會集附落，擊敗先零羌，奪取大榆谷（今青海貴德縣一帶）沃地，發展農牧業，又擅西海（今青海湖）魚鹽之利，勢力強盛。明帝時，屢攻漢隴西塞，爲漢將竇固等擊敗，徙其部於三輔、隴西、漢陽、安定等地。詳見本書卷八七《西羌傳》。

　　[2]【今注】金城：郡名。治允吾縣（今甘肅永靖縣西北）。

　　[3]【今注】漢陽：郡名。東漢明帝永平十七年（74）改天水郡置，治冀縣（今甘肅天水市西北）。

　　[4]【今注】車騎將軍：將軍名。西漢初置，爲軍事統帥，作戰時領車騎士，故名。事訖即罷。西漢武帝後常設，地位僅次於大

將軍、驃騎將軍，在衛將軍上，常典京城、皇宮禁衛軍隊，出征時常總領諸將軍。文官輔政者亦或加此銜，領尚書政務，成爲中朝重要官員。東漢權勢尤重，位比三公，常以貴戚充任，秩萬石。出掌征伐，入參朝政。靈帝時常加授寵信宦官或作贈官。靈帝中平元年（184）分置左、右，旋罷。本書《百官志一》：“將軍，不常置。本注曰：掌征伐背叛。比公者四：第一大將軍，次驃騎將軍，次車騎將軍，次衛將軍。又有前、後、左、右將軍。”　　馬防：字江平，扶風茂陵（今陝西興平市東北）人。馬皇后之兄，馬援次子。傳見本書卷二四。

十二月戊寅，有星孛于紫宮。[1]

[1]【今注】紫宮：星座名。即紫微垣，古代“三垣”之一，位在北斗七星的東北方，東八顆，西七顆，各成列，似城墻護衛着北極星，故稱爲“紫宮”。古代皇宮多以之命名，如漢之未央宮。唐楊筠松《撼龍經·垣局篇》説，彗星犯紫宮，世亂。本書《天文志上》：“白氣爲喪，有炎作彗，彗所以除穢。紫宮，天子之宮，彗加其藩，除宮之象。”

三年春正月己酉，宗祀明堂。[1]禮畢，登靈臺，[2]望雲物。[3]大赦天下。

[1]【今注】明堂：古代最隆重的建築之一，與辟雍、靈臺合稱“三雍”，是國君進行祭祀、朝會諸侯、發布政令之所。其建築結構，一般認爲包括“太室”和堂、室等，並“以茅蓋屋，上圓下方，外水曰辟雍”。

[2]【今注】靈臺：古代一種觀測天象的高臺，亦與明堂、辟雍結合，成爲進行祭祀、朝聘之所。《詩·大雅·靈臺》：“經始靈

臺，經之營之，庶民攻之，不日成之。”據此，周文王時即建造有“靈臺”。漢代的靈臺當包含多層的高臺及其之上的附屬建築，並成爲“靈臺”機構的辦公場所。

[3]【今注】雲物：雲色，指太陽周圍的雲氣之色，古人通過此來辨吉凶、水旱、豐荒等。《周禮·保章氏》：“以五雲之物，辨吉凶、水旱降豐荒之祲象。”鄭玄注：“物，色也。視日旁雲氣之色。”《左傳》僖公五年：“公既視朔，遂登觀臺以望。而書，禮也。凡分、至、啓、閉；必書雲物，爲備故也。”杜預注：“雲物，氣色災變也。”

三月癸巳，立貴人竇氏爲皇后。[1]賜爵，人二級，三老、孝悌、力田人三級，[2]民無名數及流民欲占者人一級；鰥、寡、孤、獨、篤癃、貧不能自存者粟，人五斛。

[1]【今注】貴人：後宮名號。始於東漢，位僅次皇后。本書卷一〇上《皇后紀上》：“及光武中興，斲彫爲朴，六宮稱號，唯皇后、貴人。貴人金印紫綬，俸不過粟數十斛。又置美人、宮人、采女三等，並無爵秩，歲時賞賜充給而已。”　竇氏：扶風平陵（今陝西咸陽市西北）人，竇融曾孫女，章帝后。紀見本書卷一〇上。

[2]【今注】三老：官名。掌教化。西漢高祖二年（前205）詔舉民年五十以上，有修行，能帥衆爲善，置以爲三老，鄉一人，擇鄉三老一人爲縣三老。後郡國亦置。三老可免除徭役，就地方政事向縣令丞尉提出各種建議。（參見林甘泉主編《中國歷史大辭典·秦漢史》，上海辭書出版社1990年版，第13頁）

夏四月己巳，罷常山呼沱、石臼河漕。[1]

[1]【李賢注】石臼，河名也，在今定州唐縣東北。時鄧訓上言此漕難成，遂罷之。漕，水運也，音才到反。【今注】罷常山呼滹石臼河漕：罷漕事見本書卷一六《鄧訓傳》，其載：“永平中，理虖沱、石臼河，從都慮至羊腸倉，欲令通漕。太原吏人苦役，連年無成，轉運所經三百八十九隘，前後没溺死者不可勝算。建初三年，拜訓謁者，使監領其事。訓考量隱括，知大功難立，具以上言。肅宗從之，遂罷其役，更用驢輦，歲省費億萬計，全活徒士數千人。”常山，郡名，治元氏縣（今河北元氏縣西北）。滹，大德本、殿本作“沱”。石臼，河流名，亦名濊河。在今河北平山縣西北。

行車騎將軍馬防破燒當羌於臨洮。[1]

[1]【李賢注】臨洮，縣名，屬隴西郡，即今岷山之州。【今注】臨洮：縣名。治所在今甘肅岷縣。

閏月，西域假司馬班超擊姑墨，大破之。[1]

[1]【李賢注】姑墨，西域國名，去長安八千一百五十里。【今注】西域假司馬：官名。“假”指代理，西域假司馬，即西域代理司馬。西域司馬爲西域都護或長史屬官，掌領兵護西域諸國。《漢書·百官公卿表上》：“西域都護加官，宣帝地節二年初置，以騎都尉、諫大夫使護西域三十六國，有副校尉，秩比二千石，丞一人，司馬、候、千人各二人。”案，中華本校勘記曰：“《校補》引侯康説，謂據本傳當作‘軍司馬’，此與下五年均誤。” 班超：字仲升，扶風平陵（今陝西咸陽市西北）人。班彪子，班固弟。傳見本書卷四七。 姑墨：國名。一作“姑默國”。漢西域三十六國之一。都城在南城（今新疆温宿縣東紮木臺鄉喀什艾日克村古城。

一説在今阿克蘇市）。東漢安帝延光三年（124）屬西域長史。

冬十二月丁酉，以馬防爲車騎將軍。
武陵漊中蠻叛。[1]

[1]【李賢注】漊，水名，音婁，源出今澧州崇義縣西北山。
【今注】漊：河流名。古稱"九溪河"。澧水支流。在今湖南西北
部。源出湖北鶴峰縣七埡山，東南流到湖南慈利縣入澧水。

是歲，零陵獻芝草。[1]

[1]【今注】零陵：郡名。治泉陵縣（今湖南永州市零陵區）。
芝草：靈芝，菌屬。古以爲瑞草，服之能成仙。

四年春二月庚寅，太尉牟融薨。[1]

[1]【今注】薨：古稱諸侯或有爵的高官死去爲"薨"。《禮
記·曲禮下》："天子死曰崩，諸侯死曰薨，大夫曰卒，士曰不禄，
庶人曰死。"《説文·死部》："薨，公侯卒也。"

夏四月戊子，立皇子慶爲皇太子。[1]賜爵，人二
級，三老、孝悌、力田人三級，民無名數及流人欲自
占者人一級；鰥、寡、孤、獨、篤癃、貧不能自存者
粟，人五斛。

[1]【今注】皇子慶：劉慶，東漢章帝劉炟第三子，安帝劉祜

之父。章帝建初四年（79）被立爲皇太子，因受竇皇后誣陷，被廢
爲清河王。傳見本書卷五五。

己丑，徙鉅鹿王恭爲江陵王，[1]汝南王暢爲梁
王，[2]常山王昞爲淮陽王。[3]辛卯，封皇子伉爲千乘
王，[4]全爲平春王。[5]

[1]【今注】鉅鹿王恭：劉恭，東漢明帝子。傳見本書卷
五〇。

[2]【今注】汝南王暢：劉暢，東漢明帝子。傳見本書卷
五〇。

[3]【今注】常山王昞：劉昞，東漢明帝子。傳見本書卷
五〇。

[4]【李賢注】音抗（殿本此注在“爲”字後）。【今注】皇
子伉：劉伉，東漢章帝長子。傳見本書卷五五。

[5]【李賢注】平春，縣，屬江夏郡。【今注】全：劉全，東
漢章帝子。傳見本書卷五五。 平春：縣名。治所在今河南信陽市
西北。

五月丙辰，車騎將軍馬防罷。
甲戌，司徒鮑昱爲太尉，[1]南陽太守桓虞爲
司徒。[2]

[1]【今注】司徒：官名。三公之一。秦及漢初爲丞相，掌人
民事，助天子掌管行政，總理萬機。西漢哀帝時改稱“大司徒”。
《漢書·百官公卿表上》：“相國、丞相，皆秦官，金印紫綬，掌丞
天子助理萬機……哀帝元壽二年更名大司徒。”東漢建武二十七年

（51）去"大"字，改名司徒。　鮑昱：字文泉，上黨屯留（今山西長治市屯留區）人。司隸校尉鮑玄孫子，兗州牧鮑永子。傳見本書卷二九。

　　[2]【李賢注】虞字仲春，馮翊人。【今注】南陽：郡名。治宛縣（今河南南陽市臥龍區）。　桓虞：字仲春，馮翊萬年（今陝西西安市）人。出爲尚書僕射，依法斷事，細密公正。出任南陽太守，治理有方。東漢章帝建初四年（79）拜爲司徒，建議歸還匈奴俘虜。章和元年（87）轉光禄勳，由袁安接任司徒之職。

　　六月癸丑，皇太后馬氏崩。秋七月壬戌，葬明德皇太后。[1]

　　[1]【今注】明德皇太后：馬皇后。東漢明帝皇后。案，中華本刪"太"字，校勘記謂，"《集解》引錢大昕説，謂按光烈、章德、和熹、安思、順烈、桓思、靈思諸后之葬皆書皇后，此獨書太后，'太'字疑衍。今據刪"。

　　冬，牛大疫。

　　十一月壬戌，詔曰："蓋三代導人，教學爲本。[1]漢承暴秦，褒顯儒術，建立《五經》，爲置博士。[2]其後學者精進，雖曰承師，亦別名家。[3]孝宣皇帝以爲去聖久遠，[4]學不厭博，[5]故遂立大、小夏侯《尚書》，後又立京氏《易》。[6]至建武中，[7]復置顏氏、嚴氏《春秋》，大、小戴《禮》博士。[8]此皆所以扶進微學，尊廣道藝也。中元元年詔書，[9]五經章句煩多，[10]議欲減省。至永平元年，長水校尉儵[11]奏言，先帝大業，當以時施行。欲使諸儒共正經義，頗令學者得以自助。

孔子曰：'學之不講，是吾憂也。'又曰：'博學而篤志，切問而近思，仁在其中矣。'[12] 於戲，[13] 其勉之哉！"於是下太常，將、大夫、博士、議郎、郎官[14]及諸生、諸儒會白虎觀，[15] 講議《五經》同異，使五官中郎將魏應承制問，[16] 侍中淳于恭奏，[17] 帝親稱制臨決，如孝宣甘露石渠故事，[18] 作《白虎議奏》。[19]

[1]【李賢注】《前書》曰，三代之道，鄉里有教，夏曰校（校，殿本作"教"），殷曰庠，周曰序。

[2]【今注】博士：官名。爲太常屬官，秩比六百石。秦及漢初，博士帶有學術顧問的性質，既掌管其專門之學，又參與政治討論，還外出巡行視察。西漢武帝建元五年（前 136）又置五經博士，專掌儒家經學傳授。東漢光武帝置五經十四博士。有博士祭酒一人，六百石。

[3]【李賢注】言雖承一師之業，其後觸類而長，更爲章句，則別爲一家之學。

[4]【今注】孝宣皇帝：西漢宣帝劉詢，公元前 74 年至前 49 年在位。紀見《漢書》卷八。

[5]【今注】厭：滿足。

[6]【李賢注】大、小夏侯謂夏侯勝、勝從兄子建也。京氏，京房也。

[7]【今注】建武：東漢光武帝劉秀年號（25—56）。

[8]【李賢注】嚴氏謂嚴彭祖。顏氏謂顏安樂。大、小戴，戴德、戴聖也。

[9]【今注】中元：亦稱建武中元，東漢光武帝劉秀年號（56—57）。

[10]【今注】章句：剖章析句，經學家解説經義的一種方式。

[11]【李賢注】樊儵。【今注】長水校尉：官名。西漢武帝初

置，爲北軍八校尉之一，秩二千石，位次列卿，屬官有丞、司馬等。領長水宣曲胡騎，屯戍京師，兼任征伐。東漢光武帝建武七年省，十五年復置，爲北軍五校尉之一，秩比二千石，隸北軍中候。掌宿衛禁兵，下設司馬、胡騎司馬各一員。舊有胡騎校尉，亦省併長水。當時五校尉所掌北軍五營爲京師主要的常備禁軍，故地位親要，官顯職閑，府寺寬敞，輿服光麗，伎巧畢給，多以宗室外戚近臣充任。〔參見呂宗力主編《中國歷代官制大辭典》（修訂版），第184頁〕

［12］【李賢注】《論語》文也。講猶習也。篤，厚也。志，記也。言人能博涉學而後識之，切問於己所未悟之事，近思己所能及之事。好學亦仁之一分，故仁在其中矣。【今注】學之不講是吾憂也：語出《論語·述而》：“子曰：‘德之不修，學之不講，聞義不能徙，不善不能改，是吾憂也。’”　博學而篤志切問而近思仁在其中矣：語出《論語·子張》。案，王先謙《後漢書集解》引錢大昕曰：“按‘博學’以下乃子夏之言，非孔子語。《蔡邕傳》：小能小善，雖有可觀，孔子以爲‘致遠恐泥’。亦子夏語也。《漢書·藝文志》引‘雖小道，必有可觀者焉’，王充《論衡》引‘死生有命’‘紂之不善，不如是之甚’，皆以爲孔子語。説者以爲古人引書多誤，其實非也。考《藝文志》云，《論語》者，孔子應答弟子、時人及弟子相與言而接聞于夫子之語也。云‘接聞于夫子’，則其言皆孔子所取矣。故漢人引《論語》，雖弟子之言皆歸之孔子，非由記憶之誤。”

［13］【今注】於戲：感嘆詞。猶“嗚呼”。

［14］【李賢注】博士屬太常，故云下。【今注】太常：官名。列卿之一。秦及漢初名奉常，西漢景帝中元六年（前144）改名太常。主要職掌宗廟祭祀禮儀，兼管選試博士等文化教育活動。秩中二千石。《漢書·百官公卿表上》：“奉常，秦官，掌宗廟禮儀，有丞。景帝中六年更名太常。”西漢景帝陽陵出土封泥有“太常之

印", 學者考證爲景帝中元六年奉常更名後之物（參見楊武站《漢陽陵出土封泥考》,《考古與文物》2011 年第 4 期）。　大夫: 職官類名。光禄勳屬官, 有光禄大夫、太中大夫、中大夫、諫大夫等, 掌顧問應對, 參謀議政, 秩級有比二千石、比千石不等。《漢書·百官公卿表上》:"大夫掌論議, 有太中大夫、中大夫、諫大夫, 皆無員, 多至數十人。武帝元狩五年初置諫大夫, 秩比八百石, 太初元年更名中大夫爲光禄大夫, 秩比二千石, 太中大夫秩比千石如故。"　議郎: 官名。郎官之一種, 光禄勳屬官, 爲高級郎官, 不入直宿衛, 職掌顧問應對, 參與議政, 秩比六百石。東漢更爲顯要, 常選任者儒名士、高級官吏, 除議政外, 亦或給事宫中近署。〔參見吕宗力主編《中國歷代官制大辭典》（修訂版）, 第 305 頁〕《漢書·百官公卿表上》:"郎掌守門户, 出充車騎, 有議郎、中郎、侍郎、郎中, 皆無員, 多至千人。議郎、中郎秩比六百石, 侍郎比四百石, 郎中比三百石。"本書《百官志二》:"凡郎官皆主更直執戟, 宿衛諸殿門, 出充車騎。唯議郎不在直中。""凡大夫、議郎皆掌顧問應對, 無常事, 唯詔令所使。"　郎官: 職官類名。西漢有郎中、中郎、外郎、侍郎、議郎等, 無定員, 多至千餘人。皆隸屬郎中令（光禄勳）。諸侯王國亦置。職掌守衛皇宫殿廊門户、出充車騎扈從、備顧問應對、守衛陵園廟等。因與皇帝關係密切, 任職滿一定期限即可遷補内外官職, 爲重要選官途徑。《漢書·百官公卿表上》:"郎掌守門户, 出充車騎, 有議郎、中郎、侍郎、郎中, 皆無員, 多至千人。議郎、中郎秩比六百石, 侍郎比四百石, 郎中比三百石。中郎有五官、左、右三將, 秩皆比二千石。郎中有車、户、騎三將, 秩皆比千石。"東漢於光禄勳下設五官、左、右中郎將, 主管中郎、侍郎、郎中, 實爲官吏儲備人才的機構, 其郎官多達二千餘人。〔參見吕宗力主編《中國歷代官制大辭典》（修訂版）, 第 605 頁〕

[15]【今注】白虎觀: 洛陽城北宫宫觀名, 爲講學之所。本書卷三六《賈逵傳》:"建初元年, 詔逵入講北宫白虎觀、南宫雲

臺。”本書卷五五《清河孝王慶傳》：“永元四年，帝移幸北宮章德殿，講於白虎觀。”爲鞏固儒家思想的統治地位，使儒學與讖緯進一步結合，東漢章帝建初四年（79），召集各地著名儒生於白虎觀，討論五經異同，即著名的白虎觀會議。

[16]【李賢注】《續漢志》曰：“五官中郎將，比二千石。”【今注】五官中郎將：官名。秦置。西漢隸光禄勳，主中郎，秩比二千石。東漢時，部分侍郎、郎中亦歸其統率。職掌宿衛殿門，出充車騎。東漢初年或參與戰事；又協助光禄勳典領郎官選舉，有大臣喪事，則奉命持節策贈印綬或東園秘器。〔參見吕宗力主編《中國歷代官制大辭典》（修訂版），第 103 頁〕《漢書·百官公卿表上》：“郎掌守門户，出充車騎，有議郎、中郎、侍郎、郎中，皆無員，多至千人。議郎、中郎秩比六百石，侍郎比四百石，郎中比三百石。中郎有五官、左、右三將，秩皆比二千石。”本書《百官志二》：“五官中郎將一人，比二千石。本注曰：主五官郎。五官中郎，比六百石。本注曰：無員。五官侍郎，比四百石。本注曰：無員。五官郎中，比三百石。本注曰：無員。” 魏應：字君伯，任城（今山東濟寧市東南）人。傳見本書卷七九下。

[17]【今注】侍中：官名。爲省内之官。秦爲丞相屬官，因往來殿中，入侍天子，故稱。漢代爲列侯至郎中的加官，無員限，多至數十人；侍皇帝左右，出入宮廷，皇帝有事令侍中外宣，百官有事由侍中傳達，爲溝通君主與百官的橋樑，地位日顯，權重於宰相。（參見楊鴻年《漢魏制度叢考》，武漢大學出版社 2005 年版，第 49—73 頁）《漢書·百官公卿表上》：“侍中、左右曹諸吏、散騎、中常侍，皆加官，所加或列侯、將軍、卿大夫、將、都尉、尚書、太醫、太官令至郎中，亡員，多至數十人。侍中、中常侍得入禁中，諸曹受尚書事，諸吏得舉法，散騎騎並乘輿車。”本書《百官志三》：“侍中，比二千石。本注曰：無員。掌侍左右，贊導衆事，顧問應對。法駕出，則多識者一人參乘，餘皆騎在乘輿車後。本有僕射一人，中興轉爲祭酒，或置或否。” 淳于恭：字孟孫，

北海淳于（今山東安丘市東北）人。傳見本書卷三九。

　　[18]【李賢注】《前書》："甘露二年，詔諸儒講《五經》異同，蕭望之等平奏其議，上親制臨決焉。"又曰："施讎，甘露中論《五經》於石渠閣。"《三輔故事》曰："石渠閣在未央殿北，藏秘書之所。"【今注】甘露：西漢宣帝劉詢年號（前53—前50）。

　　石渠故事：指石渠閣會議。西漢宣帝甘露三年（前51），爲統一五經文字及對經義的解釋，漢宣帝下詔博徵群儒，會聚京師。儒學經師劉向、韋玄成、薛廣德、施讎、梁丘臨、林尊、周堪、張山拊、聞人通、戴德、戴聖、歐陽地餘等應詔而至。他們集會於石渠閣（漢未央宮中的藏書閣），討論五經異同。由太子太傅蕭望之平奏其議，漢宣帝親稱制臨決，考定五經。並決定立梁丘《易》、大小夏侯《尚書》、穀梁《春秋》博士。此次會議後，五經學者隊伍壯大，弟子增多，尤其是《穀梁春秋》之學大盛於時。

　　[19]【李賢注】今《白虎通》。【今注】白虎奏議：即《白虎通》，又名《白虎通義》，是漢代講論五經同異、統一今文經義的一部重要著作。班固等人根據東漢章帝建初四年（79）經學辯論的結果撰集而成。因辯論地點在白虎觀而得名。

　　是歲，甘露降泉陵、洮陽二縣。[1]

　　[1]【李賢注】二縣屬零陵郡。泉陵城在今永州零陵縣北。洮陽故城在今湘源縣西北。【今注】甘露：甘甜的露水。古以爲甘露降是太平瑞徵。《老子》第三十二章："天地相合，以降甘露。"　　泉陵：縣名。爲零陵郡治，治所在今湖南永州市靈陵區。　　洮陽：縣名。治所在今廣西全州縣西北。

　　五年春二月庚辰朔，[1]日有食之。詔曰："朕新離供養，[2]懲咎衆著，上天降異，大變隨之。《詩》不云乎：‘亦孔之醜。’[3] 又久旱傷麥，憂心慘切。[4] 公卿已下，其舉直言極諫、能指朕過失者各一人，遣詣公車，[5] 將親覽問焉。其以巖穴爲先，勿取浮華。”[6]

[1]【今注】朔：指每月初一日。

[2]【李賢注】去年馬太后崩。

[3]【李賢注】《詩·小雅》曰：“朔月辛卯（月，殿本作‘日’），日有食之，亦孔之醜。”孔，甚也。醜，惡也。【今注】亦孔之醜：《詩·小雅·正月》：“十月之交，朔月辛卯。日有食之，亦孔之醜。”

[4]【今注】慘切：悲傷哀切。

[5]【今注】公車：官署名。“公車司馬”之省稱，以令主之，屬衛尉。掌管宮中司馬門警衛，並接待臣民上書及徵召。本書《百官志二》：“公車司馬令一人，六百石。本注曰：掌宮南闕門，凡吏民上章，四方貢獻，及徵詣公車者。”

[6]【李賢注】《前書》鄒陽曰：“顯巖穴之士。”【今注】巖穴：巖穴之士，指隱士，古時隱士多山居，故稱。《韓非子·外儲說左上》：“其君見好巖穴之士，所傾蓋與車以見窮閭隘巷之士以十數，优禮下布衣之士以百數矣。” 浮華：華而不實。

甲申，詔曰：“《春秋》書‘無麥苗’，重之也。[1] 去秋雨澤不適，今時復旱，如炎如焚。[2] 凶年無時，而爲備未至。朕之不德，上累三光，[3] 震慄忉忉，痛心疾首。[4] 前代聖君，博思咨諏，[5] 雖降災咎，輒有開匱反風之應。[6] 今予小子，[7] 徒慘慘而已。[8] 其令二千石理冤獄，錄輕繫；[9] 禱五嶽四瀆，及名山能興雲致雨者，冀蒙不崇朝徧雨天下之報。[10] 務加肅敬焉。”

［1］【李賢注】《春秋》莊公七年："秋，大水，無麥苗。"
《公羊傳》曰："一災不書，待無麥然後書無苗。"何休注曰："不
書穀，至麥苗獨書，人食最重也。"

［2］【李賢注】炎、焚言熱氣甚。《韓詩》："旱魃爲虐，如炎
如焚。"【今注】如炎如焚：《詩·大雅·雲漢》："旱魃爲虐，如惔
如焚。"《韓詩》"惔"作"炎"（參見王先謙《詩三家義集疏》，
中華書局 1987 年版，第 956 頁）。按漢代尚今文經學，《韓詩》屬
三家詩，爲今文經學，故詔書引《韓詩》。

［3］【今注】三光：指日、月、星。

［4］【李賢注】忉音刀。《詩》曰："憂心忉忉。"又曰："疢
如疾首。"【今注】忉忉：《爾雅·釋訓》："憂也。"

［5］【李賢注】咨諏，謀也，音子余反。【今注】咨：《說
文·口部》："謀事曰咨。" 諏：《爾雅·釋詁》："諏，謀也。"

［6］【李賢注】武王有疾，周公作請命之書，藏於金匱。後
管、蔡流言，成王疑周公，天乃大風，禾木盡偃。成王啓金匱，
得書，乃郊天謝過，天乃反風起禾。事見《尚書》。【今注】開匱
反風：出自《尚書·金縢》。今清華大學藏竹簡有名爲《周武王有
疾周公所自以代王之志》的文獻，與《尚書·金縢》記載內容
接近。

［7］【今注】小子：古代帝王對先王或長輩的自稱。

［8］【今注】慘慘：憂愁貌。《詩·小雅·正月》："憂心慘慘，
念國之爲虐。"鄭玄箋："慘慘，猶戚戚也。"

［9］【今注】錄：省察。 輕繫：罪輕的囚犯。

［10］【李賢注】《尚書大傳》曰："五嶽皆觸石出雲，膚寸而
合，不崇朝而雨天下。"【今注】四瀆：古代指四條獨自注入海的
河流，即長江、黃河、淮河、濟水。《爾雅·釋水》："江河淮濟爲
四瀆，四瀆者，發原注海者也。" 冀：通"覬"，希望。《國語·
魯語》："吾冀而朝夕修我曰：'必無廢先人。'"韋昭注："冀，望

也。”　崇朝：終朝，整個早晨，比喻時間極短。《詩·鄘風·蝃蝀》：“朝隮于西，崇朝其雨。”

三月甲寅，詔曰：“孔子曰：‘刑罰不中，則人無所措手足。’[1]今吏多不良，擅行喜怒，或案不以罪，迫脅無辜，致令自殺者，一歲且多於斷獄，甚非爲人父母之意也。[2]有司其議糾舉之。”

[1]【今注】刑罰不中則人無所措手足：《論語·子路》：“刑罰不中，則民無所措手足。”意爲刑罰不適當，百姓就不知該怎麼辦纔好。

[2]【李賢注】《書》曰：“元后作人父母。”

荆、豫諸郡兵討破武陵漊中叛蠻。[1]

[1]【今注】荆：州名。西漢武帝時所置十三刺史部之一。轄境約當今湖北、湖南二省及河南、貴州、廣西、廣東等省區部分地。東漢治漢壽縣（今湖南常德市東北）。

夏五月辛亥，詔曰：“朕思遲直士，側席異聞。[1]其先至者，各以發憤吐懑，[2]略聞子大夫之志矣，皆欲置於左右，顧問省納。建武詔書又曰，堯試臣以職，不直以言語筆札。[3]今外官多曠，[4]並可以補任。”

[1]【李賢注】遲猶希望也，音持二反。側席謂不正坐，所以待賢良也。【今注】遲：等待，希望。

[2]【今注】吐懑：發洩內心的憤懣。

　　[3]【李賢注】《書·舜典》曰："朕其試哉。"又曰："歷試諸難（難，殿本作'艱'）。"札，簡也。【今注】堯：名放勳。上古時期部落聯盟首領，"五帝"之一，晚年禪位於舜。

　　[4]【今注】外官：地方官，與京官相對。　曠：空缺。

　　戊辰，太傅趙憙薨。
　　冬，始行月令迎氣樂。[1]

　　[1]【李賢注】《東觀記》曰："馬防上言：'聖人作樂，所以宣氣致和，順陰陽也。臣愚以爲可因歲首發太蔟之律（太，殿本作"大"），奏《雅》《頌》之音，以迎和氣。'時以作樂器費多，遂獨行十月迎氣樂也。"

　　是歲，零陵獻芝草。有八黃龍見於泉陵。[1]西域假司馬班超擊疏勒，[2]破之。

　　[1]【李賢注】伏侯《古今注》曰："見零陵泉陵湘水中，相與戲。其二大如馬，有角；六枚大如駒，無角。"【今注】泉陵：縣名。治所在今湖南永州市零陵區。

　　[2]【今注】疏勒：古國名。西域三十六國之一。又作"疏勒""竭叉""沙勒""佉沙""室利訖粟多底""伽師祇離""乞思合兒""可失哈耳""可失哈里""合失合兒""乞失哈里""哈實哈兒""哈失哈"等。漢時王治疏勒城（今新疆喀什市一帶）。屬西域都護。詳見本書卷八八《西域傳》。

　　六年春二月辛卯，琅邪王京薨。[1]

［1］【今注】琅邪王京：光武帝子。傳見本書卷四二。

夏五月辛酉，趙王盱薨。[1]

［1］【今注】趙王盱：趙王栩。

六月丙辰，太尉鮑昱薨。

辛未晦，日有食之。
秋七月癸巳，以大司農鄧彪爲太尉。[1]

［1］【今注】大司農：官名。西漢武帝太初元年（前 104）改大農令置。秩中二千石，列位諸卿。掌全國租賦收入和國家財政開支，凡百官俸祿、軍費、各級政府機構經費等由其支付，管理各地倉儲、水利，官府農業、手工業、商業的經營，調運貨物，管制物價等。（參見林甘泉主編《中國歷史大辭典·秦漢史》，第 20 頁）《漢書·百官公卿表上》：“治粟內史，秦官，掌穀貨，有兩丞。景帝後元年更名大農令，武帝太初元年更名大司農。”　鄧彪：字智伯，南陽新野（今河南新野縣）人。鄧禹後人。傳見本書卷四四。

七年春正月，沛王輔、濟南王康、東平王蒼、中山王焉、東海王政、琅邪王宇來朝。[1]

［1］【今注】沛王輔濟南王康東平王蒼中山王焉：皆光武帝子。傳並見本書卷四二。　東海王政：東海恭王劉彊之子，光武帝孫。事見本書卷四二《東海恭王彊傳》。　琅邪王宇：琅邪孝王劉京之子，光武帝孫。事見本書卷四二《琅邪孝王京傳》。

夏六月甲寅，廢皇太子慶爲清河王，立皇子肇爲皇太子。[1]

[1]【今注】皇子肇：劉肇，公元88年至105年在位。紀見本書卷四。

己未，徙廣平王羨爲西平王。[1]

[1]【今注】廣平王羨：劉羨，東漢明帝子。傳見本書卷五〇。

秋八月，飲酎高廟，禘祭光武皇帝、孝明皇帝。[1]甲辰，詔：“《書》云‘祖考來假’，明哲之祀。[2]予末小子，[3]質又菲薄，仰惟先帝烝烝之情，前修禘祭，以盡孝敬。朕得識昭穆之序，[4]寄遠祖之思。今年大禮復舉，加以先帝之坐，[5]悲傷感懷。樂以迎來，哀以送往，雖祭亡如在，[6]而空虛不知所裁，[7]庶或饗之。[8]豈亡克慎肅雍之臣，辟公之相，[9]皆助朕之依依。[10]今賜公錢四十萬，卿半之，及百官執事各有差。”

[1]【李賢注】《前書》高廟飲酎，奏《武德》《五行》之舞。《音義》云：“正月旦作酒，八月成，名曰酎者（大德本、殿本重‘酎’字），言醇也。”武帝時因八月嘗酎，令諸侯出金助祭，所謂酎金也。丁孚《漢儀式》曰：“九真、交阯、日南者用犀角二，長九寸，石璋瑁甲一；鬱林用象牙一，長三尺已上，若翠羽各二十，準以當金。”【今注】酎：醇酒，經過兩次或多次重釀

的酒，古代在祭祀時飲用。《説文·酉部》：“酎，三重醇酒也。”段玉裁注：“謂用酒爲水釀之，是再重之酒也。次又用再重之酒爲水釀之，是三重之酒也。”《禮記·月令》鄭玄注：“酎之言醇也，謂重釀之酒也。”漢代在舉行祭祀飲酎之時，命諸侯王出金助祭，稱爲酎金。《漢儀》：“《酎金律》，文帝所加，以正月旦作酒，八月成，名酎酒。因令諸侯助祭貢金。”江西南昌海昏侯墓出土大量酎金實物，有金餅、馬蹄金和麟趾金等。

[2]【李賢注】假音格。格，至也。《尚書》夔曰：“於！予擊石拊石，搏拊琴瑟以詠，祖考來格。”言明哲祭祀，則能致祖考之神來至。【今注】祖考來假：“假”通“格”。祖考來格，即祖先到來，光臨。《尚書·皋陶謨》：“戛擊鳴球搏拊琴瑟以詠。祖考來格，虞賓在位，群后德讓。”

[3]【今注】予末小子：“小子”是古代帝王對先王或長輩的自稱，“予末小子”猶言“我微不足道的小子”，爲自謙之詞。《尚書·顧命》：“眇眇予末小子，其能而亂四方，以敬忌天威。”

[4]【今注】昭穆：古代宗法制度中區分長幼、尊卑的一項禮制，指祖孫父子在設立宗廟、墳墓、神主牌位以及參與祭祀、宴會時遵循一定的順序。《周禮·小宗伯》：“辨廟祧之昭穆。”鄭玄注：“自始祖之後，父爲昭，子爲穆。”《周禮·冢人》：“掌公墓之地，辨其兆域而爲之圖，先王之葬居中，以昭穆爲左右。”鄭玄注：“先王，造塋者。昭居左，穆居右，夾處東西。”設立宗廟和墓地時，始祖居中，子孫分別排列左右兩列，左爲昭，右爲穆。始祖之子爲昭，始祖之孫爲穆；始祖孫之子又爲昭，始祖孫之孫又爲穆。二世、四世、六世爲昭，三世、五世、七世爲穆，依次類推。父子始終異列，祖孫始終同列。《禮記·祭統》：“是故有事於大廟，則群昭群穆咸在，而不失其倫。”“凡賜爵，昭一，穆一，昭與昭齒，穆與穆齒。”《禮記·大傳》：“合族以食，序以昭穆。”即在祭祀和聚族而食的場合，族内成員亦按照昭穆分組排序。《禮記·祭統》：

"夫祭有昭穆。昭穆者，所以別父子、遠近、長幼、親疏之序而無亂也。"設立昭穆制度的目的是區分宗法關係。有學者認爲昭穆制度與周族的亞血族群婚制有關（參見楊寬《西周史》，上海人民出版社 2003 年版，第 430—431 頁）。考古發現的周人墓地或按照昭穆排列。

［5］【李賢注】言顯宗神坐，今新加之。

［6］【今注】祭亡如在：祭奠死者時，宛如死者就在眼前。形容祭奠時非常真誠。《論語·八佾》："祭如在，祭神如神在。子曰：'吾不與祭，如不祭。'"

［7］【今注】裁：決定、判斷。

［8］【今注】庶或：或許，也許。　饗：獻祭。

［9］【李賢注】肅，敬；雍，和；相，助也。《詩·大雅》曰："有來雍雍，至止肅肅，相維辟公，天子穆穆。"言百辟諸侯來助祭，皆有肅雍之德，無懈慢也。【今注】肅雍：《詩·周頌·雝》："有來雝雝，至止肅肅。相維辟公，天子穆穆。"《詩·周頌·清廟》："於穆清廟，肅雝顯相。濟濟多士，秉文之德。"毛傳："肅，敬；雝，和。"

［10］【李賢注】依依，思慕之意。

　　九月甲戌，幸偃師，[1]東涉卷津，[2]至河內。[3]下詔曰："車駕行秋稼，[4]觀收穫，因涉郡界。皆精騎輕行，無它輜重。[5]不得輒修道橋，[6]遠離城郭，遣吏逢迎，刺探起居，[7]出入前後，以爲煩擾。動務省約，但患不能脫粟瓢飲耳。[8]所過欲令貧弱有利，無違詔書。"遂覽淇園。[9]己酉，進幸鄴，[10]勞饗魏郡守令已下，[11]至于三老、門闌、走卒，[12]賜錢各有差。[13]勞賜常山、趙國吏人，[14]復元氏租賦三歲。[15]辛卯，車駕還宮。詔天下繫囚減死一等，勿笞，詣邊戍；妻子自隨，占著所在；[16]父母同產欲相從者，恣聽之；[17]有不到者，皆以乏軍興論。[18]及犯殊死，一切募下蠶室；[19]其女子宮。[20]繫囚鬼薪、白粲已上，[21]皆減本罪各一等，輸司寇作。[22]亡命贖：[23]死罪入縑二十匹，[24]右趾至髡鉗城旦春十匹，[25]完城旦至司寇三匹，[26]吏人有罪未發覺，[27]詔書到自告者，[28]半入贖。

[1]【今注】幸：古稱帝王到達某地爲"幸"。蔡邕《獨斷》卷上："（天子）所至曰'幸'……幸者，宜幸也，世俗謂幸爲僥倖。車駕所至，臣民被其德澤以僥倖，故曰幸也。先帝故事，所至見長吏三老官屬，親臨軒，作樂。賜食皂帛越巾刀佩帶，民爵有級數，或賜田租之半，是故謂之幸，皆非其所當得而得之。" 偃師：縣名。西漢置，屬河南郡。治所在今河南偃師市。

[2]【李賢注】卷，縣名，屬河南郡也。卷音丘權反（丘，殿本作"邱"）。【今注】卷：縣名。治所在今河南原陽縣西。

[3]【今注】河內：郡名。治懷縣（今河南武陟縣西南）。

[4]【今注】車駕：皇帝所乘之車，亦用爲皇帝的代稱。蔡邕《獨斷》："乘輿出於《律》。《律》曰：'敢盜乘輿服御物。'謂天子所服食者也。天子至尊，不敢渫瀆言之，故託之於乘輿。乘猶載也，輿猶車也。天子以天下爲家，不以京師宮室爲常處，則當乘車輿以行天下，故群臣託乘輿以言之。或謂之車駕。"

[5]【今注】輜重：隨軍運載的軍用器械、糧秣等。

[6]【今注】案，道橋，大德本、殿本作"橋道"。

[7]【李賢注】刺探謂候伺也。探音湯勘反。【今注】刺探：暗中打聽。

[8]【李賢注】晏子相齊，食脫粟之飯。孔子曰，顔回一

瓢飲。

[9]【李賢注】《前書音義》曰：“湛園（湛，紹興本、大德本、殿本作‘淇’），衛之苑也。”

[10]【今注】鄴：縣名。爲魏郡治。治所在今河北臨漳縣西南。

[11]【今注】魏郡：治鄴縣（今河北臨漳縣西南鄴鎮）。

[12]【今注】門闌：門卒。　走卒：供差遣奔走的隸卒、差役。《漢書》卷六七《胡建傳》：“孝武天漢中，守軍正丞，貧亡車馬，常步與走卒起居，所以尉薦走卒，甚得其心。”

[13]【今注】差：等差，等次。

[14]【今注】勞賜：增加官吏的勞績。　趙國：治邯鄲縣（今河北邯鄲市）。

[15]【今注】復：免除賦稅徭役等。　元氏：縣名。爲常山郡治。治所在今河北元氏縣西北。

[16]【今注】占著：登記。

[17]【今注】恣：聽任，任憑。《説文·心部》：“恣，縱也。”

[18]【李賢注】軍興而致闕之，當死刑也。【今注】乏軍興：罪名。指未能及時響應軍事動員，延誤軍事的行爲。屬於重罪，多按照軍法處以死刑。軍興，指軍事動員中徵求人力、物資等。案，王先謙《後漢書集解》引惠棟曰：“鄭元《周禮》注，縣官徵聚物曰興，今之軍興是也。《尚書·費誓》：峙乃糗糧，無敢不逮，汝則有大刑。孔安國云，汝則有乏軍興之死刑。孔穎達云，興軍征伐而有乏少，謂之乏軍興，今律乏軍興者斬。”

[19]【今注】蠶室：執行宮刑及受宮刑者所居之獄室。因受宮刑者畏風須暖，故進入加溫的密室，如養蠶之室，故稱“蠶室”。《漢書》卷五九《張安世傳》：“初，安世兄賀幸於衛太子，太子敗，賓客皆誅，安世爲賀上書，得下蠶室。”顏師古注：“謂腐刑也。凡養蠶者，欲其溫而早成，故爲密室蓄火以置之。而新腐刑亦有中風

之患，須入密室乃得以全，因呼爲鹽室耳。"

［20］【今注】宫：刑罰名。男子去勢，女子幽閉。

［21］【李賢注】《前書》曰（中華本校勘記謂，"前書"二字下當有"音義"二字，此脱）："鬼薪、白粲已上，皆三歲刑也。男子爲鬼薪，取薪以給宗廟。女子爲白粲，使擇米白粲粲然。"【今注】鬼薪白粲：皆刑罰名。鬼薪原指男子取薪以給宗廟，白粲指女子爲宗廟擇米。兩者在成爲罪名後已脱離本義，成爲徒刑的刑等。韓樹峰通過梳理材料指出，秦及漢初的鬼薪、白粲，與城旦舂在無告發他人犯罪的權利、對再犯者的處罰、對家族和財産的没收方面有共通之處，都屬於徒刑序列中的同一等級（參見韓樹峰《秦漢徒刑散論》，《歷史研究》2005 年第 3 期）。宫宅潔進而指出，鬼薪、白粲在勞役刑體系中具有特殊地位，和"城旦舂—隸臣妾—司寇"分屬不同的系統，是對判處城旦舂的特權階層（上造以上有爵者、葆子、皇族）所處的一種替代刑，處在依存於城旦舂刑的地位〔參見［日］宫宅潔著，楊振紅等譯《中國古代刑制史研究》，廣西師範大學出版社 2016 年版，第 82—88 頁〕。西漢文帝廢除肉刑，制定刑期後，鬼薪、白粲作爲獨立的徒刑使用。大約在西漢武帝以後，鬼薪、白粲處於完城旦舂之下、司寇之上，成爲三歲刑（參見張建國《前漢文帝刑法改革及其展開的再討論》，載《帝制時代的中國法》，法律出版社 1999 年版，第 191—206 頁）。

［22］【今注】司寇：刑罰名。秦漢徒刑中較輕的刑罰，在徒刑的刑罰序列中位於隸臣妾之上。秦及漢初的司寇與隸臣妾以下的刑徒身份不同，其可以單獨立户，帶有自由民的性質。西漢文帝制定歲刑後，徒刑附加刑期，不再具有身份意涵，此時的司寇爲二歲刑。

［23］【今注】亡命：指已確定罪而逃亡的罪犯〔參見［日］保科季子《亡命小考——兼論秦漢的確定罪名手續"命"》，《簡帛》第 3 輯，上海古籍出版社 2008 年版〕。 贖：指以交納金錢來

替換其他刑罰。

[24]【今注】縑：一種雙絲的細絹。《説文·糸部》：“縑，並絲繒也。”《漢書》卷九七上《外戚傳上》：“媪爲翁須作縑單衣，送仲卿家。”顔師古注：“縑即今之絹也。”

[25]【今注】右趾：刑罰名。“鈦右趾”的省稱，指在右足戴上脚鐐。秦及漢初有“斬右趾”，西漢文帝廢除。約在西漢武帝時期，出現“鈦右趾”，典籍和簡牘材料中或稱“右趾”。“鈦右趾”附加髡鉗城旦舂之刑，成爲僅次於死刑的刑罰。（參見張建國《論文帝改革後兩漢刑制並無斬趾刑》，《中外法學》1993 年第 4 期）

髡鉗城旦舂：刑罰名。髡是剃髮，鉗是戴刑具，城旦舂是一種勞役刑，男爲城旦，女爲舂。城旦的原始含義是築城，舂的原始含義是舂米，實際上城旦和舂作爲刑罰名，並非局限於從事這兩項勞役。西漢中期至東漢，死刑之下的刑罰序列依次爲鈦右趾髡鉗城旦舂加笞二百，鈦左趾髡鉗城旦舂加笞二百，髡鉗城旦舂加笞一百，髡鉗城旦舂等。右趾爲“鈦右趾髡鉗城旦舂加笞二百”的省稱，故本條謂“右趾至髡鉗城旦舂”。

[26]【今注】完城旦：刑罰名。與髡鉗城旦相對，指不加“肉刑髡剃”和刑具，保持身體髮膚完整性的城旦。秦漢時期作爲刑罰術語的“完”的含義發生過演變，秦及西漢初的“完城旦”與“刑城旦”相對，“刑”指肉刑，“完”指不加肉刑，保持肢體的完整性，但仍需加以耐、髡等刑罰；西漢文帝廢除肉刑後，“完”指不加肉刑和耐、髡等刑罰，保持身體髮膚完整性的刑罰（參見韓樹峰《秦漢律令中的完刑》，《中國史研究》2003 年第 4 期）。

[27]【今注】發覺：法律術語，指罪行暴露，被發現。

[28]【今注】自告：法律術語，類似於今天的自首。自告必須在犯罪被發覺之前。

冬十月癸丑，西巡狩，[1]幸長安。[2]丙辰，祠高廟，遂有事十一陵。[3]遣使者祠太上皇於萬年，[4]以中牢祠蕭何、霍光。[5]進幸槐里。[6]岐山得銅器，[7]形似酒罇，獻之。又獲白鹿。帝曰："上無明天子，下無賢方伯。[8]'人之無良，相怨一方。'[9]斯器亦曷爲來哉？"[10]又幸長平，御池陽宮，[11]東至高陵，[12]造舟於涇而還。[13]每所到幸，輒會郡縣吏人，勞賜作樂。十一月，詔勞賜河東守、令、掾以下。[14]十二月丁亥，車駕還宮。[15]

[1]【今注】巡狩：又作"巡守"，古代天子巡察諸侯所守之疆土的一種禮制，秦漢時期指皇帝出行視察郡國。

[2]【今注】長安：縣名。爲京兆尹治，治所在今陝西西安市西北漢城。

[3]【今注】有事：祭祀。　十一陵：西漢皇帝的十一座陵墓，即高祖長陵、惠帝安陵、文帝霸陵、景帝陽陵、武帝茂陵、昭帝平陵、宣帝杜陵、元帝渭陵、成帝延陵、哀帝義陵、平帝康陵。

[4]【李賢注】太上皇，高祖父也，名煓，音它官反，一名執嘉。《三輔黃圖》曰，高祖初都櫟陽（櫟，大德本、殿本作"洛"），太上皇崩，葬櫟陽北原陵，號萬年，仍分置萬年縣（分，大德本、殿本作"令"），在今櫟陽東北，故就祭祀焉（大德本、殿本無"就"字）。【今注】太上皇：漢高祖劉邦之父，史稱劉太公，名煓。　萬年：縣名。治所在今陝西西安市臨潼區北。西漢高祖十年（前197），葬太上皇於櫟陽北原，號萬年陵。因分置萬年縣以爲奉陵邑，與櫟陽縣同城而治。東漢省櫟陽入萬年。

[5]【今注】中牢：少牢，指祭祀中采用豬、羊二牲。　蕭何：沛（今江蘇沛縣）人。西漢初開國功臣。世家見《史記》卷五三，傳見《漢書》卷三九。　霍光：字子孟，河東平陽（今山

西臨汾市西南）人。西漢權臣。傳見《漢書》卷六八。

　　[6]【今注】槐里：縣名。爲右扶風治，治所在今陝西興平市東南。

　　[7]【今注】岐山：山名。在今陝西岐山縣境。

　　[8]【李賢注】已見《明帝紀》。

　　[9]【李賢注】《詩·小雅》也。良，善也。言王者所爲無有善者，各相與於一方而怨之。義見《韓詩》。【今注】人之無良相怨一方：《詩·小雅·角弓》：“民之無良，相怨一方。”《韓詩》説曰：“良，善也。言王者所爲無有善者，各相與於一方而怨之。”（參見王先謙《詩三家義集疏》，中華書局 1987 年版，第 795 頁）

　　[10]【李賢注】《公羊傳》曰：“孔子抱麟而泣曰：‘孰爲來哉？孰爲來哉？’”

　　[11]【李賢注】《前書音義》曰：“長平坂在池陽南，有長平觀，去長安五十餘里。”【今注】長平：長平阪，地名。《漢書》卷八《宣帝紀》：“上自甘泉宿池陽宮，上登長平阪。”如淳曰：“阪名也，在池陽南。上原之阪有長平觀，去長安五十里。”在今陝西涇陽縣南。　池陽宮：宮苑名。帶有祭祀功能。《漢書》卷九四下《匈奴傳下》：“上自甘泉宿池陽宮，上登長平。”池陽宮地處漢長安通往甘泉宮的要道。今陝西咸陽市三原縣北嵯峨鄉，有“天齊祠”及周圍的漢代禮制建築遺址，被認爲即池陽宮遺址。遺址西側爲一巨大的圓形“天坑”；東側是由東、南、西、北、中五座夯土堆組成的建築群，其中北側的土堆已被夷平，僅剩遺址。

　　[12]【今注】高陵：縣名。治所在今陝西西安市高陵區。

　　[13]【李賢注】造，至也。謂次比舟，令相至爲橋而度也。《爾雅》曰：“天子造舟，諸侯維舟，大夫方舟，士特舟。”【今注】涇：河流名。渭河最大支流。跨寧夏、甘肅、陝西三省區。源出寧夏南部六盤山東麓，流經涇源縣入甘肅省境，東南流經平涼、崇信、涇川及陝西省長武、彬縣、永壽、淳化、禮泉、涇陽、高陵

等縣區市，在西安市高陵區境內入渭河。

[14]【今注】掾：漢代屬吏之一種。漢代三公府及其他重要官府皆置掾史、屬，分曹治事。掾爲曹長，史、屬爲副貳。故掾史多冠以曹名，如户曹掾、户曹史等。掾史爲有職吏，其下還有從掾位、從史位、待事掾、待事史等散吏。

[15]【今注】案，曹金華《後漢書稽疑》謂，建初七年十二月甲午朔，是月無"丁亥"，謂"十二月丁亥"誤矣（第72頁）。

是歲，京師及郡國螟。[1]

[1]【今注】螟：昆蟲。《説文・蟲部》："螟，蟲食穀心者，吏冥冥犯法即生螟。"今一般認爲即螟蛾的幼蟲，危害農作物。

八年春正月壬辰，東平王蒼薨。三月辛卯，[1]葬東平憲王，賜鑾輅、龍旂。[2]

[1]【今注】案，辛卯，中華本校勘記據《校補》引錢大昕説，謂傳作"己卯"。

[2]【今注】鑾：鈴鐺，古帝王、貴族車駕上有鑾鈴。　輅：帝王、貴族所乘大車。　龍旂：畫有交龍的旗子。古代有"九旗"，分別用於不同場合。《周禮・司常》："司常掌九旗之物名，各有屬，以待國事。日月爲常，交龍爲旂，通帛爲旜，雜帛爲物，熊虎爲旗，鳥隼爲旟，龜蛇爲旐，全羽爲旞，析羽爲旌。"西周册命類金文中常見周天子賜予貴族"鑾、旂"。

夏六月，北匈奴大人率衆款塞降。[1]

[1]【今注】北匈奴：東漢光武帝建武二十三年（47），匈奴發生王位之爭。次年，部領匈奴南邊的薁鞬日逐王比自立爲單于，依附東漢稱臣，史稱“南單于”，自此匈奴分爲南北。光武帝將南匈奴安置在河套地區，建庭五原塞（今内蒙古包頭市）。次年，遷庭於美稷縣（今内蒙古准格爾旗西北），即匈奴“南庭”。漢置使匈奴中郎將率兵保護其安全。留居漠北的匈奴稱“北匈奴”。詳見本書卷八九《南匈奴傳》。　大人：指在高位者，王公貴族。

　　冬十二月甲午，東巡狩，幸陳留、梁國、淮陽、潁陽。[1]戊申，車駕還宫。

[1]【今注】陳留：郡名。治陳留縣（今河南開封市祥符區東南）。　梁國：治下邑縣（今安徽碭山縣）。　潁陽：縣名。治所在今河南許昌縣西南。案，曹金華《後漢書稽疑》謂，“‘潁陽’，《郡國志》有此縣，屬潁川郡。然既爲縣，不當與陳留、梁國、淮陽諸郡、國並列。《後漢紀》卷十二作‘行幸陳留、梁國、淮陽、潁川’，是也”（第73頁）。

　　詔曰：“《五經》剖判，去聖彌遠，章句遺辭，乖疑難正，[1]恐先師微言將遂廢絶，[2]非所以重稽古，[3]求道真也。其令群儒選高才生，受學左氏、穀梁《春秋》，[4]《古文尚書》，《毛詩》，[5]以扶微學，廣異義焉。”

[1]【今注】乖：謬誤。
[2]【今注】微言：含蓄而精微的言辭。
[3]【今注】稽：考。

[4]【今注】左氏：《春秋左氏傳》，又稱《左氏春秋》，今一般稱爲《左傳》。《春秋》三傳之一。傳爲春秋末魯太史左丘明所作，近人多認爲完成於戰國前期。按《春秋》編年體記述春秋史事，始自魯隱公元年（前722），迄於魯哀公二十七年（前468），並叙及魯悼公四年（前464）之事。以記事爲主，同時集録許多春秋以前的史事和傳説。　穀梁春秋：《春秋穀梁傳》，《春秋》三傳之一，屬今文經學重要典籍。相傳戰國時魯人穀梁赤（赤，或作"俶""嘉""喜""寘"）作。始於魯隱公元年，迄於魯哀公十四年。以問答形式解經，略於史實，重在闡述《春秋》之"義理"，然持論較《公羊傳》爲平正，爲研究戰國至漢初儒家思想的重要資料。西漢宣帝時列於學官，設博士。

[5]【今注】毛詩：《詩》古文學派之一。西漢毛公所傳。《漢書》卷八八《儒林傳》稱毛公趙人，爲河間獻王博士。傳其學者有貫長卿、解延年、徐敖等人。同書《藝文志》又著録《毛詩》二十九卷，《毛詩故訓傳》三十卷。本書始言毛公名萇。鄭玄《詩譜》又稱大毛公、小毛公。三國吳陸璣《毛詩草木鳥獸蟲魚疏》以爲萇乃小毛公，大毛公則名亨，漢初魯人。據傳《毛詩》之學出自孔子弟子子夏，後由荀況傳於毛亨，又由毛亨傳於毛萇。《毛詩》自西漢平帝元始五年（5）置博士，列於學官，至東漢其學大盛，鄭衆、賈逵、馬融、鄭玄等皆治《毛詩》。鄭玄且爲之作《箋》。魏晉以後，今文學派的魯、齊、韓三家詩或已亡佚，或無傳者，《毛詩》更爲歷代所宗。後世所傳《詩經》，文字均從《毛詩》，言《詩》者遂以《毛詩》爲《詩經》代稱。

是歲，京師及郡國螟。

元和元年春正月，[1]中山王焉來朝。日南徼外蠻夷獻生犀、白雉。[2]

[1]【今注】元和：東漢章帝劉炟年號（84—87）。

[2]【李賢注】劉欣明《交州記》曰（明，曹金華《後漢書稽疑》謂當作"期"）："犀，其毛如豕，蹏有三甲，頭如馬，有三角，鼻上角短，額上、頭上角長。"《異物志》曰："角中特有光耀，白理如線，自本達末則爲通天犀。"【今注】日南：郡名。治西捲縣（今越南廣治省東河市）。 微：邊界，邊塞。

閏月辛丑，濟陰王長薨。[1]

[1]【今注】濟陰王長：劉長，東漢明帝子。傳見本書卷五〇。

二月甲戌，詔曰："王者八政，以食爲本，[1]故古者急耕稼之業，致末耜之勤，[2]節用儲蓄，以備凶災，是以歲雖不登而人無飢色。[3]自牛疫已來，穀食連少，良由吏教未至，[4]刺史、二千石不以爲負。[5]其令郡國募人無田欲徙它界就肥饒者，[6]恣聽之。到在所，[7]賜給公田，[8]爲雇耕傭，賃種餉，[9]貰與田器，[10]勿收租五歲，除筭三年。[11]其後欲還本鄉者，勿禁。"

[1]【李賢注】《尚書·洪範》八政，一曰食，是爲政本。

[2]【李賢注】耒耜，農器也。耒，其柄；耜，其刃。

[3]【今注】登：穀物成熟。

[4]【今注】良由：完全是由於。

[5]【李賢注】負猶憂也。

[6]【今注】案，大德本無"肥"字。 饒：物産豐足。

[7]【今注】在所：所在地。

[8]【今注】公田：秦漢時期的國有土地。秦漢時期官府除向民衆授田外，亦掌握大量的國有土地，不但中央若干機構掌握一定數量的公田，郡縣亦存在大量公田。公田采用刑徒或其他官奴婢等進行耕種，或采用"假民公田"的方式，將公田出租給私人耕種，收取地租。"假民公田"往往帶有救濟平民的性質。（參見裘錫圭《從出土文獻資料看秦和西漢官有農田的經營》，載《裘錫圭學術文集》第5卷，復旦大學出版社2012年版，第210—253頁）

[9]【李賢注】餫，糧也，古"餉"字，音式上反。【今注】賃：《説文·貝部》："庸也。"即傭傭。

[10]【今注】貰：《説文·貝部》："貸也。"

[11]【今注】筭：口算，人頭税。

夏四月己卯，分東平國，封憲王蒼子尚爲任城王。[1]

[1]【今注】尚：劉尚。東平王劉蒼子。東漢章帝元和元年（84）封任城王，食封三縣。卒後謚孝王。　任城：國名。東漢章帝元和元年，析東平國任城、亢父、樊三縣而置，治所在任城縣（今山東濟寧市東南）。

六月辛酉，沛王輔薨。

秋七月丁未，詔曰："《律》云'掠者唯得榜、笞、立'，[1]又《令丙》，箠長短有數。[2]自往者大獄已來，掠考多酷，鑽鑽之屬，[3]慘苦無極。念其痛毒，怵然動心。[4]《書》曰'鞭作官刑'，豈云若此？[5]宜及秋冬理獄，明爲其禁。"

［1］【李賢注】《蒼頡篇》曰："掠，問也。"《廣雅》曰："榜，擊也，音彭（音，大德本作'著'）。"《説文》曰："笞，擊也。"立謂立而考訊之（考，大德本作"栲"）。【今注】掠：鞭打。 榜：鞭打、擊打。 立：漢代一種刑訊逼供的方法。《説文·立部》："立，住也。"長沙五一廣場 J1③：285A 木牘："完城旦徒孫詩，住立，詩畏痛自誣。"即通過"住立"對孫詩進行刑訊逼供，孫詩畏痛作了假證。"住立"當即"立"，本指站立，這里當指讓罪人站立對其笞打。（參見長沙市文物考古研究所《湖南長沙五一廣場東漢簡牘發掘簡報》，《文物》2013 年第 6 期）

［2］【李賢注】《令丙》爲篇之次也（丙，殿本作"内"）。《前書音義》曰："令有先後，有《令甲》《令乙》《令丙》。"又景帝京師定《箠令》（京師，中華本據《刊誤》删），箠長五尺，本大一寸，其竹也末薄半寸，其平去節，故曰長短有數也。【今注】令丙：秦漢令篇的篇次。秦漢時期的"令"多以甲、乙、丙等干支進行編次，學界或稱之爲"干支令"。嶽麓書院藏秦簡中的秦令即多以干支進行編號。湖北胡家草場簡牘"令典"有令甲、令乙、令丙、令丁、户令甲、户令丙、金布令甲、金布令丙等令篇名。（參見李志芳、蔣魯敬《湖北荆州市胡家草場西漢墓 M12 出土簡牘概述》，《考古》2020 年第 2 期）

［3］【李賢注】大獄謂楚王英等事也。鉆音其廉反。《説文》曰："鉆，鏚也。"《國語》曰："中刑用鑽鑿（鑽，大德本作'錢'）。"皆謂慘酷其肌膚也。【今注】鉆鑽：以鐵制刑具束頸、鑿去髕骨的一種酷刑。鑽，大德本作"鐵"。

［4］【今注】怵：害怕，恐懼。《説文·心部》："怵，恐也。"

［5］【李賢注】孔安國注《尚書》曰："以鞭爲理官事之刑。"【今注】鞭作官刑：《尚書·堯典》："象以典刑，流宥五刑，鞭作官刑，撲作教刑，金作贖刑。"

八月甲子，太尉鄧彪罷，大司農鄭弘爲太尉。[1]

[1]【今注】鄭弘：字巨君，會稽山陰（今浙江紹興市）人。傳見本書卷三三。

癸酉，詔曰："朕道化不德，吏政失和，元元未諭，抵罪於下。寇賊争心不息，邊野邑屋不修。[1]永惟庶事，思稽厥衷，與凡百君子，共弘斯道。中心悠悠，將何以寄？其改建初九年爲元和元年。郡國中都官繫囚減死一等，[2]勿笞，詣邊縣；妻子自隨，占著在所。其犯殊死，一切募下蠶室；其女子宫。繫囚鬼薪、白粲以上，皆減本罪一等，輸司寇作。亡命者贖，各有差。"

[1]【李賢注】"修"或作"充"。
[2]【今注】中都官：官署合稱，《漢書》卷八《宣帝紀》顔師古注："中都官，謂在京師諸官也。"宋傑認爲，中都官即在京的中央機構，具體指朝廷列卿所屬的諸官署。中都官附設監獄，稱"中都官獄"。西漢國内的行政組織基本上分爲三大系統，即中都官、三輔和郡國，代表中央各官署、首都特別行政區和地方行政部門，它們各有自己的司法機構，分別管轄屬下的監獄和囚犯，而中都官獄"或是泛指中央機構囚禁犯人的各種監獄，或是代表武帝以降設立的二十六所兼有司法審判職能的'詔獄'"。（參見宋傑《西漢的中都官獄》，載《漢代監獄制度研究》，中華書局 2013 年版，第 60—97 頁）

丁酉，[1]南巡狩，詔所經道上，郡縣無得設儲跱。[2]命司空自將徒支柱橋梁。[3]有遣使奉迎，探知起居，二千石當坐。其賜鰥、寡、孤、獨、不能自存者粟，人五斛。

[1]【今注】案，曹金華《後漢書稽疑》謂，"元和元年八月甲寅朔，是月無'丁酉'。前文八月癸酉改建初九年爲元和元年，'癸酉'爲二十日，是後本月唯'丁丑'與'丁酉'近，故疑'丁丑'爲是，'丁丑'二十四日"（第74頁）。

[2]【李賢注】儲，積也。跱，具也。言不預有蓄備。【今注】跱：準備，儲備。《爾雅·釋詁》："跱，具也。"

[3]【李賢注】柱音竹主反。

九月乙未，[1]東平王忠薨。[2]

[1]【今注】案，王先謙《後漢書集解》引惠棟曰："《續志》：是年八月乙未晦，九月不應復有乙未，紀誤。"曹金華《後漢書稽疑》謂，"據《二十史朔閏表》，元和元年八月甲寅朔，九月甲申朔，'乙未'爲九月十二日，八月非'乙未晦'。《續漢書·五行志》作'（元）（章）和元年八月乙未晦'，惠氏據以爲言，而'元和'實爲'章和'之誤，詳見本志《校勘記》也"（第74頁）。

[2]【今注】東平王忠：劉忠，光武帝劉秀孫，東平憲王劉蒼子。東漢章帝建初八年（83）即位東平王。九年四月己卯，章帝分東平國而立劉忠弟劉尚爲任城王，另外五個弟弟爲列侯。同年九月乙未劉忠去世，謚號懷。

辛丑，幸章陵，[1]祠舊宅園廟，見宗室故人，賞賜各有差。冬十月己未，進幸江陵，[2]詔廬江太守祠南獄,[3]又詔長沙、零陵太守祠長沙定王、舂陵節侯、鬱林府君。[4]還,幸宛。[5]十一月己丑,車駕還宮,賜從者各有差。

[1]【今注】章陵:縣名。東漢光武帝建武六年(30)改舂陵侯國置,治所在今湖北棗陽市南。

[2]【今注】江陵:縣名。爲南郡治,治所在今湖北荊州市荊州城西北。

[3]【今注】廬江:郡名。治舒縣(今安徽廬江縣西南)。

[4]【今注】長沙定王:劉發,字文信,西漢景帝劉啓第六子,東漢光武帝劉秀五世祖。長沙,郡名。治臨湘縣(今湖南長沙市嶽麓區)。 舂陵節侯:劉買。西漢景帝劉啓之孫,長沙定王劉發之子,東漢光武帝劉秀高祖父。西漢武帝元朔五年(前124),以零陵郡泠道縣的舂陵鄉封長沙王子劉買爲舂陵侯,長沙王的爵位由其兄劉庸繼承。買死後,諡號節。 鬱林府君:劉外,長沙定王劉發之孫,舂陵節侯劉買之子,東漢光武帝劉秀曾祖父。舂陵侯爵位由其兄劉熊渠繼承,外擔任鬱林太守。

[5]【今注】宛:縣名。爲南陽郡治,治所在今河南南陽市卧龍區。

十二月壬子,詔曰:"《書》云:'父不慈,子不祗,兄不友,弟不恭,不相及也。'[1]往者妖言大獄,[2]所及廣遠,一人犯罪,禁至三屬,[3]莫得垂纓仕宦王朝。[4]如有賢才而沒齒無用,[5]朕甚憐之,非所謂與之更始也。[6]諸以前妖惡禁錮者,一皆蠲除之,[7]以明棄咎之路,但不得在宿衛而已。"

[1]【李賢注】祇，敬也。《左傳》胥臣云："《康誥》曰：'父不慈，子不祇，兄不友，弟不恭，不相及也。'"今《康誥》之言，事同而文異。【今注】案，此句爲《左傳》僖公三十三年引《尚書·康誥》文。意爲父親不慈愛子女，子女不尊敬父親，哥哥不親近弟弟，弟弟不恭敬哥哥。今《尚書·康誥》有："子弗祇服厥父事，大傷厥考心。于父不能字厥子，乃疾厥子。于弟弗念天顯，乃弗克恭厥兄。兄亦不念鞠子哀，大不友于弟。"

[2]【今注】妖言：又作"訞言""祅言"，罪名。古代重罪之一，指利用災異、鬼神等散播危害政治統治的言論。呂宗力認爲，"不祥"和"惑衆"是"妖言"的兩個特性，所謂"不祥之辭"即語涉陰陽災異、吉凶鬼神，帶有明顯神秘色彩的言論；惑衆即在民衆中廣泛傳播，引導民衆的思想、行爲。有學者認爲，"妖言"係對當政者進行非難和攻擊，所涉多以神事附會人事，多由個人製造和傳播妖言（妖書）以惑衆，且多有謀逆的企圖和舉動，所牽連的範圍較廣。（參見呂宗力《漢代"妖言"探討》，《中國史研究》2006 年第 4 期；潘良熾《秦漢誹謗、妖言罪同異辨析》，《中華文化論壇》2004 年第 4 期）嶽麓書院藏秦簡有關於"行祅"的律令，學者認爲或與"妖言"有關。

[3]【李賢注】即三族也。謂父族、母族及妻族。【今注】三屬：三族，古代三族的含義存在爭議，一種説法指父族、母族及妻族，一種説法指父母、兄弟、妻子。當以後一説法爲是。

[4]【今注】垂纓：垂下冠帶，臣下朝見君王時的裝束。後常借指出任官職。 案，仕，大德本、殿本作"士"。

[5]【今注】没齒：終身。

[6]【今注】更始：除舊布新。

[7]【李賢注】《左傳》曰："以重幣錮之。"杜預注曰："禁錮勿令仕也。"【今注】禁錮：又稱"錮""廢錮"。"禁錮"有兩種含義。一種祇針對官吏，指禁止官吏及其後人做官和參與政治活

動，本條材料中的"妖惡禁錮"即指此類"禁錮"。另一種針對所有人，張家山漢簡《二年律令·賊律》："賊殺傷父母，牧殺父母，毆罵父母，父母告子不孝，其妻子爲收者，皆錮，令毋得以爵償、免、除及贖。"這裏的"錮"並非禁止做官，學者或認爲指監禁、關押，或認爲指刑具加身，或認爲指"絶不寬貸"，或認爲指固定身份，不得變更。〔參見彭浩、陳偉、〔日〕工藤元男主編《二年律令與奏讞書——張家山二四七號漢墓出土法律文書釋讀》，第206頁；曹旅寧《釋張家山漢簡〈賊律〉中的"錮"》，載《簡牘學研究》第4輯，甘肅人民出版社2004年版，第27—29頁；王博凱《秦漢"禁錮"問題補論》，載《出土文獻》第14輯，中西書局2019年版，第351—363頁〕　蠲除：除去。

二年春正月乙酉，詔曰："《令》云'人有産子者復，勿筭三歲'。今諸懷妊者，[1]賜胎養穀人三斛，復其夫，勿筭一歲，著以爲令。"[2]又詔三公曰："方春生養，萬物孳甲，[3]宜助萌陽，[4]以育時物。其令有司，罪非殊死且勿案驗，[5]及吏人條書相告不得聽受，[6]冀以息事寧人，[7]敬奉天氣。立秋如故。夫俗吏矯飾外貌，似是而非，撽之人事則悦耳，[8]論之陰陽則傷化，朕甚饜之，[9]甚苦之。安静之吏，悃愊無華，[10]日計不足，月計有餘。[11]如襄城令劉方，[12]吏人同聲謂之不煩，雖未有它異，斯亦殆近之矣。間勑二千石各尚寬明，[13]而今富姦行賂於下，貪吏枉法於上，使有罪不論而無過被刑，甚大逆也。夫以苛爲察，以刻爲明，以輕爲德，以重爲威，四者或興，則下有怨心。吾詔書數下，冠蓋接道，[14]而吏不加理，[15]人或失職，其咎安在？勉思舊令，稱朕意焉。"

　　［1］【李賢注】《説文》曰："㛐，孕也。"

　　［2］【今注】著以爲令：秦漢立法術語，指將皇帝詔書的内容編入令典，使詔書轉化爲可以長久使用的律令。沈家本謂："著令者，明書之於令也。"與之近似的還有"具爲令""議爲令"等。有些詔書並不綴加此類術語，但是仍可轉化爲律令。〔參見〔日〕大庭脩著，徐世虹等譯《漢代制詔的形態》，《秦漢法制史研究》，第156—159頁〕

　　［3］【李賢注】《前書音義》曰："莩，葉裏白皮也。"《易》曰"百果甲坼"也。

　　［4］【今注】萌陽：新生的陽氣。

　　［5］【今注】且：暫且。

　　［6］【李賢注】條，事條也。【今注】條書：分條書寫。

　　［7］【今注】息事寧人：指使事情停息，使百姓安定。

　　［8］【今注】揆：估量，揣測。《説文·手部》："揆，度也。"

　　［9］【今注】魘：通"厭"，厭煩。

　　［10］【李賢注】《説文》云："悃愊，至誠也。"悃音苦本反。愊音孚逼反。

　　［11］【李賢注】《莊子》曰："有庚桑子者，偏得老聃之道，以居畏壘之山。畏壘之人相與云：'庚桑子之始來，吾洒然異之；今吾日計之不足，歲計之有餘，庶幾其聖人乎？'"【今注】日計不足月計有餘：每天計算下來没有多少，一年算下來就很多了。比喻積少成多。

　　［12］【李賢注】方字伯況，平原人。【今注】襄城：縣名。治所在今河南襄城縣。　劉方：字伯況，東漢平原人。善爲《詩》。東漢章帝時，官襄城令，章帝讚賞之。和帝即位後，歷任宗正、司空、司徒。曾與太常丁鴻建言按人口定舉孝廉人數，爲和帝所采納。後坐事免官歸，自殺。

　　［13］【今注】間：近來。

[14]【今注】冠蓋：古代官吏的帽子和車蓋，借指官吏。此處特指使者。

[15]【今注】理：審理。

二月甲寅，始用《四分曆》。[1]

[1]【李賢注】《續漢書》曰："時待詔張盛、京房（京房，中華本校勘記據《集解》引錢大昕説，謂當作'景防'）、鮑業等以《四分曆》請與待詔楊岑等共課歲餘，盛等所中多，《四分》之曆始頗施行。"【今注】四分曆：東漢時制定的曆法。章帝元和二年（85）由編訢、李梵等造，並在全國推行。以十九年爲一章，一回歸年爲三百六十五又四分之一日，故稱"四分"。一朔望月爲二十九又九百四十分之四百九十九日，以四章七十六年爲一循環，謂之一蔀；日之干支以八十章一千五百二十年爲一循環，謂之一紀。以庚申爲元，始用斗分，而冬至在牽牛之成法遂廢。首創二十四節氣昏旦中星、晝夜漏刻和晷影長度的計算，黃赤道度的變換等法，又計算出黃赤道交角爲二十四度。這些表明古代曆法已達較高的精度。

詔曰："今山川鬼神應典禮者，尚未咸秩。[1]其議增修群祀，以祈豐年。"

[1]【李賢注】咸，皆也。秩，序也。言山川之神尚未次序而祭之。《書》曰："咸秩無文。"【今注】咸秩：皆有秩序。《尚書·洛誥》："王肇稱殷禮，祀於新邑，咸秩無文。"王引之《經義述聞·尚書下》："'文'當讀爲'紊'。紊，亂也……'咸秩無紊'者，謂自上帝以至於群神，循其尊卑大小之次而祀之，無有殽亂也。"

　　丙辰，東巡狩。己未，鳳皇集肥城。[1]乙丑，帝耕
於定陶。[2]詔曰："三老，尊年也。孝悌，淑行也。力
田，勤勞也。國家甚休之。其賜帛人一匹，勉率農
功。"使使者祠唐堯於成陽靈臺。[3]辛未，幸太山，柴
告岱宗。[4]有黃鵠三十從西南來，[5]經祠壇上，東北過
于宮屋，翶翔升降。進幸奉高。[6]壬申，宗祀五帝于汶
上明堂。[7]癸酉，告祠二祖、四宗，[8]大會外內群臣。
丙子，詔曰："朕巡狩岱宗，柴望山川，[9]告祀明
堂，[10]以章先勳。[11]其二王之後，[12]先聖之胤，[13]東后
蕃衛，[14]伯父伯兄，仲叔季弟，幼子童孫，[15]百僚從
臣，宗室衆子，要荒四裔，[16]沙漠之北，葱領之
西，[17]冒衇之類，[18]跋涉懸度，[19]陵踐阻絕，駿奔郊
畤，[20]咸來助祭。祖宗功德，延及朕躬。[21]予一人空
虛多疚，纂承尊明，[22]盥洗享薦，[23]憁愧祗慄。《詩》
不云乎：'君子如祉，亂庶遄已。'[24]歷數既從，靈燿
著明，[25]亦欲與士大夫同心自新。其大赦天下。諸犯
罪不當得赦者，皆除之。復博、奉高、嬴，[26]無出今
年田租、芻稾。"戊寅，進幸濟南。[27]三月己丑，進幸
魯，祠東海恭王陵。[28]庚寅，祠孔子於闕里，[29]及七
十二弟子，賜褒成侯及諸孔男女帛。[30]壬辰，進幸東
平，祠憲王陵。[31]甲午，遣使者祠定陶太后、恭王
陵。[32]乙未，幸東阿，[33]北登太行山，至天井關。[34]夏
四月乙巳，[35]客星入紫宮。[36]乙卯，車駕還宮。庚申，
假于祖禰，[37]告祠高廟。

　　[1]【李賢注】肥城，縣名，屬太山郡（山，大德本作"上"），故城在今濟州平陰縣東南。【今注】肥城：縣名。治所在今山東肥城市。

　　[2]【今注】定陶：國名。治定陶縣（今山東菏澤市定陶區西北）。

　　[3]【李賢注】成陽，縣，屬濟陰郡。郭緣生《述征記》曰："成陽縣東南有堯母慶都墓（墓，殿本作'臺'），上有祠廟。堯母陵俗亦名靈臺大母。"【今注】成陽：縣名。治所在今山東菏澤市北。

　　[4]【今注】柴：祭名，即燒柴祭天。又寫作"祡"。

　　[5]【今注】黃鵠：天鵝。

　　[6]【今注】奉高：縣名。爲泰山郡治，治所在今山東泰安市東。

　　[7]【李賢注】《前書》曰："濟南人公玉帶上黃帝時明堂圖，中有一殿，四面無壁，以茅蓋，通水，水圜宮垣爲複道（複，大德本作'復'）；上有樓，從西南入，名曰崑崙，以拜祀上帝。於是上作明堂於汶上，如帶圖焉。"汶水出太山朱虛縣萊蕪山。【今注】汶：河流名。即今大汶河。源出今山東萊蕪市北，西南流經古嬴縣南，古稱"嬴汶"，又西南會牟汶、北汶、石汶、柴汶，至今山東東平縣戴村壩。自此以下，古汶水西流經東平縣南，至梁山東南入濟水；明初築戴村壩，遏汶水南出南旺湖濟運，西流故道遂微；清末罷漕運，主流又西注東平湖，北入黃河。

　　[8]【李賢注】二祖謂高祖、世祖。四宗謂文帝爲太宗，武帝爲世宗，宣帝爲中宗，明帝爲顯宗。

　　[9]【今注】望：一種祭祀，即遙望而祭，主要用以祭祀山川。

　　[10]【今注】案，祀，大德本、殿本作"祠"。

　　[11]【今注】勳：功勞。

[12]【李賢注】《禮記》曰："存二王之後，尊賢不過二代。"《公羊傳》曰（中華本據《校補》在"傳"後補"注"字）："存二王之後，所以通三正也（正，大德本、殿本作'王'）。"漢之二王，殷、周之後也。

[13]【李賢注】《東觀記》曰："孔子後褒成侯等咸來助祭。"

[14]【李賢注】東后謂東方國君也。諸侯爲天子藩屏（藩，殿本作"蕃"），故曰藩衛（藩，殿本作"蕃"）。

[15]【李賢注】《尚書·呂刑》文。皆天子同姓諸侯，有父叔兄弟子孫列者，故總而言之。

[16]【李賢注】要、荒，二服名。要服去王城二千里，荒服去王城二千五百里。要者，言可要束以文教。荒者，言其荒忽無常也。裔，遠也。謂荒服之外也。

[17]【李賢注】《西河舊事》曰："葱領（領，大德本、殿本作'嶺'），山名，在敦煌西。其山高大多葱，故以爲名焉。"【今注】案，領，大德本、殿本作"嶺"。

[18]【李賢注】《字書》曰："䯽，多須貌，音而。"言須鬢多，蒙冒其面（大德本無"冒"字）。或曰，西域人多著冒而長，故舉以爲言也。【今注】冒䯽：謂連鬢鬍鬚。一說，頭着巾而須長，古以指西域人。

[19]【李賢注】草行曰跋，水行曰涉。《左傳》子太叔曰："跋涉山川。"《西域傳》曰："懸度者，石山也。溪谷不通，以繩索相引而度，去陽關五千八百五十里（中華本校勘記謂《前書》作'五千八百八十八里'）。"【今注】懸度：山名。指今克什米爾北部之興都庫什山或喀喇昆倫山及帕米爾南部山地。

[20]【李賢注】駿，疾也，音俊。《尚書》"駿奔走在廟"。郊畤，祭天處也。《前書音義》曰："畤，神靈之居止者。"【今注】畤：祭天所用的土壇。廣義的"畤"亦包括祭壇外的"郊兆"和附屬建築。《説文·田部》："畤，天地五帝所基址祭地也。"《史

記》卷五《秦本紀》："祠上帝西畤。"《索隱》："畤，止也。言神靈之所依止也。亦音市，謂爲壇以祭天也。"學者認爲，"畤"這一名稱爲秦人專有，後爲漢人所繼承（參見田天《畤·廟·祠：秦漢祭祀建築的形制與區分》，載《秦漢國家祭祀史稿》，生活·讀書·新知三聯書店 2015 年版，第 334—346 頁）。

[21]【今注】躬：身。

[22]【李賢注】疚，病也。纂，繼也。【今注】予一人：亦作"余一人"，早期帝王的自稱。《尚書·湯誓》："爾尚輔予一人，致天之罰，予其大賚汝。"從甲骨文看，商王即自稱"余一人"，他人稱商王則爲"一人"。對"余一人"的含義，胡厚宣認爲反映了時王至高無上，惟我獨尊，代表君王"獨裁""專制"。而寧鎮疆認同《白虎通·號》篇所説"王者自謂一人者，謙也。欲言己才能當一人耳"，認爲"余一人"應表謙稱，表示商代王權對國家的治理責任，其含義其實與諸侯稱"孤"道"寡"類似。（參見寧鎮疆《也論"余一人"問題》，《歷史研究》2018 年第 2 期）　纂：繼承。

[23]【今注】盥洗享薦：指用水清洗手腳後進行祭祀進獻。

[24]【李賢注】《詩·小雅》。遄，速也。已，止也。祉，福也。鄭玄注云："福賢者（紹興本、大德本、殿本'福賢者'前有'福者'二字），謂爵祿之也。如此，則亂亦庶幾可疾止也。"【今注】君子如祉亂庶遄已：語出《詩·小雅·巧言》。

[25]【李賢注】歷數既從，謂行《四分歷》也。靈燿著明，謂日月貞明。

[26]【今注】博：縣名。治所在今山東泰安市東南。　嬴：縣名。治所在今山東萊蕪市西北。

[27]【李賢注】濟南，縣名，故城在今淄州長山縣西北。

[28]【今注】東海恭王：劉彊。東漢光武帝子。傳見本書卷四二。

[29]【今注】闕里：孔子故里。在今山東曲阜市城內闕里街。因其地春秋時有兩石闕，故名"闕里"。後建爲孔廟。《漢書》卷六七《梅福傳》："今仲尼之廟不出闕里。"師古注："闕里，孔子舊里也。"《孔子家語·弟子解》稱："孔子始教學於闕里。"

[30]【今注】褒成侯：漢代對孔子後代的封號。西漢元帝封孔子十二世孫孔霸爲褒成君，其後代孔福、孔房、孔均相繼襲封，東漢光武帝復封孔均子孔志爲褒成侯。

[31]【李賢注】陵在今鄆州須昌縣東。【今注】憲王：東平憲王劉蒼。

[32]【李賢注】太后即元帝傅昭儀也。定陶恭王康，其陵在今曹州濟陰縣北。【今注】定陶太后：傅昭儀，西漢元帝劉奭的妃嬪，定陶恭王劉康生母，哀帝劉欣祖母。傳見《漢書》卷九七下。

恭王：定陶恭王，即劉康，西漢元帝劉奭次子，成帝劉驁異母弟。母傅昭儀，子爲漢哀帝劉欣。封定陶王，死後諡號恭（或作共）。傳見《漢書》卷八〇。

[33]【今注】東阿：縣名。治所在今山東陽穀縣東北。

[34]【李賢注】在今澤州晉城縣南，今太行山上，關南有天井泉三所也。【今注】天井關：關隘名。一名太行關，西漢置，在今山西晉城市南太行山頂。因關南有天井泉三所得名。形勢險峻，地處太行山南北要衝，歷爲兵家爭奪之地。

[35]【今注】案，曹金華《後漢書稽疑》謂，"元和二年四月庚戌朔，是月無'乙巳'，《天文志》作'四月丁巳'，當是。然'丁巳'爲初八，'乙卯'爲初六，'乙卯'不當在'丁巳'後"（第75頁）。

[36]【今注】客星：沒有固定軌道和周期，突然出現的亮星，主要指新星和彗星。

[37]【李賢注】假，至也，音格。禰，父廟。《易》曰："王假有廟。"

　　五月戊申，詔曰：“乃者鳳皇、黃龍、鸞鳥比集七郡，[1]或一郡再見，及白鳥、神雀、甘露屢臻。[2]祖宗舊事，或班恩施。[3]其賜天下吏爵，人三級；高年、鰥、寡、孤、獨帛，[4]人一匹。《經》曰：‘無侮鰥寡，惠此煢獨。’[5]加賜河南女子百户牛酒，[6]令天下大酺五日。[7]賜公卿已下錢帛各有差；及洛陽人當酺者布，户一匹，城外三户共一匹。賜博士員弟子見在太學者布，[8]人三匹。令郡國上明經者，[9]口十萬以上五人，不滿十萬三人。”

　　[1]【李賢注】孫柔之《瑞圖》曰（中華本據《太平御覽》卷九一六、《廣韻·二十六桓》鸞字注引在“圖”前補“應”字）：“鸞鳥者，赤神之精，鳳皇之佐。雞身赤毛（毛，殿本作‘尾’），色亦被五彩，鳴中五音。人君進退有度，親疏有序，則至也。”比，頻也（頻，大德本、殿本作“類”）。【今注】鸞鳥：傳説中的一種神鳥，與鳳凰類似。　比：並。

　　[2]【今注】臻：至。

　　[3]【李賢注】武帝時芝草生于甘泉宮，宣帝時嘉穀玄稷降于郡國，神雀仍集，皆大赦天下。

　　[4]【今注】高年：年紀大的人。

　　[5]【今注】無侮鰥寡惠此煢獨：《尚書·康誥》：“惟乃丕顯考文王，克明德慎罰，不敢侮鰥寡，庸庸、祗祗、威威、顯民。”《尚書·洪範》：“無虐煢獨而畏高明。”孔傳：“煢，單，無兄弟也。無子曰獨。”“煢獨”亦可作“惸獨”。《詩·小雅·正月》：“哿矣富人，哀此惸獨。”

　　[6]【李賢注】《前書音義》：“蘇林曰，男賜爵，女子賜牛酒。姚察云，女子謂賜爵者之妻。”《史記·封禪書》：“百户牛一

頭，酒十石。"臣賢案：此女子百户，若是户頭之妻，不得更稱爲户；此謂女户頭，即今之女户也。天下稱慶，恩當普洽，所以男户賜爵，女子賜牛酒。【今注】河南：郡名。一般稱"河南尹"，治洛陽縣（今河南洛陽市東）。 女子百户牛酒：漢代皇帝賜予民間女子牛一頭和酒十石的政策。賜女子牛酒，多與賜男子爵同時進行，屬於賜爵的一項附屬行爲。關於所賜女子之身份，學者或認爲是賜爵者之妻，或認爲是女户主。西嶋定生經過研究，指出女子即一般女性，並非指家長之妻或女户主。關於賜牛酒爲何以百户（或五十户）爲單位，西嶋定生認爲，是因爲漢代一里爲百户，並由此進而認爲，漢代賜爵在里中進行，賜爵後在里中舉行宴會，作爲賜爵附屬行爲的賜里中女子牛酒，目的是在賜爵宴會中進行燕享。〔參見〔日〕西嶋定生著，武尚清譯《中國古代帝國的形成與結構——二十等爵制的研究》，第381—396頁〕

[7]【今注】酺：《説文·酉部》："王德布，大飲酒也。"漢律規定，三人以上無故群飲，罰金四兩。"酺"指皇帝開放酒禁，特賜民間可以自由群聚飲酒。"酺"中舉行聚餐，同時進行祭祀。西嶋定生認爲，漢代的賜酺與賜牛酒、賜爵多同時進行，三件事是結合在一起的，具有統一的機能。漢代賜爵時，在里社的神前舉行"酺"的宴會，賜予的牛酒是爲了在宴會上使用。在這種行禮的儀式中，按賜予的爵位來決定宴會的座次，從而使爵制在里中產生的秩序逐漸形成。〔參見〔日〕西嶋定生著，武尚清譯《中國古代帝國的形成與結構——二十等爵制研究》，第403—411頁〕

[8]【今注】太學：中國古代國立最高學府。商代甲骨文即記載"大學"，西周亦有"大學"，是爲後世太學之濫觴。西漢武帝時采納董仲舒建議設立太學。王莽時太學零落。東漢光武帝建武五年（29）十月，漢光武帝起營太學，訪雅儒，采求經典闕文，四方學士雲會京師洛陽，於是立五經博士。太學與郊兆、明堂、辟雍等均位於東漢洛陽城南郊。

[9]【今注】明經：漢代察舉科目之一，指通曉經學。明經屬於特舉科目，西漢明經一科尚未限定郡國按人口貢舉，至此條詔令起方按人口察舉（參見安作璋、熊鐵基《秦漢官制史稿》，第812頁）。

改廬江爲六安國，[1]江陵復爲南郡。[2]徙江陵王恭爲六安王。

[1]【今注】六安國：東漢章帝元和二年（85）改廬江郡置，治舒縣（今安徽廬江縣西南）。

[2]【李賢注】建初四年改爲江陵國，今又復之。【今注】南郡：治江陵縣（今湖北荆州市荆州城西北）。

秋七月庚子，詔曰："《春秋》於春每月書'王'者，重三正，慎三微也。[1]律十二月立春，不以報囚。[2]《月令》冬至之後，有順陽助生之文，[3]而無鞫獄斷刑之政。[4]朕咨訪儒雅，[5]稽之典籍，[6]以爲王者生殺，宜順時氣。其定律，[7]無以十一月、十二月報囚。"

[1]【李賢注】三正謂天、地、人之正。所以有三者，由有三微之月，王者所當奉而成之。《禮記》曰（禮記，中華本據《集解》引惠棟説改爲"禮緯"）："正朔三而改，文質再而復。三微者，三正之始，萬物皆微，物色不同，故王者取法焉。十一月，時陽氣始施於黃泉之下，色皆赤。赤者陽氣，故周爲天正，色尚赤。十二月，萬物始牙而色白。白者陰氣，故殷爲地正，色尚白。十三月，萬物莩甲而出，其色皆黑，人得加功展業，故夏

爲人正，色尚黑。"《尚書大傳》曰："夏十三月爲正，平旦爲朔。
殷以十一月爲正（一，紹興本、大德本、殿本作'二'），雞鳴
爲朔。周以十一月爲正，夜半爲朔。"必以三微之月爲正者，當爾
之時，物皆尚微，王者授命（授，大德本、殿本作"受"），當
扶微理弱，奉成之義也。

　　[2]【李賢注】報猶論也。立春陽氣至，可以施生，故不論
囚。【今注】報：法律術語，指判決。

　　[3]【李賢注】《月令》仲冬："是月也，日短至，陰陽爭，
諸生蕩，君子身欲寧，事欲靜，以待陰陽之所定也。"

　　[4]【今注】鞫獄：鞫，又作"鞫"，法律術語，指窮究犯罪。
"鞫"是一個具體的訴訟程序，表示判決前對犯罪事實的認定，
《漢書》卷五九《張湯傳》載"張湯審鼠"的程序是"訊鞫論報"，
可見"鞫"是"訊"之後、"論"之前的程序。"鞫"又表示一個
案件從起訴到判決的全部程序，類似於對"審判"的一種泛稱，張
家山漢簡《二年律令·具律》"鞫獄故縱、不直"之"鞫獄"即指
審判獄訟，文獻中的"讀鞫"指宣判，"乞鞫"指申請重新審理獄
訟。此處的"鞫獄"是第二種含義，指審判案件。（參見徐世虹
《秦漢"鞫"文書讞識——以湖南益陽兔子山、長沙五一廣場出土
木牘爲中心》，載《簡帛》第 17 輯，上海古籍出版社 2018 年版，
第 267—279 頁）

　　[5]【今注】儒雅：博學的儒士。

　　[6]【今注】稽：考。

　　[7]【今注】定律：制定法律。

　　九月壬辰，詔："鳳皇、黃龍所見亭部無出二年租
賦。[1]加賜男子爵，人二級；先見者帛二十匹，近者三
匹，太守三十匹，令、長十五匹，丞、尉半之。[2]
《詩》云：'雖無德與汝，式歌且舞。'[3]它如賜爵

故事。”

[1]【李賢注】《東觀記》曰：“鳳皇見肥城句驪亭槐樹上（鳳皇，殿本作‘黃龍’）。”《古今注》云：“黃龍見洛陽元延亭部。”驪音庚。【今注】亭部：亭是秦漢時期的地方機構，有“都亭”“街亭”“市亭”“門亭”“鄉亭”“郵亭”等，它們的地理位置與負責的事務各不相同。一般意義上的“亭”主要指“鄉亭”和“郵亭”，鄉亭是主管治安的機構，其設校長、亭長、游徼等職官，以緝捕盜賊。郵亭主管行書。亭與鄉平行，其治安管轄範圍稱爲“亭部”。到了東漢時期，由於在亭的周圍出現諸多脫離鄉里組織的自然聚落，政府以亭對這些聚落進行管理，亭開始演變爲合民事、治安、行書爲一體的組織。此處的“亭部”即亭所管轄地區。（參見王彥輝《聚落與交通視閾下的秦漢亭制變遷》，《歷史研究》2017 年第 1 期）

[2]【今注】丞：縣丞。官名。縣令的副貳。《漢書·百官公卿表上》：“（縣令、長）皆有丞、尉，秩四百石至二百石，是爲長吏。”縣丞在縣的地位，比郡丞在郡的地位要高，縣丞對縣令、長不完全是輔佐，更不是從屬身份，而是能獨立從事倉、獄等事。一般來説，一個縣祇有一個縣丞，但都城所在地則不止一人，如西漢長安有左、右丞，東漢洛陽有丞三人。（參見安作璋、熊鐵基《秦漢官制史稿》，第 656—659 頁）　尉：縣尉。官名。秦漢縣級軍事長官。《漢書·百官公卿表上》：“（縣令、長）皆有丞、尉，秩四百石至二百石，是爲長吏。”縣尉的秩級略低於縣令，輔佐縣令執掌緝捕盜賊、役使卒徒等。大縣或設置左、右兩尉。縣尉職掌較專，對於令長有一定獨立性，往往分部而治，與縣令長別治，有單獨的治所和官廨，亦有自己獨立的屬吏。（參見安作璋、熊鐵基《秦漢官制史稿》，第 654—662 頁）

[3]【李賢注】《詩·小雅》也。取雖無大德，要有喜悅之

心，欲歌舞也。式，用也。【今注】雖無德與汝式歌且舞：《毛詩·小雅·車舝》：“雖無德與女，式歌且舞。”

丙申，徵濟南王康、中山王焉會烝祭。[1]

[1]【今注】烝祭：在宗廟舉行的冬祭。古代國君在一年中的四季都要舉行宗廟祭祖儀式，即四時之祭。《周禮·春官·大宗伯》：“以祠春享先王，以禴夏享先王，以嘗秋享先王，以烝冬享先王。”《禮記·王制》：“天子、諸侯宗廟之祭，春曰礿，夏曰禘，秋曰嘗，冬曰烝。”

冬十一月壬辰，日南至，初閉關梁。[1]

[1]【李賢注】《易》曰：“先王以至日閉關，商旅不行。”王弼注曰：“冬至陰之復，夏至陽之復，故爲復即至於寂然大静，先王則天地而行者也。”

三年春正月乙酉，詔曰：“蓋君人者，[1]視民如父母，有慘怛之憂，[2]有忠和之教，匍匐之救。[3]其嬰兒無父母親屬，及有子不能養食者，稟給如律。”

[1]【今注】案，君人，殿本作“人君”。

[2]【今注】慘：悲痛。《説文·心部》：“慘，痛也。” 怛：憂傷。《説文·心部》：“怛，憯也。”

[3]【李賢注】《周禮》：“鄉司徒以鄉三物教萬民（前‘鄉’字，殿本作‘大’），一曰六德，謂智、仁、聖、義、忠、和。”《詩·邶風》曰（邶，大德本、殿本作“邶”）：“凡民有喪，匍

匍匐救之。"【今注】匍匐之救：不顧一切竭盡全力的救助。《詩·邶風·谷風》："凡民有喪，匍匐救之。"

丙申，北巡狩，濟南王康、中山王焉、西平王羨、六安王恭、樂成王黨、淮陽王昞、任城王尚、沛王定皆從。[1]辛丑，帝耕于懷。[2]

　　[1]【今注】樂成王黨：劉黨，東漢明帝子。傳見本書卷五〇。　淮陽王昞：劉昞，東漢明帝子。傳見本書卷五〇。　沛王定：沛獻王劉輔之子。襲爵沛王，在位十一年，謚號"釐"。
　　[2]【今注】懷：縣名。爲河內郡治，治所在今河南武陟縣西南。

二月壬寅，[1]告常山、魏郡、清河、鉅鹿、平原、東平郡太守、相曰：[2]"朕惟巡狩之制，以宣聲教，考同遐迩，[3]解釋怨結也。[4]今'四國無政，不用其良'，[5]駕言出游，[6]欲親知其劇易。[7]前祠園陵，遂望祀華、霍，[8]東崇岱宗，[9]爲人祈福。今將禮常山，遂徂北土，[10]歷魏郡，經平原，升踐隄防，詢訪耆老，[11]咸曰'往者汴門未作，深者成淵，淺則泥塗'。追惟先帝勤人之德，[12]底績遠圖，復禹弘業，[13]聖迹滂流，至于海表。[14]不克堂構，朕甚慙焉。[15]《月令》，孟春善相丘陵土地所宜。[16]今肥田尚多，未有墾闢。其悉以賦貧民，[17]給與糧種，務盡地力，勿令游手。[18]所過縣邑，聽半入今年田租，以勸農夫之勞。"

[1]【今注】案，曹金華《後漢書稽疑》謂，"元和三年正月乙亥朔，二月乙巳朔，本紀前云正月'辛丑，帝耕於懷'，'辛丑'爲正月二十七日，'壬寅'二十八日，其云'二月壬寅'誤也"（第77頁）。

[2]【今注】清河：國名。治厝縣（今山東臨清市東北）。鉅鹿：又作"巨鹿"，郡名。治廮陶縣（今河北寧晉縣西南）。平原：郡名。治平原縣（今山東平原縣南）。

[3]【今注】遐迩：遠近。《說文新附》："遐，遠也。"《說文·辵部》："迩，近也。"

[4]【今注】解釋：解開。 案，怨結，大德本作"結冤"，殿本作"結怨"。

[5]【李賢注】《詩·小雅》曰："日月告凶，不用其行。四國無政，不用其良。"言四方之國無政者，由天子不用善人也。【今注】案，四國無政不用其良，語出《詩·小雅·十月之交》。

[6]【今注】案，駕言出游，語出《詩·邶風·泉水》。

[7]【今注】劇：難。

[8]【李賢注】華、霍，山名也。在今盧江灊縣西南（在今，大德本、殿本作"今在"；中華本"在"前補"霍"字，刪"今"字，校勘記謂據張森楷《校勘記》改，與《郡國志》合），亦名天柱山。《爾雅》曰華山爲西嶽，霍山爲南嶽。【今注】華：山名。古爲西嶽。位於今陝西華陰市。 霍：山名。古爲南嶽。亦名"南嶽山""天柱山""衡山"，爲大別山在今霍山縣的支脉，位於今安徽霍山縣南嶽鄉。一說爲今安徽潛山市西部的天柱山。《史記》卷一二《武帝本紀》："（元封五年）登禮灊之天柱山，號曰南嶽。"《集解》引應劭曰："灊縣屬盧江。南嶽，霍山也。"文穎曰："天柱山在灊縣南，有祠。"

[9]【今注】柴：一種祭祀，即燒柴以祭。《說文·示部》："柴，燒柴燎祭天也。"商代即存在柴祭，甲骨文中的"此"有時

表示祭祀，當讀爲“柴”。柴，大德本、殿本作“柴”。

　　［10］【今注】徂：《説文·辵部》：“往也。”

　　［11］【今注】耆老：老年人。

　　［12］【李賢注】謂永平十二年修汴渠。

　　［13］【李賢注】《尚書》曰：“覃懷厎績。”孔安國注云：“厎，置；績，功也。”遠圖猶長筭也。言能復禹爲理水之大功。

　　［14］【今注】海表：猶海外。古指中國四境以外僻遠之地。

　　［15］【李賢注】《尚書》曰：“若考作室，既厎法，厥子乃不肯堂，矧肯構（構，紹興本作‘柏’）。”【今注】堂構：比喻子承父業。《尚書·大誥》：“若考作室，即厎法，厥子乃弗肯堂，矧肯構。”構，紹興本作“柏”。

　　［16］【李賢注】《月令》：“孟春之月，善相丘陵、阪險、原隰土地所宜（丘，殿本作‘邱’），五穀所殖，以教導人，必躬親之，田事既飭。”【今注】案，丘，殿本作“邱”。

　　［17］【今注】賦：給予。

　　［18］【今注】游手：指游惰不從事農業勞動。

　　乙丑，勑侍御史、司空曰：[1]“方春，所過無得有所伐殺。[2]車可以引避，引避之；騑馬可輟解，輟解之。[3]《詩》云：‘敦彼行葦，牛羊勿踐履。’[4]《禮》，人君伐一草木不時，謂之不孝。[5]俗知順人，莫知順天。其明稱朕意。”

　　［1］【今注】侍御史：官名。簡稱“御史”。西漢爲御史大夫屬官，由御史中丞統領，入侍禁中蘭臺，給事殿中，故名。員十五人，秩六百石。掌受公卿奏事，舉劾按章，監察文武官員。分令、印、供、尉馬、乘五曹。或供臨時差遣，出監郡國，持節典護大臣喪事，收捕、審訊有罪官吏等。東漢爲御史臺屬官，於糾彈本職之

外，常奉命出使州郡，巡行風俗，督察軍旅，職權頗重。〔參見呂宗力主編《中國歷代官制大辭典》（修訂版），第564頁〕

［2］【今注】伐：砍伐。《詩·召南·甘棠》：“蔽芾甘棠，勿翦勿伐。”

［3］【李賢注】夾轅者爲服馬，服馬外爲騑馬。【今注】騑馬：駕車的馬，中間的叫服馬，兩旁的叫騑馬。　轙解：停止。

［4］【李賢注】《詩·大雅》云（云，殿本作“也”）。鄭玄注曰（曰，殿本作“云”）：“敦敦然道旁之葦，牧牛羊者無使踐履折傷之，況於人乎！”　【今注】敦彼行葦牛羊勿踐履：語出《詩·大雅·行葦》。

［5］【李賢注】《禮記》孔子曰：“伐一樹，殺一獸，不以其時，非孝也。”【今注】人君伐一草木不時謂之不孝：語出《禮記·祭義》：“夫子曰：‘斷一樹，殺一獸，不以其時，非孝也。’”

戊辰，進幸中山，[1]遣使者祠北嶽，[2]出長城。[3]癸酉，還幸元氏，祠光武、顯宗於縣舍正堂；明日又祠顯宗于始生堂，皆奏樂。[4]三月丙子，詔高邑令祠光武於即位壇。[5]復元氏七年傜役。己卯，進幸趙。[6]庚辰，祠房山於靈壽。[7]辛卯，車駕還宮。賜從行者各有差。

［1］【今注】中山：國名。治盧奴縣（今河北定州市）。

［2］【今注】北嶽：恒山。

［3］【李賢注】《史記》，蒙恬爲秦築長城，西自臨洮，東至海。

［4］【李賢注】明帝生于常山元氏傳舍也。

［5］【今注】高邑：縣名。原名“鄗”，東漢光武帝建武元年

(25)，劉秀稱帝於鄗，改鄗爲高邑。治所在今河北柏鄉縣東南。案，大德本無"於"字。

[6]【今注】趙：國名。治邯鄲縣（今河北邯鄲市）。

[7]【李賢注】靈壽，縣名，屬常山郡，今恒州縣也。房山今在恒州房山縣縣西北（今在，大德本、監本作"在今"），俗名王母山，上有王母祠。【今注】房山：又名"王母山""西山"。即今河北平山縣西北，與靈壽縣交界處之王母山。 靈壽：縣名。治所在今河北靈壽縣西北。

夏四月丙寅，太尉鄭弘免，大司農宋由爲太尉。[1]

[1]【李賢注】由字叔路，長安人。【今注】宋由：字叔路。京兆長安人，宋弘侄。曾任大司農。東漢章帝元和三年（86）遷司空、太尉。以坐阿附竇憲，策免歸本郡。自殺。案，中華本校勘記曰："《集解》引惠棟説，謂《袁紀》'宋由'作'宗由'。"曹金華《後漢書稽疑》謂，"袁宏《後漢紀》卷十二作'宗由'，又作'宋由'，周天游《校注》正'宗由'爲'宋由'是。范書紀傳、《書鈔》卷六八引《續漢書》皆作'宋由'。又《儒林傳》載'宋登字叔陽……父由，爲太尉'亦可證"（第77頁）。

五月丙子，司空弟五倫罷，[1]太僕袁安爲司空。[2]

[1]【今注】案，弟，大德本、殿本作"第"。

[2]【今注】太僕：官名。秩中二千石，列位九卿，掌皇帝專用車馬，有時親自爲皇帝駕車，地位親近重要，兼管官府畜牧業〔參見吕宗力主編《中國歷代官制大辭典》（修訂版），第124頁〕。本書《百官志二》："太僕，卿一人，中二千石。本注曰：掌車馬。天子每出，奏駕上鹵簿，用大駕則執御。丞一人，比千石。" 袁

安：字邵公，汝南汝陽（今河南商水縣西北）人。傳見本書卷四
五。現河南博物院藏有袁安碑，對袁安生平記載較詳。

　　秋八月乙丑，幸安邑，[1]觀鹽池。[2]九月，至自
安邑。

　　[1]【今注】安邑：縣名。爲河東郡治，治所在今山西夏縣
西北。

　　[2]【李賢注】許慎云：“河東鹽池，袤五十一里，廣七里，
周百一十六里。”今蒲州虞鄉縣西。

　　冬十月，北海王基薨。[1]

　　[1]【今注】北海王基：劉基，北海王劉睦子，嗣父爵爲北海
王，立十四年薨，謚號哀，無子，章帝憐之，不除其國。

　　燒當羌叛，寇隴西。[1]

　　[1]【今注】隴西：郡名。治狄道縣（今甘肅臨洮縣南）。

　　是歲，西域長史班超擊斬疏勒王。[1]

　　[1]【今注】西域長史：官名。漢置，爲西域都護屬官之長、
都護之副，佐都護護西域諸國。東漢章帝建初八年（83）班超爲將
兵長史，徐幹爲軍司馬。和帝永元三年（91）班超爲都護，徐幹爲
長史。安帝延光二年（123）夏，以班超少子班勇爲西域長史，將
兵五百人屯柳中。自此，祗置西域長史而不置都護。

章和元年春三月，[1]護羌校尉傅育追擊叛羌，[2]戰歿。

[1]【今注】章和：東漢章帝劉炟年號（87—88）。

[2]【今注】護羌校尉：官名。西漢武帝置，持節統領羌族事務。東漢初罷。東漢光武帝建武九年（33），復以牛邯爲護羌校尉。後或省或置。章帝以後遂爲常制。秩比二千石，有長史、司馬二人，多以邊郡太守、都尉轉任。除監護内附羌人各部落外，亦常將羌兵協同作戰，戍衞邊塞。　傅育：北地人。初爲臨羌長，與捕虜將軍馬武等擊羌，功冠諸軍。遷武威太守，威聲聞於匈奴。東漢章帝章和初，代爲護羌校尉追擊羌，戰歿。

夏四月丙子，令郡國中都官繫囚減死一等，詣金城戍。

六月戊辰，司徒桓虞免。癸卯，司空袁安爲司徒，光禄勳任隗爲司空。[1]

[1]【李賢注】桓虞字仲春（桓，紹興本諱作“淵皇御名”），馮翊萬年人。隗字仲和，南陽宛人。【今注】光禄勳：官名。西漢武帝太初元年（前104）改郎中令置。秩中二千石，位列諸卿。職掌宮殿門户宿衞，兼侍從皇帝左右，宮中宿衞、侍從、傳達諸官如大夫、郎官、謁者等皆屬之。兼典期門（虎賁）、羽林諸禁衞軍。新莽改名司中。東漢復舊，職司機構有所變動，以掌宮殿門户宿衞爲主，罷郎中三將，五官、左、右三中郎將署，分領中郎、侍郎、郎中，名義上備宿衞，實爲後備官員儲備之所。虎賁、羽林中郎將、羽林左右監仍領禁軍，掌宿衞侍從。職掌顧問參議的大夫、掌傳達招待的謁者及騎、奉車、駙馬三都尉名義上隸屬之。

兩漢郎官爲選拔人才的重要途徑，故光禄勳對簡選官吏負有重要責任。〔參見吕宗力主編《中國歷代官制大辭典》（修訂版），第385頁〕　　任隗：字仲和，南陽宛（今河南南陽市卧龍區）人。任光子。傳見本書卷二一。

　　秋七月癸卯,[1]齊王晃有罪,[2]貶爲蕪湖侯。[3]壬子，淮陽王昞薨。

　　[1]【今注】案，曹金華《後漢書稽疑》謂，"此既云六月'癸卯'，又云'七月癸卯'，顯有一誤。檢《二十史朔閏表》，章和元年六月丁卯朔，'戊辰'爲初二，七月丙申朔，'癸卯'乃初八，六月無'癸卯'。又據《司徒袁安碑》元和'四年六月己卯，拜司徒'，元和四年即章和元年，'六月己卯'十三日，知'癸卯'乃'己卯'之訛。《通鑑》卷四十七依本紀誤，《後漢紀》卷十二作'六月戊辰，司徒桓虞策免，司空袁安爲司徒，光禄勳任隗爲司空'亦誤"（第78頁）。

　　[2]【今注】齊王晃：劉晃，齊煬王劉石子。東漢明帝永平十三年（70），襲父爵爲齊王。後因與弟、母互相誣告，於章帝章和元年（87）七月被貶爲蕪湖侯。傳見本書卷一四。

　　[3]【李賢注】蕪湖，縣名，屬丹陽，故城在今宣州當塗縣東南。【今注】蕪湖：縣名。治所在今安徽蕪湖市東南。

　　鮮卑擊破北單于,[1]斬之。

　　[1]【今注】鮮卑：古族名。東胡的一支。秦漢時，游牧於今内蒙古西拉木倫河及洮兒河之間，附於匈奴。北匈奴西遷後，進入匈奴故地，併其餘衆，勢力漸盛。東漢桓帝時，首領檀石槐建庭立制，組成軍事行政聯合體。分爲東、中、西三部，各置大人率領。

其後聯合體瓦解，步度根、軻比能等首領各擁其衆，附屬漢魏。傳見本書卷九〇。另，本書卷八九《南匈奴傳》有載：“章和元年，鮮卑入左地擊北匈奴，大破之，斬優留單于，取其匈奴皮而還。”

燒當羌寇金城，護羌校尉劉盱討之，[1]斬其渠帥。[2]

[1]【今注】劉盱：王先謙《後漢書集解》引錢大昕曰：“以《西羌傳》校之，其時校尉乃張紆非劉盱也。”本書卷八七《西羌傳》：“（傅育死），以隴西太守張紆代爲校尉，將萬人屯臨羌。迷吾既殺傅育，狃忕邊利。章和元年，復與諸種步騎七千人入金城塞。張紆遣從事司馬防將千餘騎及金城兵會戰於木乘谷，迷吾兵敗走，因譯使欲降，紆納之。遂將種人詣臨羌縣，紆設兵大會，施毒酒中，羌飲醉，紆因自擊，伏兵起，誅殺酋豪八百餘人。斬迷吾等五人頭，以祭育塚。復放兵擊在山谷閑者，斬首四百餘人，得生口二千餘人。”

[2]【今注】渠帥：首領。渠，大。

壬戌，詔曰：“朕聞明君之德，啓迪鴻化，[1]緝熙康乂，光照六幽，[2]訖惟人面，靡不率俾，[3]仁風翔于海表，威霆行乎鬼區。[4]然後敬恭明祀，膺五福之慶，獲來儀之貺。[5]朕以不德，受祖宗弘烈。乃者鳳皇仍集，麒麟並臻，甘露宵降，嘉穀滋生，芝草之類，歲月不絶。朕夙夜祗畏上天，無以彰于先功。今改元和四年爲章和元年。”

[1]【今注】鴻化：宏大的教化。

［2］【李賢注】緝熙，光明也。六幽謂六合幽隱之處也。【今注】緝熙：光明。《詩·大雅·文王》："穆穆文王，於緝熙敬止。"毛傳："緝熙，光明也。"《詩·周頌·敬之》："日就月將，學有緝熙於光明。"鄭玄箋："緝熙，光明也。" 康乂：安治。康，安；乂，治。《尚書·康誥》："惟民其康乂。"孔傳："惟民其皆安治。"

［3］【今注】訖惟人面靡不率俾：所有具有仁義之心的人無不順從。人面，先秦及秦漢習語，指人、人類，强調其與禽獸不同，具有仁義道德。《鹽鐵論·未通》："周公抱成王聽天下，恩塞海内，澤被四表，矧惟人面，含仁保德，靡不得其所。"《鹽鐵論·繇役》："普天之下，惟人面之倫，莫不引領而歸其義。"本書卷四《和帝紀》："戒惟人面，無思不服。"《墨子·明鬼下》引《商書》："矧隹人面，胡敢異心？"孫詒讓《墨子閒詁》："人面，言有面目而爲人，非百獸貞蟲飛鳥之比也。《國語·越語》：'范蠡曰：余雖靦然而人面哉，余猶禽獸也。'"率俾，順從。《尚書·君奭》："丕冒海隅出日，罔不率俾。"王引之《經義述聞·尚書下》："《爾雅》：'俾，從也。''罔不率俾'，猶《文侯之命》言'罔不率從'也。'海隅出日'，猶《魯頌》言'至於海邦，莫不率從'也。"

［4］【李賢注】鬼區即鬼方。

［5］【李賢注】《尚書》五福：一曰壽，二曰富，三曰康寧，四曰攸好德，五曰考終命。來儀謂鳳也。《書》曰："鳳皇來儀。"【今注】貺：賞賜。《説文新附·貝部》："貺，賜也。"

秋，令是月養衰老，授几杖，行糜粥飲食。[1]其賜高年二人共布帛各一匹，以爲醴酪。[2]死罪囚犯法在丙子赦前而後捕繫者，皆減死，勿笞，詣金城戍。

［1］【李賢注】《月令》仲秋之令。

［2］【今注】醴：甜酒。 酪：用牛、羊、馬的乳汁做成的半

凝固的食品。

八月癸酉，南巡狩。壬午，遣使者祠昭靈后於小黃園。[1]甲申，徵任城王尚會睢陽。戊子，幸梁。己丑，遣使祠沛高原廟，豐枌榆社。[2]乙未，幸沛，祠獻王陵，[3]徵會東海王政。乙未晦，日有食之。九月庚子，幸彭城，[4]東海王政、沛王定、任城王尚皆從。辛亥，幸壽春。[5]壬子，詔郡國中都官繫囚減死罪一等，詣金城戍；犯殊死者，一切募下蠶室；其女子宮；繫囚鬼薪、白粲已上，減罪一等，輸司寇作。亡命者贖：死罪縑二十匹，右趾至髡鉗城旦舂七匹，完城旦至司寇三匹；吏民犯罪未發覺，詔書到自告者，半入贖。復封阜陵侯延爲阜陵王。己未，幸汝陰。[6]冬十月丙子，車駕還宮。

[1]【李賢注】小黃，縣，屬陳留郡，故城在今汴州陳留縣東北。《漢舊儀》曰（舊，大德本作“書”）：“昭靈后，高祖母，起兵時死小黃北，後爲作園廟于小黃柵。”《陳留風俗傳》曰：“沛公起兵野戰，喪皇妣于黃鄉。天下平定。仍使使者以梓宮招魂幽野，於是丹蛇在水，自洒濯之，入于梓宮，其浴處有遺髮，故諡曰昭靈夫人。”【今注】昭靈后：西漢高祖劉邦之母，死後被尊爲昭靈后。　小黃：縣名。治所在今河南開封市祥符區東北。

[2]【李賢注】《前書音義》曰：“枌，白榆。高祖里社在豐縣東北十五里。”原廟，解見《光武紀》。【今注】高原廟：原廟指在正廟以外另立的宗廟。漢代除於京師立有漢高祖的宗廟外，亦於沛復立一座高祖的宗廟，稱“高祖原廟”或“高原廟”。《史記》卷八《高祖本紀》：“及孝惠五年，思高祖之悲樂沛，以沛宮爲高祖

原廟。”《集解》："謂‘原’者，再也。先既已立廟，今又再立，故謂之原廟。" 豐枌榆社：西漢高祖劉邦故里的土地神祠，在豐縣西南二十餘里。《史記·封禪書》："高祖初起，禱豐枌榆社……後四歲，天下已定，詔御史，令豐謹治枌榆社，常以四時春以羊彘祠之。"《集解》引張晏曰："枌，白榆也。社在豐東北十五里。或曰枌榆，鄉名，高祖里社也。"

［3］【今注】獻王：沛獻王劉輔，東漢光武帝子，死後謚號爲"獻"。傳見本書卷四二。

［4］【今注】彭城：縣名。爲楚國治，治所在今江蘇徐州市。

［5］【今注】壽春：縣名。爲九江郡治，治所在今安徽壽縣。

［6］【李賢注】縣名，屬汝南郡，今潁川縣。【今注】汝陰：縣名。治所在今安徽阜陽市潁州區。

北匈奴屋蘭儲等率衆降。[1]

［1］【今注】屋蘭儲：一作"屈蘭儲"，匈奴部落名。本書卷八九《南匈奴傳》："章和元年，鮮卑入左地擊北匈奴，大破之，斬優留單于，取其匈奴皮而還。北庭大亂，屈蘭儲、卑胡、都須等五十八部，口二十萬，勝兵八千人，詣雲中、五原、朔方、北地降。"王先謙《後漢書集解》引錢大昕曰："《章帝紀》屈作屋。"

是歲，西域長史班超擊莎車，[1]大破之。月氏國遣使獻扶拔、師子。[2]

［1］【今注】莎車：古國名。漢西域三十六國之一。都城在莎車城（今新疆莎車縣）。詳見本書卷八八《西域傳》。

［2］【李賢注】扶拔，似麟無角。拔音步末反。【今注】月氏（zhī）國：古國名。活動時間約公元前3世紀至1世紀。早期以游

牧爲生，住在北亞，常與匈奴發生衝突。後逐漸發展，具有國家的雛型。由於位處於絲綢之路，控制東西貿易，逐漸强大。後被匈奴攻擊，一分爲二：西遷至伊犁的被稱爲大月氏；南遷至今甘肅及青海一帶的被稱爲小月氏。東漢月氏情況詳見本書《西域傳》。　扶拔：王先謙《後漢書集解》引惠棟曰：“郭義恭《廣志》曰：符拔似麟，黑皮有鱗甲，甲可以辟惡也。”

二年春正月，濟南王康、阜陵王延、中山王焉來朝。

壬辰，[1]帝崩章德前殿，[2]年三十三。[3]遺詔無起寢廟，一如先帝法制。

[1]【今注】案，中華本在“壬辰”前加“二月”。校勘記謂，“《集解》引惠棟説，謂《袁紀》作‘二月壬辰’。今據補。按：是年正月甲午朔，無壬辰。二月癸亥朔，壬辰，二月三十日也。又按：凡新君即位，皆在先帝崩日，《和帝紀》‘章和二年二月壬辰即皇帝位’，益足證此‘壬辰’之上實脱‘二月’二字也”。

[2]【今注】崩：古代稱天子死爲崩，秦漢用於皇帝、太后等死亡的代稱。《禮記·曲禮下》：“天子死曰崩，諸侯死曰薨，大夫曰卒，士曰不禄，庶人曰死。”《説文·山部》：“崩，山壞也。”段玉裁注：“引申之，天子死曰崩。”　章德前殿：洛陽城宮殿名。爲北宮重要建築，位於北宮之東宮，是皇帝日常居住和辦公的場所。本書卷一〇上《皇后紀上》載，章帝竇皇后“入掖庭，見於北宮章德殿”。本書卷五五《清河孝王慶傳》：“永元四年，（和）帝移幸北宮章德殿。”東漢章帝、和帝均居於北宮章德殿，並崩於此殿（參見陳蘇鎮《東漢的“東宮”與“西宮”》，《“中研院”史語所集刊》第89本第3分，2018年）。亦有學者認爲洛陽城南北宮皆有章德殿，此處章帝所崩之章德殿爲南宮之章德殿（參見宋傑《東漢

皇帝宮室徙居述論》,《南都學壇》2020 年第 1 期）。大德本、殿本
"崩"後有"於"字。

　　[3]【今注】案,中華本校勘記曰:"惠棟《補注》引蔣皋説,
謂章帝即位年十九,在位十三年,年三十二。"

　　論曰:魏文帝稱"明帝察察,章帝長者"。[1]章帝
素知人厭明帝苛切,[2]事從寬厚。感陳寵之義,除慘獄
之科。[3]深元元之愛,著胎養之令。[4]奉承明德太后,
盡心孝道。割裂名都,以崇建周親。[5]平徭簡賦,而人
賴其慶。又體之以忠恕,[6]文之以禮樂。故乃蕃輔克
諧,群后德讓。謂之長者,不亦宜乎!在位十三年,
郡國所上符瑞,合於圖書者數百千所。[7]烏呼懋哉![8]

　　[1]【李賢注】以上華嶠之辭。【今注】魏文帝:曹丕,三國
魏皇帝。紀見《三國志》卷二。

　　[2]【今注】苛切:苛刻嚴峻。

　　[3]【李賢注】寵時爲尚書,以吏政嚴切,乃上書除慘酷之
科五十餘條,具本傳也。【今注】陳寵:字昭公,沛國浚(今安徽
固鎮縣)人。傳見本書卷四六。　案,義,中華本校勘記按:"張
森楷《校勘記》謂《群書治要》'義'作'議',是。"　科:法
律條文。

　　[4]【李賢注】元和二年令,諸懷姙者賜穀,人三斛。

　　[5]【李賢注】周,至也。

　　[6]【今注】忠恕:《論語·里仁》:"子曰:'參乎!吾道一以
貫之。'曾子曰:'唯。'子出,門人問曰:'何謂也?'曾子曰:'夫
子之道,忠恕而已矣。'"朱熹《集注》:"盡己之謂忠,推己之
謂恕。"

［7］【今注】圖書：這裏指圖讖。

［8］【李賢注】懋，美也（美，大德本作"勉"）。

　　贊曰：蕭宗濟濟，天性愷悌。[1]於穆后德，諒惟淵體。[2]左右蓺文，斟酌律禮。[3]思服帝道，弘此長懋。儒館獻歌，戎亭虛候。[4]氣調時豫，[5]憲平人富。[6]

　　［1］【今注】濟濟：端莊禮敬的樣子。　愷悌：和善可親，多用於形容君子的美德。《詩・大雅・泂酌》："愷悌君子，民之父母。"

　　［2］【李賢注】於穆，歎美也。《尚書》曰"齊聖廣淵"也。【今注】諒：信實。《説文・言部》："諒，信也。"　淵體：深廣。

　　［3］【李賢注】蓺文謂諸儒講《五經》同異，帝親稱制論決也。律謂詔云"立春不以報囚"也。禮謂修禘祫，登靈臺之屬。

　　［4］【李賢注】獻歌謂崔駰游太學時上《四巡》等頌。【今注】戎亭：邊境哨所。

　　［5］【今注】豫：安。

　　［6］【今注】憲：法令。

後漢書　卷四

帝紀第四

孝和皇帝　孝殤皇帝

　　孝和皇帝諱肇，[1]肅宗第四子也。[2]母梁貴人，[3]爲竇皇后所譖，[4]憂卒，[5]竇后養帝以爲己子。建初七年，[6]立爲皇太子。

　　[1]【李賢注】《謚法》曰："不剛不柔曰和。"伏侯《古今注》曰："肇之字曰始。肇音兆。"臣賢案：許慎《説文》"肇音大可反，上諱也"。但伏侯、許慎並漢時人，而帝諱不同，蓋應別有所據。

　　[2]【今注】肅宗：東漢章帝劉炟，公元75年至88年在位。紀見本書卷三。

　　[3]【今注】梁貴人：史稱恭懷梁皇后，褒親湣侯梁竦女。紀見本書卷一〇上。

　　[4]【今注】竇皇后：扶風平陵（今陝西咸陽市）人，竇融曾孫女，東漢章帝皇后。紀見本書卷一〇上。　譖：誣陷、誣告。

　　[5]【今注】卒：死亡。《禮記·曲禮下》："天子死曰崩，諸

侯曰薨，大夫曰卒，士曰不禄，庶人曰死。"

　　［6］【今注】建初：東漢章帝劉炟年號（76—84）。

　　章和二年二月壬辰，[1]即皇帝位，年十歲。尊皇后曰皇太后，太后臨朝。

　　［1］【今注】章和：東漢章帝劉炟年號（87—88）。

　　三月丁酉，改淮陽爲陳國，[1]楚郡爲彭城國，[2]西平并汝南郡，[3]六安復爲廬江郡。[4]遣詔徙西平王羨爲陳王，[5]六安王恭爲彭城王。[6]

　　［1］【李賢注】今陳州。【今注】淮陽：郡名。治陳縣（今河南淮陽縣）。　陳國：治陳縣（今河南淮陽縣）。
　　［2］【李賢注】今徐州。【今注】楚郡：治彭城縣（今江蘇徐州市雲龍區）。　彭城國：治彭城縣（今江蘇徐州市雲龍區）。
　　［3］【李賢注】西平，縣，故柏子國也。在今豫州吳房縣西北。【今注】西平：縣名。治所在今河南西平縣。　汝南郡：治上蔡縣（今河南上蔡縣西南）。
　　［4］【李賢注】即今廬州廬江縣西故舒城是。【今注】六安：國名。東漢章帝元和二年（85）改廬江郡置，治舒縣（今安徽廬江縣西南）。　廬江郡：治舒縣（今安徽廬江縣西南）。
　　［5］【今注】西平王羨：劉羨，東漢明帝子。傳見本書卷五〇。
　　［6］【今注】六安王恭：劉恭，東漢明帝子。傳見本書卷五〇。

癸卯，葬孝章皇帝于敬陵。[1]

[1]【李賢注】在洛陽城東南三十九里。《古今注》曰："陵
周三百步，高六丈二尺。"【今注】敬陵：東漢章帝劉炟陵，在今
河南洛陽市東北漢魏故城南。

庚戌，皇太后詔曰："先帝以明聖，奉承祖宗至德
要道，天下清靜，庶事咸寧。[1]今皇帝以幼年，煢煢在
疚，[2]朕且佐助聽政。外有大國賢王並爲蕃屏，內有公
卿大夫統理本朝，恭己受成，夫何憂哉！[3]然守文之
際，必有內輔以參聽斷。侍中憲，[4]朕之元兄，[5]行能
兼備，忠孝尤篤，先帝所器，親受遺詔，當以舊典輔
斯職焉。憲固執謙讓，[6]節不可奪。今供養兩宮，[7]宿
衛左右，厥事已重，[8]亦不可復勞以政事。故太尉鄧
彪，[9]元功之族，三讓彌高，[10]海內歸仁，爲群賢首，
先帝褒表，欲以崇化。今彪聰明康彊，[11]可謂老成黃
耈矣。[12]其以彪爲太傅，[13]賜爵關內侯，[14]錄尚書事，
百官總己以聽，[15]朕庶幾得專心內位。[16]於戲！[17]群公
其勉率百僚，[18]各修厥職，愛養元元，[19]綏以中和，
稱朕意焉。"

[1]【今注】咸：皆。
[2]【李賢注】疚，病也。煢煢然在憂病之中也。"煢"或作
"嬛"。《詩·周頌》云："嬛嬛在疚。"【今注】煢煢在疚：憂病的
樣子。《詩·周頌·閔予小子》："閔予小子，遭家不造，嬛嬛在
疚。"毛傳："疚，病也。"鄭玄箋："嬛嬛然孤特在憂病之中。"《左

傳》哀公十六年：“旻天不弔，不憗遺一老，俾屏余一人以在位，煢煢余在疚。”

　　[3]【李賢注】孔子曰：“舜何爲哉？恭己正南面而已。”《尚書》曰：“予小子垂拱仰成。”

　　[4]【今注】侍中：官名。爲省内之官。秦爲丞相屬官，因往來殿中，入侍天子，故稱。漢代爲列侯至郎中的加官，無員限，多至數十人；侍皇帝左右，出入宫廷，皇帝有事令侍中外宣，百官有事由侍中傳達，爲溝通君主與百官的橋梁，地位日顯，權重於宰相。（參見楊鴻年《漢魏制度叢考》，武漢大學出版社 2005 年版，第 49—73 頁）《漢書·百官公卿表上》：“侍中、左右曹諸吏、散騎、中常侍，皆加官，所加或列侯、將軍、卿大夫、將、都尉、尚書、太醫、太官令至郎中，亡員，多至數十人。侍中、中常侍得入禁中，諸曹受尚書事，諸吏得舉法，散騎騎並乘輿車。”本書《百官志三》：“侍中，比二千石。本注曰：無員。掌侍左右，贊導衆事，顧問應對。法駕出，則多識者一人參乘，餘皆騎在乘輿車後。本有僕射一人，中興轉爲祭酒，或置或否。”　憲：竇憲，字伯度，扶風平陵（今陝西咸陽市西北）人。東漢名將、外戚，大司空竇融曾孫。傳見本書卷二三。

　　[5]【今注】元兄：長兄。

　　[6]【今注】固執謙讓：堅持謙遜退讓。亦作“深執謙退”“執謙退”等。

　　[7]【李賢注】兩宫謂帝宫、太后宫。

　　[8]【今注】厥：其。

　　[9]【今注】太尉：官名。秦漢最高軍政長官，《漢書·百官公卿表上》：“太尉，秦官，金印紫綬，掌武事。”西漢太尉是武將的榮譽職務，並無多少實權。不過是皇帝的軍事顧問，很少參與實際軍務。西漢武帝改太尉爲大司馬。東漢光武帝復改大司馬爲太尉，此後太尉的軍權逐漸加重，於軍事顧問之外並綜理軍政。（參

見安作璋、熊鐵基《秦漢官制史稿》，齊魯書社2007年版，第74—78頁）　鄧彪：字智伯，南陽新野（今河南新野縣）人。鄧禹後人。傳見本書卷四四。

[10]【李賢注】元功謂高密侯禹也。彪父邯，中興初有功，封鄲侯。父卒，彪讓國異母弟鳳。《論語》孔子曰："太伯三以天下讓，民無得而稱焉。"鄭玄注云："太伯，周大王之長子，欲讓其弟季歷。大王有疾，太伯因適吳、越採藥，大王薨而不返，季歷爲喪主，一讓也。季歷赴之，不來奔喪，二讓也。終喪之後，遂斷髮文身，三讓也。"彪讓封弟，故以比之。鄲音莫杏反。

[11]【今注】康彊：安樂康健。

[12]【李賢注】老成言老而有成德也。《詩·大雅》曰："雖無老成人。"黃謂髮落更生黃者。耇亦老也。《詩序》曰："外尊事黃耇。"【今注】老成黃耇：老成指老而有德，黃耇指黃髮的老人。《尚書·盤庚上》："汝無侮老成人，無弱孤有幼。"《詩·小雅·南山有臺》："樂只君子，遐不黃耇。"毛傳："黃，黃髮也。耇，老。"

[13]【今注】太傅：官名。西周始置，爲輔弼君王的大臣，《漢書·百官公卿表上》載太傅與太師、太保並號三公，但實際上西周並無此三公之制。西漢太傅位在三公之上，號稱上公，不常置，地位尊崇，但實際上並沒有什麼作用。東漢不置太師、太保，唯太傅一人，號稱"上公"，位在三公之上。掌善導天子，以授元老重臣，位尊而無常職。常加錄尚書事，主持朝政。〔參見呂宗力主編《中國歷代官制大辭典》（修訂版），商務印書館2015年版，第139頁〕本書《百官志一》："太傅，上公一人。本注曰：掌以善導，無常職。世祖以卓茂爲太傅，薨，因省。其後每帝初即位，輒置太傅錄尚書事，薨，輒省。"

[14]【今注】關內侯：爵位名。爲二十等爵的第十九級。關內侯又名"倫侯"，秦琅邪刻石有"倫侯"，地位在"列侯"之下。里耶秦簡更名方有"關內侯爲倫侯"，說明倫侯即關內侯。關內侯

有侯號，居京師，無封土，僅享受食邑權，其所食户數在一百户至五千户之間，以三百户、五百户爲主。

[15]【李賢注】古者君在諒闇，百官總己之職事以聽於冢宰。録尚書事則冢宰之任也。【今注】録尚書事：西漢稱"領尚書事""平尚書事""視尚書事"等，即中央高級官吏兼管或主持尚書臺的工作。西漢昭帝初立，大將軍霍光柄政，與金日磾、上官桀共領尚書事，是爲此官之始。東漢明帝永平十八年（75），東漢章帝初即位，以太傅趙熹、太尉牟融並録尚書事，用"録"代"領"始此。後東漢每帝即位，常以三公、大將軍、太傅録尚書事。當時政令、政務總於尚書臺，尚書臺成爲中央政府總樞。太傅、太尉、大將軍等加此名義始得參與樞密，總知國事，綜理政務，成爲真宰相。（參見安作璋、熊鐵基《秦漢官制史稿》，第278—282頁）

[16]【今注】庶幾：表示希望的語氣詞。或許可以。

[17]【今注】於戲：感嘆詞。猶"嗚呼"。

[18]【今注】百僚：百官。

[19]【今注】元元：庶民，百姓。

辛酉，有司上奏：[1]"孝章皇帝崇弘鴻業，德化普洽，[2]垂意黎民，留念稼穡。[3]文加殊俗，[4]武暢方表，[5]界惟人面，[6]無思不服。巍巍蕩蕩，莫與比隆。[7]《周頌》曰：'於穆清廟，肅雝顯相。'[8]請上尊廟曰肅宗，[9]共進《武德》之舞。"[10]制曰："可。"

[1]【今注】有司：主管某一具體事務的官吏，負責人。

[2]【今注】普洽：遍及，普施。

[3]【今注】稼穡：種植和收穫，泛指農業勞動。

[4]【今注】殊俗：風俗不同的遠方。

[5]【今注】暢：達。　方表：四方之外。

[6]【今注】案，界，中華本校勘記按："殿本'界'作
'戒'。《校補》謂案《章紀》作'訖惟人面'，訖、界、戒皆有止
義，猶云窮極也。界戒本又通作，《唐書·天文志》一行以爲天下
山河之象存乎兩戒是也。"　人面：先秦及秦漢習語，指人，人類，
強調其與禽獸不同，具有仁義道德。《鹽鐵論·未通》："周公抱成
王聽天下，恩塞海內，澤被四表，矧惟人面，含仁保德，靡不得其
所。"《鹽鐵論·繇役》："普天之下，惟人面之倫，莫不引領而歸其
義。"《墨子·明鬼下》引《商書》："矧佳人面，胡敢異心？"孫詒
讓《墨子閒詁》："人面，言有面目而爲人，非百獸貞蟲飛鳥之比
也。　《國語·越語》：'范蠡曰：余雖靦然而人面哉，余猶禽
獸也。'"

[7]【李賢注】"巍巍乎其有成功，蕩蕩乎人無能名焉。"孔
子美帝堯之詞，見《論語》。

[8]【李賢注】清廟，文王廟也。於穆，歎美之詞，言助祭
者禮儀敬且和也。【今注】案，於穆清廟肅雝顯相，出自《詩·周
頌·清廟》。

[9]【今注】肅宗：東漢章帝劉炟廟號。

[10]【今注】武德：西漢高祖劉邦所作樂舞。《漢書·禮樂
志》："《武德》舞者，高祖四年作，以象天下樂已行武以除亂也。"

　　癸亥，陳王羨、彭城王恭、樂成王黨、下邳王衍、
梁王暢始就國。[1]

[1]【李賢注】建初三年（三，大德本作"二"），章帝不忍
與諸王乖離，皆留京師，今遣之國。【今注】樂成王黨下邳王衍梁
王暢：皆東漢明帝子。傳並見本書卷五〇。

　　夏四月丙子，[1]謁高廟。[2]丁丑，謁世祖廟。[3]

[1]【今注】案，曹金華《後漢書稽疑》謂，“章和二年三月癸巳朔，四月壬戌朔，‘癸亥’四月初二，‘丙子’四月十五日，‘夏四月’當在‘癸亥’之前。‘癸亥’前有‘辛酉’，‘辛酉’三月二十九日，‘癸亥’不誤”（中華書局 2014 年版，第 82 頁）。

[2]【今注】高廟：漢代祭祀西漢高祖劉邦的宗廟。

[3]【今注】世祖廟：東漢祭祀光武帝劉秀的宗廟。光武帝駕崩後，明帝緬懷其中興漢室之功，爲光武帝建立起宗廟，命名爲世祖廟。明帝駕崩時，依其遺詔，不立寢廟，而將明帝的神主納入世祖廟的更衣別室之中。章帝之後，各皇帝仿效明帝，不立寢廟而將神主納入世祖廟的更衣別室之中。〔參見〔日〕金子脩一著，肖聖中等譯《古代中國與皇帝祭祀》，復旦大學出版社 2017 年版，第 85 頁〕

戊寅，詔曰：“昔孝武皇帝致誅胡、越，故權收鹽鐵之利，[1]以奉師旅之費。自中興以來，[2]匈奴未賓，[3]永平末年，[4]復修征伐。先帝即位，務休力役，[5]然猶深思遠慮，安不忘危，探觀舊典，復收鹽鐵，欲以防備不虞，[6]寧安邊境。而吏多不良，動失其便，以違上意。先帝恨之，故遺戒郡國罷鹽鐵之禁，縱民煑鑄，入稅縣官如故事。[7]其申勑刺史、二千石，[8]奉順聖旨，勉弘德化，布告天下，使明知朕意。”

[1]【李賢注】武帝使孔僅、東郭咸陽乘傳舉行天下鹽鐵，作官府收利，私家更不得鑄鐵煑鹽。【今注】孝武皇帝：西漢武帝劉徹，公元前 141 年至前 87 年在位。紀見《史記》卷一二、《漢書》卷六。

[2]【今注】中興：指國家由衰退而復興。歷史上稱光武帝時

代爲"光武中興"。

[3]【今注】賓：服。

[4]【今注】永平：東漢明帝劉莊年號（58—75）。

[5]【今注】力役：徵發民力之役，一般指徭役。

[6]【今注】虞：預料。

[7]【李賢注】《前書音義》曰："縣官謂天子。"【今注】縣
官：指天子、國家、公家等。用"縣官"指代國家、公家源自於
秦，里耶秦簡"更名方"有"王室曰縣官，公室曰縣官"，從簡牘
材料看，秦的"王室""公室""公"等指天子、國家、公家，秦
統一後均更名爲"縣官"。楊振紅認爲，古天子所直接統治的王畿
地區稱爲"縣內"，秦始皇統一六國後，進行一系列改制、改稱號
的舉措，其中之一便是將"王室""公室"改爲"縣官"，取"天
子居縣內，官天下"之義（參見楊振紅《"縣官"之由來與戰國秦
漢時期的"天下"觀》，《中國史研究》2019年第1期）。 故事：
指舊有的慣例、事例，秦漢時期的一種習慣法，又稱"行事""成
事""舊事""舊制"等。"故事"有時指朝廷的典章制度，是"法
令""法度""制度"等的同義語，有時指某一時期朝廷關於某一
方面的政策、原則和具體做法。故事分爲慣例性故事和事例性故
事：慣例性故事是一種習慣法；事例性故事本身沒有約束力，而一
旦被援引，就有很強的法律效力。（參見閻曉君《兩漢"故事"論
考》，《中國史研究》2000年第1期）

[8]【今注】刺史：官名。秦設監御史，監督各郡。西漢武帝
元封五年（前106）在全國十三部（州）設刺史，以六條監督郡
國。秩六百石，屬官有從事史、假佐等。成帝綏和元年（前8）改
爲州牧，秩二千石。哀帝建平二年（前5）又改爲刺史，元壽二年
（前1）又改爲州牧。東漢光武帝建武十八年（42）又改爲刺史。

二千石：漢代官吏秩級之一，低於中二千石，高於比二千石。月
俸爲一百二十斛。由於漢代郡守、諸侯國相一般爲二千石，故史籍
中的"二千石"一般指郡守和諸侯國相。

五月，京師旱。[1]詔長樂少府桓郁侍講禁中。[2]

[1]【今注】京師：國都。蔡邕《獨斷》卷上：“天子所都曰京師。”

[2]【李賢注】長樂宮之少府也。郁，桓榮子也。【今注】長樂少府：官名。皇太后宮官。漢代皇太后居長信、長樂宮，故名。西漢平帝元始四年（4）改長信少府置，秩二千石。掌皇太后宮中事務。東漢因之，不常置，皇太后卒即省，位在大長秋上，其職吏皆宦者。〔參見呂宗力主編《中國歷代官制大辭典》（修訂版），第185頁〕《漢書·百官公卿表上》：“長信詹事掌皇太后宮，景帝中六年更名長信少府，平帝元始四年更名長樂少府。”本書《百官志四》：“長信、長樂宮者，置少府一人，職如長秋，及餘吏皆以宮名為號，員數秩次如中宮。本注曰：帝祖母稱長信宮，故有長信少府、長樂少府，位在長秋上，及職吏皆宦者，秩次如中宮。長樂又有衛尉，僕為太僕，皆二千石，在少府上。其崩則省，不常置。”

桓郁：字仲恩，沛郡龍亢（今安徽懷遠縣西北）人，桓榮子。傳見本書卷三七。　禁中：漢代皇宮中的特定區域，一般指帝王所居的深宮、中宮，有“禁門”出入。蔡邕《獨斷》卷上：“禁中者，門戶有禁，非侍御者不得入，故曰禁中。”陳蘇鎮認為，東漢的“禁中”是“殿中”深處禁衛等級更高的另一個區域，祇有極少的侍從類宦官才能進入禁中（參見陳蘇鎮《東漢的“殿中”和“禁中”》，《中華文史論叢》2018年第1期）。

冬十月乙亥，以侍中竇憲為車騎將軍，[1]伐北匈奴。[2]

[1]【今注】車騎將軍：將軍名。西漢初置，為軍事統帥，作戰時領車騎士，故名。事訖即罷。西漢武帝後常設，地位僅次於大

將軍、驃騎將軍，在衞將軍上，常典京城、皇宮禁衞軍隊，出征時
常總領諸將軍。文官輔政者亦或加此銜，領尚書政務，成爲中朝重
要官員。東漢權勢尤重，位比三公，常以貴戚充任，秩萬石。出掌
征伐，入參朝政。東漢靈帝時常加授寵信宦官或作贈官。中平元年
（184）分置左、右，旋罷。本書《百官志一》：“將軍，不常置。本
注曰：掌征伐背叛。比公者四：第一大將軍，次驃騎將軍，次車騎
將軍，次衞將軍。又有前、後、左、右將軍。”

[2]【今注】北匈奴：東漢光武帝建武二十三年（47），匈奴
發生王位之争。次年，部領匈奴南邊的薁鞬日逐王比自立爲單于，
依附東漢稱臣，史稱“南單于”，自此匈奴分爲南北。光武帝將南
匈奴安置在河套地區，建庭五原塞（今内蒙古包頭市）。次年，遷
庭於美稷縣（今内蒙古准格爾旗西北），即匈奴“南庭”。漢置使
匈奴中郎將率兵保護其安全。留居漠北的匈奴稱“北匈奴”。詳見
本書卷八九《南匈奴傳》。

安息國遣使獻師子、扶拔。[1]

[1]【李賢注】扶拔，解見《章紀》。【今注】安息國：古國
名。音譯帕提亞，即今伊朗。原爲古波斯帝國的一個省，後隸屬於
亞歷山大帝國及塞琉西王國。公元前 249 年至前 247 年宣告獨立，
建立阿薩息斯王朝。都城在番兜（即百牢門，今達姆甘），後又相
繼遷至埃克巴坦那、忒息豐（今伊拉克巴格達附近）。領有全部伊
朗高原及兩河流域，爲西亞大國。詳見本書卷八八《西域傳》。
案，曹金華《後漢書稽疑》謂，此載於章和二年（88），而《西域
傳》作安息國“章和元年，遣使獻師子、符拔”，其必有一誤（第
82 頁）。

永元元年春三月甲辰，[1]初令郎官詔除者得占丞、

尉，以比秩爲真。[2]

[1]【今注】永元：東漢和帝劉肇年號（89—105）。

[2]【李賢注】《漢官儀》曰：“羽林郎出補三百石丞、尉自占。丞、尉小縣丞尉三百石（丞尉，中華本據《刊誤》刪），其次四百石，比秩爲真，皆所以優之。”【今注】郎官：職官類名。西漢有郎中、中郎、外郎、侍郎、議郎等，無定員，多至千餘人。皆隸屬郎中令（光禄勳）。諸侯王國亦置。職掌守衛皇宮殿廊門户、出充車騎扈從、備顧問應對、守衛陵園廟等。因與皇帝關係密切，任職滿一定期限即可遷補內外官職，爲重要選官途徑。《漢書·百官公卿表上》：“郎掌守門户，出充車騎，有議郎、中郎、侍郎、郎中，皆無員，多至千人。議郎、中郎秩比六百石，侍郎比四百石，郎中比三百石。中郎有五官、左、右三將，秩皆比二千石。郎中有車、户、騎三將，秩皆比千石。”東漢於光禄勳下設五官、左、右中郎將，主管中郎、侍郎、郎中，實爲官吏儲備人才的機構，其郎官多達二千餘人。〔參見吕宗力主編《中國歷代官制大辭典》（修訂版），第605頁〕　丞：縣丞，官名。縣令的副貳。《漢書·百官公卿表上》：“（縣令、長）皆有丞、尉，秩四百石至二百石，是爲長吏。”縣丞在縣的地位，比郡丞在郡的地位要高，縣丞對縣令、長不完全是輔佐，更不是從屬身份，而是能獨立從事倉、獄等事。一般來説，一個縣祇有一個縣丞，但都城所在地則不止一人，如西漢長安有左、右丞，東漢洛陽有丞三人。（參見安作璋、熊鐵基《秦漢官制史稿》，第656—659頁）　尉：縣尉，官名。秦漢縣級軍事長官。《漢書·百官公卿表上》：“（縣令、長）皆有丞、尉，秩四百石至二百石，是爲長吏。”縣尉的秩級略低於縣令，輔佐縣令執掌緝捕盜賊、役使卒徒等。大縣或設置左、右兩尉。縣尉職掌較專，對於令長有一定獨立性，往往分部而治，與縣令長別治，有單獨的治所和官廨，亦有自己獨立的屬吏。（參見安作璋、熊鐵基

《秦漢官制史稿》，第 654—662 頁） 比秩：漢代秩級的類別之一，在秩級數字前皆冠以“比”，一般低於同數值的真秩級。“比秩”除表示秩級外，亦具有對官吏的分類功能。其與“正秩”相對，“正秩”用於管理吏職，“比秩”用於管理非吏職。“比秩”並不是起初就有，於西漢景帝、武帝前後形成。秦及漢初職官分爲吏和宦（指簡牘中出現的“宦皇帝者”）兩個系統，“吏”是行政官員，“宦”是一個專門奉侍皇帝的侍臣、從官或者説内官系統。“宦”最初没有秩級和俸禄，在較晚時候，通過“比”的方式，將其待遇或俸禄“比”於某秩，逐漸與秩級建立聯繫。這種“比”的方法後來固定化，從而形成“比秩”。“比秩”經過擴張，逐漸在郎官、謁者、衛士等宦皇帝者之外，納入博士、文學、掌故等文學之官和軍吏。〔參見閻步克《從爵本位到官本位——秦漢官僚品位結構研究》（增補本），生活·讀書·新知三聯書店 2017 年版〕

　　夏六月，車騎將軍竇憲出雞鹿塞，[1] 度遼將軍鄧鴻出稒陽塞，[2] 南單于出滿夷谷，[3] 與北匈奴戰於稽落山，[4] 大破之，追至和渠北鞮海。[5] 竇憲遂登燕然山，[6] 刻石勒功而還。[7] 北單于遣弟右温禺鞮王[8] 奉奏貢獻。

　　[1]【李賢注】今在朔方窳渾縣北。闞駰《十三州志》云：“窳渾縣有大道，西北出雞鹿塞。”窳音羊主反。【今注】雞鹿塞：地名。是漢代通塞北之隘口。位於今内蒙古西部磴口縣（巴彦高勒）西北，狼山西南段哈隆格乃峽谷南口。峽谷貫通陽山（今狼山）南北，谷底平坦。北依漢長城，東鄰屠申澤，爲漢代西北部門户，扼控穿越陽山之交通咽喉。西漢置塞。塞城臨崖建築，以石砌成，呈正方形，屹立於峽口西側。
　　[2]【李賢注】稒陽，縣，屬九原郡（九，中華本改爲“五”，

校勘記謂"《前書·地理志》'五原郡，秦九原郡，武帝元朔二年更名'。今據改"），故城在今勝州銀城縣界。梱音固。【今注】度遼將軍：官名。西漢置。昭帝元鳳三年（前78），遼東烏桓起事，以中郎將范明友爲此，率騎擊之，因須度遼水，故以爲官號。宣帝時罷。東漢明帝永平八年（65），爲防止南、北匈奴交通，乃置度遼營兵，以中郎將吳棠行度遼將軍事領之，駐屯五原曼柏，與使匈奴中郎將、護羌校尉、護烏桓校尉等同掌西北邊防及匈奴、鮮卑、烏桓、西羌諸部事。安帝永初元年（107）置真，遂爲常守。秩二千石，下設有長史、司馬等僚屬。東漢末，曾分置左、右度遼將軍。　鄧鴻：南陽新野（今河南新野縣）人，鄧禹子。東漢章帝建初七年（82）任度遼將軍，和帝永元元年（89）與大將軍竇憲、征西將軍耿秉等擊敗北匈奴，永元六年再次與諸將大敗北匈奴，斬殺北匈奴一萬七千多人，永元七年率軍班師回朝，被指控逗留不進、坐失軍機，下獄死。　梱陽塞：漢魏時代稱途經梱陽城邊塞往來於陰山南北地區爲梱陽塞，在今内蒙古包頭市昆都侖溝沿岸。

［3］【李賢注】滿夷谷，闕（闕，殿本作"關"）。【今注】單于：漢時匈奴對其國君的稱謂。《漢書》卷九四上《匈奴傳上》："單于姓攣鞮氏，其國稱之曰'撐犂孤塗單于'。匈奴謂天爲'撐犂'，謂子爲'孤塗'，單于者，廣大之貌也，言其象天單于然也。"　滿夷谷：地名。位於今内蒙古准格爾旗西北。爲軍事要衝，漢與匈奴屢戰於此。案，王先謙《後漢書集解》引惠棟曰："滿，一作蒲。胡注，在美稷縣西北。"

［4］【今注】稽落山：山名。即今蒙古國南杭愛省阿爾古音河南阿爾察博克多山。

［5］【今注】和渠北鞮海：當作"私渠比鞮海"，亦名私渠海，匈奴湖泊名。即今蒙古國西南拜德拉格河注入之本察幹湖。

［6］【今注】燕然山：山名。即今蒙古國境内的杭愛山。

［7］【今注】刻石勒功：竇憲率軍大敗北匈奴後，在燕然山勒

石銘刻紀功，史稱《封燕然山銘》，銘文由隨軍出征的班固撰寫。《封燕然山銘》的內容，在本書和《文選》中均有記載。歷代亦存在多種銘刻拓本（其中存在翻刻、僞刻的版本）。2017年中蒙聯合考察隊確認，在蒙古國中戈壁省杭愛山的一處摩崖石刻，即《封燕然山銘》。摩崖石刻下方還刻有"漢山"二字，標明石刻的作用是"封山刊石"，表示燕然山是漢、匈兩國間的界封。《封燕然山銘》內容如下（據傳世本，摩崖石刻與之有出入）："惟永元元年秋七月，有漢元舅曰車騎將軍竇憲，寅亮聖明，登翼王室，納於大麓，惟清緝熙。乃與執金吾耿秉，述職巡御。理兵於朔方。鷹揚之校，螭虎之士，爰該六師，暨南單于、東烏桓、西戎氏羌，侯王君長之群，驍騎三萬。元戎輕武，長轂四分，雲輜蔽路，萬有三千餘乘。勒以八陣，莅以威神，玄甲耀日，朱旗絳天。遂陵高闕，下雞鹿，經磧鹵，絕大漠，斬溫禺以釁鼓，血尸逐以染鍔。然後四校橫徂，星流彗掃，蕭條萬里，野無遺寇。於是域滅區單，反斾而旋，考傳驗圖，窮覽其山川。遂踰涿邪，跨安侯，乘燕然，躡冒頓之區落，焚老上之龍庭。上以攄高、文之宿憤，光祖宗之玄靈；下以安固後嗣，恢拓境宇，振大漢之天聲。兹所謂一勞而久逸，暫費而永寧者也，乃遂封山刊石，昭銘盛德。其辭曰：鑠王師兮征荒裔，剿凶虐兮截海外。敻其邈兮亘地界，封神丘兮建隆嵑，熙帝載兮振萬世！"（參見《光明日報》記者高平、見習記者安勝藍《歷經近2000年，班固所撰〈燕然山銘〉摩崖石刻找到了》，《光明日報》2017年8月16日；齊木德道爾吉、高建國《有關〈封燕然山銘〉摩崖的三個問題》，《西北民族研究》2019年第1期；辛德勇《燕然山上的新發現》，《中國文物報》2019年12月20日）

［8］【李賢注】鞮音丁兮反。【今注】右溫禺鞮王：匈奴王號，爲單于同姓子弟。本書卷八九《南匈奴傳》："（匈奴）其大臣貴者左賢王，次左谷蠡王，次右賢王，次右谷蠡王，謂之四角；次左右日逐王，次左右溫禺鞮王，次左右漸將王，是爲六角：皆單于子弟，次第當爲單者也。"

秋七月乙未，會稽山崩。[1]

[1]【今注】會稽：郡名。治吳縣（今江蘇蘇州市）。

閏月丙子，詔曰：“匈奴背叛，爲害久遠。賴祖宗之靈，師克有捷，醜虜破碎，遂掃厥庭，[1]役不再籍，[2]萬里清蕩，非朕小子眇身所能克堪。[3]有司其案舊典，告類薦功，以章休烈。”[4]

[1]【李賢注】《詩》曰：“仍執醜虜。”庭謂單于所常居也。【今注】醜虜：對敵人的蔑稱。《詩·大雅·常武》：“鋪敦淮濆，仍執醜虜。”毛傳：“虜，服也。”鄭玄箋：“醜，衆也……就執其衆之降服者也。”

[2]【李賢注】猶言不籍再舉。【今注】役不再籍：役指兵役、徵兵，籍指簿書，此處指按戶口徵兵。發動戰爭前徵集一次兵役，不作第二次徵兵。《孫子兵法·作戰篇》：“善用兵者，役不再籍，糧不三載。”

[3]【今注】小子：古代帝王對先王或長輩的自稱。　克堪：勝任。

[4]【李賢注】類，祭天也。《書》曰：“類于上帝。”薦，進也，以功進告於天。【今注】類：一種祭祀，指“以事類而祭”，主要用以祭天，亦可用來祭祀社稷等。《尚書·堯典》：“肆類於上帝，望於山川，遍於群神。”孔穎達疏：“此‘類’與下‘禋’‘望’相次，當爲祭名。《詩》云‘是類是禡’，《周禮·肆師》云‘類造上帝’，《王制》云‘天子將出類乎上帝’，所言‘類’者皆是祭天之事，言以事類而祭也。《周禮·小宗伯》云：‘天地之大災，類社稷，則爲位。’是類之爲祭，所及者廣。”

九月庚申，以車騎將軍竇憲爲大將軍，[1]以中郎將劉尚爲車騎將軍。[2]

[1]【今注】大將軍：將軍名。在諸將軍中地位最高。秦及漢初即有此職，其地位甚高，與丞相相當，實際的優寵和權力都在丞相之上。西漢武帝以後，大將軍常冠大司馬之號，秩萬石，領尚書事，執掌朝政，成爲中朝官最高領袖。東漢復置一員，秩萬石，不冠大司馬，成爲獨立官職，多授予貴戚，常兼錄尚書事，與太傅、太尉等共同主持政務。（參見安作璋、熊鐵基《秦漢官制史稿》，第235—240頁）本書《百官志一》：“將軍，不常置。本注曰：掌征伐背叛。比公者四：第一大將軍，次驃騎將軍，次車騎將軍，次衛將軍。又有前、後、左、右將軍。”

[2]【今注】中郎將：官名。秦和西漢本爲中郎長官，秩比二千石，隸屬郎中令（光禄勳）。職掌宮禁宿衛，隨行護駕，亦常奉詔出使，職位清要。後又設五官、左、右中郎將分領中郎、常侍侍郎，謁者。期門（虎賁）、羽林郎等亦專設中郎將統領。東漢以後，中郎將的名號被割據勢力廣泛加於武官，成爲一個大致介於將軍和校尉之間的階層，統兵將領亦多用此名，其上再加稱號，如使匈奴中郎將等。

冬十月，令郡國弛刑輸作軍營。[1]其徙出塞者，刑雖未竟，[2]皆免歸田里。

[1]【今注】弛刑：漢代一種刑徒，西北簡牘中多見。漢代的刑徒皆需加鉗鈦等刑具，並赤其衣，而弛刑是指司寇以上的刑徒，經皇帝下詔寬輕，去掉械具、罪衣，放鬆監管，以從事特殊事務（如加入軍隊等）。（參見張建國《漢代的罰作、復作與弛刑》，《中外法學》2006年第5期）

　　[2]【今注】刑雖未竟：刑罰未執行完畢。刑竟，法律術語，指徒刑服刑期滿，刑罰執行完畢。

　　　庚子，阜陵王延薨。[1]

　　[1]【今注】阜陵王延：劉延，光武帝子。傳見本書卷四二。薨：古稱諸侯或有爵的高官死去爲“薨”。《禮記·曲禮下》：“天子死曰崩，諸侯死曰薨，大夫曰卒，士曰不禄，庶人曰死。”《説文·死部》：“薨，公侯卒也。”

　　　是歲，郡國九大水。
　　　二年春正月丁丑，大赦天下。
　　　二月壬午，日有食之。[1]

　　[1]【李賢注】《東觀記》曰：“史官不覺，涿郡言之。”【今注】案，食，殿本作“蝕”。

　　　己亥，復置西河、上郡屬國都尉官。[1]

　　[1]【李賢注】《前書》西河郡美稷縣、上郡龜兹縣並有屬國都尉，其秩比二千石。《十三州志》曰：“典屬國，武帝置，掌納匈奴降者也，哀帝省并大鴻臚。”故今復置之。【今注】西河：郡名。治平定縣（今内蒙古准格爾旗西南）。　上郡：治膚施縣（今陝西榆林市東南）。　屬國都尉：官名。管理屬國事務。《漢書·百官公卿表上》：“典屬國，秦官，掌蠻夷降者。武帝元狩三年昆邪王降，復增屬國，置都尉、丞、候、千人。”西漢武帝元狩三年置五屬國於西北邊郡，安置内附匈奴，沿其舊俗，置匈奴官號，而設都

尉主之，掌民政軍事，兼負戍衛邊塞之責，秩比二千石。地位與諸郡守略同。屬國的官僚機構由兩部分組成，一部分是漢人組成的流官，除屬國都尉、丞、候、騎千人等之外，還有見於肩水金關漢簡的“屬國左騎千人令史”等少吏。屬國都尉下還設置曹，置掾、屬。另一部分是少數民族組成的外族官，包括歸義侯、率衆侯、千長、百長、且渠等。（參見黎明釗、唐俊峰《秦至西漢屬國的職官制度與安置模式》，《中國史研究》2018 年第 3 期）屬國，秦漢時期設置的用於安置歸附的匈奴、羌、夷等少數民族的特別行政區。秦代設置有“屬邦”，有學者認爲漢代的“屬國”即“屬邦”。西漢武帝元狩三年（前 120）置五屬國於西北邊郡，安置內附匈奴。宣帝以後，屬國或增置，或廢罷，兼安置羌族。東漢西北、東北、西南等邊境地區皆置。屬國設屬國都尉主之，屬國內部的少數民族仍保留原來的部族、文化，多采用固有的仟、佰等基層組織。（參見孫言誠《秦漢的屬邦與屬國》，《史學月刊》1987 年第 2 期；黎明釗、唐俊峰《秦至西漢屬國的職官制度與安置模式》，《中國史研究》2018 年第 3 期）

　　夏五月庚戌，分太山爲濟北國，[1]分樂成、涿郡、勃海爲河閒國。[2]丙辰，封皇弟壽爲濟北王，[3]開爲河間王，[4]淑爲城陽王，[5]紹封故淮陽王昞子側爲常山王。[6]賜公卿以下至佐史錢布各有差。[7]

　　［1］【今注】太山：亦作“泰山”，郡名。治奉高縣（今山東泰安市東）。　濟北國：東漢和帝永元二年（90）分泰山郡置，治盧縣（今山東濟南市長清區東南）。
　　［2］【今注】樂成：國名。治信都縣（今河北衡水市冀州區）。涿郡：治涿縣（今河北涿州市）。　勃海：郡名。治南皮縣（今河北南皮縣北）。　河閒國：治樂成縣（今河北獻縣東南）。

[3]【今注】皇弟壽：劉壽，東漢章帝子。傳見本書卷五五。

[4]【今注】開：劉開，東漢章帝子。傳見本書卷五五。

[5]【今注】淑：劉淑，東漢章帝子。傳見本書卷五五。

[6]【今注】紹封：指諸侯王、列侯因某些原因（犯罪、無後等）而除國絕封後，皇帝命其子孫或親族成員重新繼承其爵位、封國的一種制度，屬於一種間斷性的爵位繼承方式。日本學者認爲“紹封”是基於皇帝旨意的例外性、恩惠性措施，並非制度上的規定。尤佳認爲，紹封至少在東漢已經制度化。東漢紹封一般爲降等紹封，且紹封的對象具有選擇性，一般爲功臣侯和外戚恩澤侯。王朝實行紹封並非因爲“章德”“顯封”那麼簡單，主要原因與朝廷希望獲得外戚、功臣等勢力集團的支持以增強統治基礎有關。（參見尤佳《漢晉紹封制度論考》，《中華文史論叢》2014 年第 3 期）

淮陽王昞：劉昞，東漢明帝子。傳見本書卷五〇。 常山：國名。治元氏縣（今河北元氏縣西北）。

[7]【今注】佐史：秦漢低級小吏，相當於各機構的辦事人員。 差：等級、等次。

己未，遣副校尉閻礱討北匈奴，取伊吾盧地。[1]

[1]【李賢注】礱，音力公反（紹興本、大德本、殿本無此注）。【今注】副校尉：官名。即西域副校尉，簡稱“副尉”，掌佐西域都護護西域。據《漢書·百官公卿表上》，西漢宣帝地節二年（前 68）初置西域都護加官，護西域三十六國，有副校尉，秩比二千石。東漢沿置。 閻礱：王先謙《後漢書集解》引惠棟曰：“依《竇憲傳》及《西域傳》皆作‘閻磐’，此作‘礱’，蓋‘磐’字之訛。” 伊吾盧：地名。簡稱“伊吾”，在今新疆哈密市西北四堡，爲匈奴呼衍王庭。

丁卯，紹封故齊王晃子無忌爲齊王，[1]北海王睦子威爲北海王。[2]

[1]【今注】齊王晃：劉晃，齊煬王劉石子。東漢明帝永平十三年（70），襲父爵爲齊王。後因與弟、母互相誣告，於章帝章和元年（87）七月被貶爲蕪湖侯。傳見本書卷一四。 無忌：劉無忌，齊王劉晃之子，嗣父爵，爲蕪湖侯。章帝遺詔復齊國，永元二年（90），乃復封無忌爲齊王，是爲惠王。立五十二年薨，子頃王喜嗣。詳見本書卷一四《宗室四王三侯傳》。 案，曹金華《後漢書稽疑》謂，"《後漢紀》卷十三作五月丙辰封，又謂'封齊王晃子忍爲齊王'，而范書《安帝紀》《順帝紀》《齊武王縯》皆作'無忌'，《袁紀》疑誤"（第83頁）。

[2]【今注】北海王睦：劉睦，劉縯孫，嗣北海王。少好學，博通書傳，謙恭好士，結交名儒。東漢明帝永平年間，法尚嚴峻，睦乃謝絕賓客，以聲色自娛。卒諡敬。 威：劉威，北海王睦庶子，爲斟鄉侯。永元二年，和帝封劉威爲北海王，奉睦後。立七年，劉威以非劉睦子，又坐誹謗，檻車徵詣廷尉，途中自殺。詳見本書《宗室四王三侯傳》。

車師前後王並遣子入侍。[1]

[1]【李賢注】車師有後王、前王，前王即後王之子，其庭相去五百里。【今注】車師前後王：車師爲古國名，一名"姑師國"。西漢宣帝時，分其地爲車師前後兩部，車師前、後部之王分別稱車師前、後王。

月氏國遣兵攻西域長史班超，[1]超擊降之。

[1]【今注】月氏國：古國名。活動時間約公元前 3 世紀至 1 世紀。早期以游牧爲生，生活在北亞，常與匈奴發生衝突。後逐漸發展，具有國家的雛型。由於位處於絲綢之路，控制東西貿易，逐漸强大。後被匈奴攻擊，一分爲二：西遷至伊犁的被稱爲大月氏；南遷至今甘肅及青海一帶的被稱爲小月氏。東漢月氏情況詳見本書卷八八《西域傳》。　西域長史：官名。漢置，爲西域都護屬官之長、都護之副，佐都護護西域諸國。東漢章帝建初八年（83）班超爲將兵長史，徐幹爲軍司馬。和帝永元三年（91）班超爲都護，徐幹爲長史。安帝延光二年（123）夏，班超少子以班勇爲西域長史，將兵五百人屯柳中。自此，祇置西域長史而不置都護。　班超：字仲升，扶風平陵（今陝西咸陽市）人。班彪子，班固弟。傳見本書卷四七。

　　六月辛卯，中山王焉薨。[1]

　　[1]【今注】中山王焉：劉焉，光武帝子。傳見本書卷四二。

　　秋七月乙卯，大將軍竇憲出屯涼州。[1]九月，北匈奴遣使稱臣。

　　[1]【今注】涼州：西漢武帝時所置十三刺史部之一。東漢時治隴縣（今甘肅張家川回族自治縣）。轄境相當於今甘肅、寧夏，青海湟水流域，陝西定邊、吳起、鳳縣、略陽和內蒙古額濟納旗一帶。

　　冬十月，遣行中郎將班固報命南單于。[1]遣左谷蠡王師子[2]出雞鹿塞，擊北匈奴於河雲北，[3]大破之。

[1]【今注】行：又稱“兼行”，漢代官吏兼任術語，常在兼官名下加“事”。“行某官事”指某官臨時代行某官的事務。所代行之官，多爲雖有本官，但本官多因休假、出差等不在署辦公，故由他官臨時代爲處理其事務。〔參見〔日〕大庭脩著，徐世虹等譯《漢代官吏的兼任》，《秦漢法制史研究》，中西書局 2017 年版，第382—385 頁〕　班固：字孟堅，扶風安陵（今陝西咸陽市東北）人。班彪子。著名史學家、文學家。傳見本書卷四〇。

[2]【李賢注】左谷蠡，匈奴王號，師子其名也。谷音鹿。蠡音離。【今注】左谷蠡王：匈奴王號，爲單于同姓子弟，獨立領有匈奴屬國。《史記》卷一一〇《匈奴列傳》：“（匈奴）置左右賢王，左右谷蠡王，左右大將，左右大都尉，左右大當户，左右骨都侯……而左右賢王、左右谷蠡王最爲大（國），左右骨都侯輔政。”本書卷八九《南匈奴傳》：“（匈奴）其大臣貴者左賢王，次左谷蠡王，次右賢王，次右谷蠡王，謂之四角；次左右日逐王，次左右温禺鞮王，次左右漸將王，是爲六角：皆單于子弟，次第當爲單于者也。”

[3]【今注】河雲：地名。在今蒙古國科布多東北。

三年春正月甲子，皇帝加元服，[1]賜諸侯王、公、將軍、特進、[2]中二千石、列侯、宗室子孫在京師奉朝請者黃金，[3]將、大夫、郎吏、從官帛。[4]賜民爵及粟帛各有差，大酺五日。[5]郡國中都官繫囚死罪贖縑，[6]至司寇及亡命，[7]各有差。庚辰，賜京師民酺，布兩户共一匹。[8]

[1]【李賢注】元，首也。謂加冠於首。《儀禮》：“冠者先筮日，後筮賓。”《東觀記》曰：“時太后詔袁安爲賓，賜束帛、乘

馬。"【今注】加元服：行冠禮，表示成年。元服，皇帝之冠。《漢書》卷七《昭帝紀》顏師古注："元，首也。冠者，首之所著，故曰元服。"

［2］【李賢注】《漢官儀》曰："諸侯功德優盛，朝廷所敬異者，賜位特進，在三公下。"【今注】特進：官名。始設於西漢末年，授予列侯中有特殊地位的人，位在三公下。東漢至南北朝僅爲加官，無實職。

［3］【李賢注】奉朝請，無員，三公、外戚、宗室、諸侯多奉朝請。《漢律》："春曰朝，秋曰請。"【今注】中二千石：漢代官吏秩禄等級之一，其地位在二千石、比二千石之上，月俸一百八十斛。凡太常、光禄勳、衛尉、太僕、廷尉、大鴻臚、宗正、大司農、少府等中央機構的主管長官，皆爲中二千石。在地方官中還有三輔的設置。秦及漢初祇有二千石，無中二千石和比二千石，中二千石最早指中央二千石，與地方的郡守二千石區別。到西漢景帝中元六年（前144）或西漢武帝建元初年之後，爲提高中央官員地位，壓制郡國官員，而將中二千石作爲一個秩級確定了下來。（參見周群《西漢二千石秩級的演變》，《史學月刊》2009年第10期）

列侯：爵位名。是二十等爵中的最高爵，第二十級，又稱"徹侯""通侯"。《漢書·百官公卿表上》："徹侯，金印紫綬，避武帝諱，曰通侯，或曰列侯，改所食國令長名相，又有家丞、門大夫、庶子。"從秦琅邪刻石和文獻記載看，秦代即存在"列侯""通侯"。里耶秦簡更名方有"徹侯爲列侯"，可見秦代即將徹侯更名爲列侯，並非漢武帝所改。"列侯"具有封國和食邑權，其所食之邑的數量從幾百到數千不等，東漢列侯按照食邑數量又分爲縣侯、鄉侯、亭侯等。列侯有封國，侯國自有紀年，列侯之子也稱太子。侯國有置吏權，除侯國令長由中央任命外，其餘諸官吏均由侯國自置。根據尹灣漢簡，侯國職官有侯國相、丞、尉等行政官吏，大致與縣級行政系統平行，又有家丞、庶子、僕、行人、門大夫、洗馬等家吏。（參見柳春藩《秦漢封國食邑賜爵制》，遼寧人民出版社1984 年版，第 77—79 頁；秦鐵柱《兩漢列侯問題研究》，博士學位論文，南開大學，2014 年）

　　[4]【李賢注】將謂五官及左右郎將也。大夫謂光禄、太中、中散、諫議大夫也。《十三州志》曰：“大夫皆掌顧問、應對、言議。夫之言扶也，言能扶持君父也。”【今注】大夫：職官類名。光禄勳屬官，有光禄大夫、太中大夫、中大夫、諫大夫等，掌顧問應對，參謀議政，秩級有比二千石、比千石不等。《漢書·百官公卿表上》：“大夫掌論議，有太中大夫、中大夫、諫大夫，皆無員，多至數十人。武帝元狩五年初置諫大夫，秩比八百石，太初元年更名中大夫爲光禄大夫，秩比二千石，太中大夫秩比千石如故。”從官：指君王的隨從、近臣。《漢書》卷九《元帝紀》：“令從官給事宫司馬中者，得爲大父母、父母、兄弟通籍。”顏師古注：“從官，親近天子常侍從者皆是也。”

　　[5]【今注】酺：《説文·酉部》：“王德布，大飲酒也。”漢律規定，三人以上無故群飲，罰金四兩。“酺”指皇帝開放酒禁，特賜民間可以自由群聚飲酒。“酺”中舉行聚餐，同時進行祭祀。西嶋定生認爲，漢代的賜酺與賜牛酒、賜爵多同時進行，三件事是結合在一起的，具有統一的機能。漢代賜爵時，在里社的神前舉行“酺”的宴會，賜予的牛酒是爲了在宴會上使用。在這種行禮的儀式中，按賜予的爵位來決定宴會的座次，從而使爵制在里中產生的秩序逐漸形成。〔參見 [日] 西嶋定生著，武尚清譯《中國古代帝國的形成與結構——二十等爵制研究》，中華書局 2004 年版，第403—411 頁〕

　　[6]【今注】中都官：官署合稱，《漢書》卷八《宣帝紀》顏師古注：“中都官，謂在京師諸官也。”宋傑認爲，中都官即在京的中央機構，具體指朝廷列卿所屬的諸官署。中都官附設監獄，稱“中都官獄”。西漢國內的行政組織基本上分爲三大系統，即中都

官、三輔和郡國，代表中央各官署、首都特別行政區和地方行政部門，它們各有自己的司法機構，分別管轄屬下的監獄和囚犯，而中都官獄“或是泛指中央機構囚禁犯人的各種監獄，或是代表武帝以降設立的二十六所兼有司法審判職能的‘詔獄’”。（參見宋傑《西漢的中都官獄》，載《漢代監獄制度研究》，中華書局 2013 年版，第 60—97 頁）　繫囚：拘押的囚犯。　縑：一種雙絲的細絹。《說文·糸部》：“縑，並絲繒也。”《漢書》卷九七上《外戚傳上》：“媼爲翁須作縑單衣，送仲卿家。”顏師古注：“縑即今之絹也。”

[7]【今注】司寇：刑罰名。秦漢徒刑中較輕的刑罰，在徒刑的刑罰序列中位於隸臣妾之上。秦及漢初的司寇與隸臣妾以下的刑徒身份不同，其可以單獨立户，帶有自由民的性質。西漢文帝制定歲刑後，徒刑附加刑期，不再具有身份意涵，此時的司寇爲二歲刑。　亡命：指已確定罪而逃亡的罪犯〔參見［日］保科季子《亡命小考——兼論秦漢的確定罪名手續“命”》，《簡帛》第 3 輯，上海古籍出版社 2008 年版〕。

[8]【今注】案，曹金華《後漢書稽疑》謂，“永元三年正月丙午朔，是月無‘庚辰’。而據前文‘正月甲子’即十九日，後文又有‘二月’，唯有‘戊辰’‘庚午’與‘庚辰’近。又據甲子令民‘大酺五日’，‘戊辰’二十三日，即‘大酺’之第五日，疑‘庚辰’乃‘戊辰’之訛”（第 83 頁）。

二月，大將軍竇憲遣左校尉耿夔出居延塞，[1]圍北單于於金微山，[2]大破之，獲其母閼氏。[3]

[1]【李賢注】居延，縣，屬張掖郡，居延澤在東北。武帝使伏波將軍路博德築遮虜障於居延城。【今注】左校尉：官名。秦漢軍制，於將軍下分部，以校尉主之。部分左、右者，即設左、右校尉。《史記》卷四八《陳涉世家》：“秦左右校復攻陳。”司馬貞

《索隱》："即左右校尉軍也。"然僅因事而置。東漢明帝永平八年
（65）置度遼將軍以爲常制，領左、右校尉等，將黎陽虎牙營士屯
五原曼柏。遂常置。　耿夔：字定公，扶風茂陵（今陝西興平市東
北）人，耿弇侄子，耿國次子。傳見本書卷一九。　居延：縣名。
治所在今内蒙古額濟納旗東南。

[2]【今注】金微山：山名。又作"金山"，即今新疆西北部
阿爾泰山。

[3]【李賢注】閼氏，匈奴后之號也，音焉支。

夏六月辛卯，尊皇太后母比陽公主[1]爲長公主。

[1]【李賢注】東海恭王彊女。

辛丑，阜陵王种薨。[1]

[1]【李賢注】阜陵王延之子。【今注】阜陵王种：當爲"阜
陵王沖"。王先謙《後漢書集解》引錢大昕曰："《光武十王傳》作
沖，《説文》無種字，即沖也。"阜陵王沖，即劉沖，阜陵質王劉
延之子。襲爵阜陵王，東漢和帝永元二年（90）被削去之前漢章帝
增加給劉延的食邑。在位兩年死，謚號"殤"。無子，和帝改封劉
沖兄劉魴爲阜陵王。事見本書卷四二《光武十王傳》。

冬十月癸未，行幸長安。[1]詔曰："北狄破滅，[2]名
王仍降，[3]西域諸國，納質内附，豈非祖宗迪哲重光之
鴻烈歟？[4]痛痒歎息，想望舊京。其賜行所過二千石長
吏已下及三老、官屬錢帛，[5]各有差；鰥、寡、孤、
獨、篤癃、貧不能自存者粟，[6]人三斛。"[7]

　　[1]【今注】幸：古稱帝王到達某地爲“幸”。蔡邕《獨斷》卷上：“（天子）所至曰‘幸’……幸者，宜幸也，世俗謂幸爲僥倖。車駕所至，臣民被其德澤以僥倖，故曰幸也。先帝故事，所至見長吏三老官屬，親臨軒，作樂。賜食皂帛越巾刀佩帶，民爵有級數，或賜田租之半，是故謂之幸，皆非其所當得而得之。”　長安：縣名。爲京兆尹治，治所在今陝西西安市西北。

　　[2]【今注】北狄：指匈奴。

　　[3]【李賢注】仍，頻也。

　　[4]【李賢注】迪，蹈也。言由祖宗蹈履明智，有重光累聖之德，成此大業也。《書》曰“兹四人迪哲”，又曰“宣重光”也。

　　[5]【今注】長吏：與“少吏”相對，秦漢時期對一類職官的通稱。《漢書·百官公卿表上》：“縣令、長，皆秦官，掌治其縣。萬户以上爲令，秩千石至六百石。減萬户爲長，秩五百石至三百石。皆有丞、尉，秩四百石至二百石，是爲長吏。百石以下有斗食、佐史之秩，是爲少吏。”有學者認爲，長吏主要用作從中央到地方機構主要負責人的一種代稱（參見張欣《秦漢長吏再考》，《中國史研究》2010年第3期）。　三老：官名。職掌教化。西漢初年，鄉、縣均置。西漢高祖二年（前205）詔舉民年五十以上，有修行，能率衆爲善，置以爲三老，鄉一人，擇鄉三老一人爲縣三老。後郡國亦置。三老可免除徭役，就地方政事向縣令丞尉提出各種建議。　官屬：指官府機構的屬吏。（參見林甘泉主編《中國歷史大辭典·秦漢史》，上海辭書出版社1990年版，第13頁）

　　[6]【今注】鰥：老而無妻。　寡：老而無夫。　孤：幼而無父。　獨：老而無子。　篤癃：病重。

　　[7]【今注】斛：容量單位，《説文·斗部》：“斛，十斗也。”

　　　十一月癸卯，祠高廟，遂有事十一陵。[1]詔曰：

"高祖功臣,[2] 蕭、曹爲首,[3] 有傳世不絕之義。曹相國後容城侯無嗣。[4] 朕望長陵東門,見二臣之壟,[5] 循其遠節,每有感焉。忠義獲寵,古今所同。可遣使者以中牢祠,[6] 大鴻臚求近親宜爲嗣者,須景風紹封,以章厥功。"[7]

[1]【今注】有事:祭祀。 十一陵:西漢皇帝的十一座陵墓,即漢高祖長陵、惠帝安陵、文帝霸陵、景帝陽陵、武帝茂陵、昭帝平陵、宣帝杜陵、元帝渭陵、成帝延陵、哀帝義陵、平帝康陵。

[2]【今注】高祖:西漢高祖劉邦,公元前 206 年至前 195 年在位。紀見《史記》卷八、《漢書》卷一。

[3]【今注】蕭:蕭何,沛(今江蘇沛縣)人。西漢開國功臣。世家見《史記》卷五三,傳見《漢書》卷三九。 曹:曹參,沛人。與蕭何同隨劉邦起事,屢立戰功。何將死,推薦繼相,爲惠帝丞相三年。世家見《史記》卷五四,傳見《漢書》卷三九。

[4]【今注】容城侯:東漢章帝建初二年(77)封曹參之後曹湛爲容城侯,續曹參之祀。容城侯死後無嗣。和帝詔令大鴻臚尋訪曹湛近親以紹封。

[5]【李賢注】《東觀記》曰:"蕭何墓在長陵東司馬門道北百步。"《廣記》云(廣,紹興本、大德本、殿本作"廟"):"曹參冢在長陵旁道北,近蕭何冢。"【今注】長陵:西漢高祖劉邦與皇后呂雉的陵墓,位於今陝西咸陽市東。 壟:墳墓的封土。《禮記·曲禮上》:"適墓不登壟。"鄭玄注:"壟,冢也。"

[6]【今注】中牢:少牢,指祭祀中采用豬、羊二牲。

[7]【李賢注】《續漢志》曰:"大鴻臚掌封拜諸侯及其嗣。"《春秋考異郵》曰:"夏至四十五日,景風至。"《五經通義》曰:"景風至(紹興本、大德本、殿本無'五經通義曰景風至'八

字），則封有功也。"【今注】大鴻臚：官名。列卿之一。秦時稱典客，西漢景帝時改名大行令，武帝太初元年（前104）改爲大鴻臚。秩中二千石，掌賓客之事。凡諸侯王、列侯和各屬國的君長，以及外國君主或使臣，都被視爲皇帝的賓客，所以與此有關的事務多由大鴻臚掌管。本書《百官志二》："大鴻臚，卿一人，中二千石。本注曰：掌諸侯及四方歸義蠻夷。"

十二月，復置西域都護、騎都尉、戊己校尉官。[1]

[1]【今注】西域都護：官名。西漢始置，亦稱"都護西域""使西域都護"，主管西域地區軍政事務。初，武帝置使者、校尉領護西域。宣帝神爵中，以鄭吉並護鄯善以西南道、車師以西北道，稱都護西域騎都尉，於烏壘設府，監護西域諸國。後遂爲常制，秩比二千石，有副校尉，設丞一員，司馬、候、千人各二員。諸屯田校尉、戊己校尉皆屬之。新莽時中原王朝與西域斷絕，或罷。東漢明帝永平十七年（74）復置，後或省或置。班超任都護時，府治移龜兹。安帝永初元年（107）以後不復置，西域事務由西域副校尉或西域長史、戊己校尉主之。 騎都尉：官名。秦稱"騎邦尉"，西安相家巷秦封泥有"騎邦尉印"，里耶秦簡更名方有"（改）騎邦尉爲騎□尉"，張新超認爲"□"當爲"都"字。秦漢之際，騎都尉開始出現於傳世文獻。騎都尉的主要職責是領兵作戰，其所率領的軍隊不一定爲騎兵。騎都尉無員，無固定職掌，不統兵時爲侍衛武官。西漢宣帝時開始掌握禁衛軍中的羽林軍，又領西域都護。常作爲皇帝使者領護河堤事，參與某些外交事務。因親近皇帝，多以侍中兼任。東漢名義上隸光禄勳，秩比二千石。西漢時某些邊郡也設置騎都尉。東漢地方騎都尉消失，祇剩下中都官騎都尉。（參見張新超《西漢騎都尉考》，《天水師範學院學報》2012年第1期；張新超《兩漢騎都尉續考——以東漢騎都尉爲中心》，《史林》

2014 年第 5 期）《漢書·百官公卿表上》：“宣帝令中郎將、騎都尉監羽林，秩比二千石。”本書《百官志二》：“騎都尉，比二千石。本注曰：無員。本監羽林騎。” 戊己校尉：官名。西漢元帝初元元年（前 48）置，爲西域都護屬官，掌護西域諸國及屯田事務，單獨開府，駐車師前王庭。有丞、司馬、候等屬官。所領吏士亦任征伐。秩比二千石。新莽至東漢初或置或省。東漢明帝永平十七年（74）復置二員，一屯車師後王部金蒲城，一屯車師前王部柳中城，相去千餘里。後或置或罷。安帝永初元年（107）省西域都護後，常與西域長史共同管理西域事務。王先謙《後漢書集解》引劉攽曰：“案《西域傳》此時但置戊校尉，多一‘己’字。”

庚辰，至自長安，減弛刑徒從駕者刑五月。

四年春正月，北匈奴右谷蠡王於除鞬自立爲單于，款塞乞降。[1]遣大將軍左校尉耿夔授璽綬。[2]

[1]【李賢注】於除鞬，其名也。鞬音九言反。【今注】於除鞬：北匈奴單于。爲匈奴北單于之弟，任右谷蠡王。金微山之戰，北單于被耿夔打敗，逃亡不知所在。於除鞬自立爲單于，在蒲類海，“款塞乞降”。竇憲利用這一時機“遂復更立北虜，反其故庭，並恩兩護”，以耿夔爲中郎將，賜授印璽，持節衛護之，如南單于故事。並命中郎將任尚持符節護衛耿夔，屯駐伊吾。於除鞬方欲輔歸北庭，會竇憲被誅，率其衆自叛北還。東漢遣將兵長史王輔率千餘騎兵，與任尚共同出擊，消滅了於除鞬。事見本書卷八九《南匈奴傳》。 款：扣。

[2]【李賢注】《東觀記》曰：“賜玉具劍，羽蓋車一乘（乘，紹興本、大德本、殿本作‘駟’），中郎將持節衛護焉。”【今注】璽綬：璽是帝王的印章。《説文·土部》：“璽，王者印也。”“璽”原爲印章的通稱，秦代以後成爲皇帝之印的專稱，有時也用指皇后

和諸侯王之印。衛宏《漢舊儀》卷上："皇帝六璽，皆白玉螭虎紐，文曰'皇帝行璽''皇帝之璽''皇帝信璽''天子行璽''天子之璽''天子信璽'，凡六璽。以皇帝行璽爲凡雜以皇帝之璽賜諸侯王書；以皇帝信璽發兵；其徵大臣，以天子行璽；策拜外國事，以天子之璽；事天地鬼神，以天子信璽。"今可見"皇帝信璽"封泥，爲傳世品，學者認爲是秦代之物。又有南越國"文帝行璽"金印，1983 年出土於廣州南越王墓。又有"皇后之璽"，1968 年在陝西咸陽市韓家灣公社出土。綬是繫印章的絲帶。綬的長度、形制、顏色存在區別，印和綬有固定的搭配關係，有金印紫綬、銀印青綬、銅印黑綬、銅印黃綬等，不同等級的官吏佩戴不同的印綬。今天可以見到長沙馬王堆出土辛追印及印綬、江蘇連雲港海州雙龍村西漢墓出土淩惠平印及皮綬等印綬實物。

三月癸丑，司徒袁安薨。[1]閏月丁丑，太常丁鴻爲司徒。[2]

[1]【今注】司徒：官名。三公之一。秦及漢初爲丞相，掌人民事，助天子掌管行政，總理萬機。西漢哀帝時改稱大司徒。《漢書·百官公卿表上》："相國、丞相，皆秦官，金印紫綬，掌丞天子助理萬機……哀帝元壽二年更名大司徒。"東漢光武帝建武二十七年（51）去"大"字，改名司徒。 袁安：字邵公，汝南汝陽（今河南商水縣西北）人。傳見本書卷四五。現河南博物院藏有袁安碑，對袁安生平記載較詳。

[2]【今注】太常：官名。列卿之一。秦及漢初名奉常，西漢景帝中元六年（前 144）改名太常。主要職掌宗廟祭祀禮儀，兼管選試博士等文化教育活動。秩中二千石。《漢書·百官公卿表上》："奉常，秦官，掌宗廟禮儀，有丞。景帝中六年更名太常。"景帝陽陵出土封泥有"太常之印"，學者考證爲景帝中元六年奉常更名後

之物（參考楊武站《漢陽陵出土封泥考》，《考古與文物》2011年
第4期）。　丁鴻：字孝公，潁川定陵（今河南舞陽縣東北）人。
傳見本書卷三七。

夏四月丙辰，大將軍竇憲還至京師。

六月戊戌朔，日有食之。丙辰，郡國十三地震。

竇憲潛圖弒逆。[1]庚申，幸北宮。[2]詔收捕憲黨射
聲校尉郭璜，[3]璜子侍中舉，衛尉鄧疊，[4]疊弟步兵校
尉磊，[5]皆下獄死。使謁者僕射[6]收憲大將軍印綬，遣
憲及弟篤、景就國，到皆自殺。

[1]【今注】潛：秘密地。

[2]【今注】北宮：東漢洛陽城宮名。西漢時期洛陽城有南
宮，"南宮"之稱顯然與"北宮"相對，故西漢洛陽城應已經存在
"北宮"。東漢明帝繼位後，又大興土木，對北宮及其他官府進行了
修繕和擴建。工程浩大，勞民傷財。明帝移居北宮後，北宮成爲政
治中心，南宮降爲附屬設施。此後東漢章帝、和帝、安帝、順帝、
桓帝、靈帝、少帝、獻帝等均居住過北宮。（參見陳蘇鎮《東漢的
南宮和北宮》，《文史》2018年第1輯）

[3]【李賢注】郭況子也。《東觀記》曰"璜"作"瑝"，音
同。【今注】射聲校尉：官名。西漢武帝始置，爲北軍八校尉之一，
秩二千石，位次列卿，屬官有丞、司馬等。領待詔射聲士，屯戍京
師，兼任征伐。《漢書·百官公卿表上》："射聲校尉掌待詔射聲
士。"服虔曰："工射者也。冥冥中聞聲則中之，因以名也。"應劭
曰："須詔所命而射，故曰待詔射也。"東漢光武帝建武七年（31）
省，十五年復置，秩比二千石，爲五校尉之一，隸北軍中候。掌宿
衛兵，屬官有司馬一員。本書《百官志四》："射聲校尉一人，比二

千石。本注曰：掌宿衞兵。司馬一人，千石。”〔參見吕宗力《中國歷代官制大辭典》（修訂版），第 750 頁〕案，中華本校勘記謂，“《集解》引錢大昕説，謂《天文志》郭舉爲侍中射聲校尉，舉父璜長樂少府，皇后紀、《竇憲傳》亦同，紀似誤”。

[4]【今注】衞尉：官名。戰國秦始置，漢沿置，秩中二千石，列位諸卿。西漢景帝曾改名中大夫令，景帝後元元年（前143）復故。衞尉、光禄勳與執金吾均執掌宮殿禁衞，執金吾主宮外，光禄勳、衞尉主宮内。衞尉主管宮門屯駐衞士，地位比較重要。（參見楊鴻年《漢魏制度叢考》，第 21—33 頁）本書《百官志二》：“衞尉，卿一人，中二千石。本注曰：掌宮門衞士，宮中徼循事。丞一人，比千石。”

[5]【今注】步兵校尉：官名。西漢武帝始置，爲北軍八校尉之一，秩二千石，位次列卿，屬官有丞、司馬等。領上林苑門屯兵，戍衞京師，兼任征伐。東漢爲北軍五校尉之一，秩比二千石，隸北軍中候。掌宿衞禁兵，有司馬一員。當時五校尉所掌北軍五營爲京師主要的常備禁軍，故地位親要，官顯職閑，府寺寬敞，輿服光麗，伎巧畢給，多以京室外戚近臣充任。〔參見吕宗力主編《中國歷代官制大辭典》（修訂版），第 457 頁〕

[6]【李賢注】《續漢書》曰“謁者僕射一人，秩千石（曹金華《後漢書稽疑》謂謁者僕射秩比千石，此謂‘秩千石’誤），爲謁者臺率，主謁者。天子出，奉引”也。【今注】謁者僕射：官名。秦、西漢隸郎中令（光禄勳），統領諸謁者，職掌朝會司儀，傳達策書，皇帝出行時在前奉引。東漢爲謁者臺長官，名義上隸光禄勳，侍從皇帝左右，關通内外，職權頗重。秩皆比千石。〔參見吕宗力主編《中國歷代官制大辭典》（修訂版），第 823 頁〕《漢書·百官公卿表上》：“謁者掌賓讚受事，員七十人，秩比六百石，有僕射，秩比千石。”本書《百官志二》：“謁者僕射一人，比千石。本注曰：爲謁者臺率，主謁者，天子出，奉引。古重習武，有主射

以督録之。故曰僕射。"

是夏，旱，蝗。
秋七月己丑，太尉宋由坐黨憲自殺。[1]

[1]【今注】案，太，殿本作"大"。 宋由：字叔路，京兆
長安人。宋弘侄。曾任大司農。東漢章帝元和三年（86）遷司空、
太尉。以坐阿附竇憲，策免歸本郡。

八月辛亥，司空任隗薨。[1]

[1]【李賢注】任光子也。【今注】司空：官名。東漢三公之
一。西漢稱"大司空"，西漢成帝改御史大夫置。東漢光武帝建武
二十七年（51）去"大"字，改名司空。西漢武帝後，由於中朝
尚書的權力逐漸發展，御史大夫的職權和丞相一樣，也轉移於尚
書。御史大夫改爲大司空之後，雖號稱三公，但已成虛位。東漢司
空的職務已與御史大夫的性質大不相同，本書《百官志一》："司
空，公一人。本注曰：掌水土事。"這時的司空成爲專管水土之官
了。（參見安作璋、熊鐵基《秦漢官制史稿》，第52—53頁） 任
隗：字仲和，南陽宛（今河南南陽市臥龍區）人。任光子。傳見本
書卷二一。

癸丑，[1]大司農尹睦爲太尉，[2]録尚書事。[3]

[1]【今注】案，曹金華《後漢書稽疑》謂，"'癸丑'，《後
漢紀》卷十三作'辛丑'。檢《二十史朔閏表》，永元四年八月丁
酉朔，'辛丑'爲初五，'癸丑'十七日。然據本紀前有'辛亥'，

後有‘丁巳’，‘辛亥’十五日，‘丁巳’二十一日，‘辛丑’誤也”（第85頁）。

　　[2]【今注】大司農：官名。西漢武帝太初元年（前104）改大農令置。秩中二千石，列位諸卿。掌全國租賦收入和國家財政開支，凡百官俸禄、軍費、各級政府機構經費等由其支付，管理各地倉儲、水利，官府農業、手工業、商業的經營，調運貨物，管制物價等。（參見林甘泉主編《中國歷史大辭典·秦漢史》，第20頁）《漢書·百官公卿表上》：“治粟内史，秦官，掌穀貨，有兩丞。景帝後元年更名大農令，武帝太初元年更名大司農。”　尹睦：字伯師，河南鞏（今河南鞏義市西南）人。東漢和帝時任大司農。與袁安等反對竇憲建立北單于。後北單于叛，卒如尹睦等所議。竇氏敗，遷太尉，録尚書事。卒於位。

　　[2]【李賢注】録謂總領之也。録尚書自牟融始（紹興本、大德本、殿本句末有“也”字）。

　　丁巳，賜公卿以下至佐史錢穀各有差。
　　冬十月己亥，宗正劉方爲司空。[1]

　　[1]【今注】宗正：官名。西周至戰國已置，掌君主宗室親族事務。秦、漢列位諸卿，秩中二千石，例由宗室擔任，管理皇族外戚事務，掌其名籍，分別嫡庶親疏，編纂世系譜牒，參與審理諸侯王犯法案件。凡宗室親貴有罪，須向其先請，方得處治。有丞，屬官有都司空令丞、内官長丞及諸公主官屬。西漢平帝元始四年（4）改名宗伯，新莽時併入秩宗（太常），東漢復舊。（參見林甘泉主編《中國歷史大辭典·秦漢史》，第289頁）《漢書·百官公卿表上》：“宗正，秦官，掌親屬，有丞。平帝元始四年更名宗伯。屬官有都司空令丞，内官長丞。又諸公主家令、門尉皆屬焉。王莽并其官於秩宗。”本書《百官志三》：“宗正，卿一人，中二千石。本注

曰：掌序録王國嫡庶之次及諸宗室親屬遠近，郡國歲因計上宗室名籍。若有犯法當髡以上，先上諸宗正，宗正以聞，乃報決。丞一人，比千石。" 劉方：字伯況，平原人。善爲《詩》。東漢章帝時，官襄城令，章帝讚賞之。東漢和帝即位後，歷任宗正、司空、司徒。曾與太常丁鴻建言按人口定舉孝廉人數，爲和帝所采納。後坐事免官歸，自殺。

十二月壬辰，[1]詔："今年郡國秋稼爲旱蝗所傷，其什四以上勿收田租、芻稾；[2]有不滿者，以實除之。"[3]

[1]【今注】案，曹金華《後漢書稽疑》謂，"永元四年十一月丙寅朔，十二月乙未朔，'壬辰'十一月二十七日，此謂'十二月壬辰'誤矣"（第85頁）。

[2]【今注】芻稾：芻稿税，秦漢税目之一。芻是餵馬的糧草，稿是農作物的莖杆，芻稿税是徵收農作物莖杆的實物税收。據簡牘材料可知，秦漢時期國家徵收芻稿分爲兩種，一種是按户徵收，稱爲"户芻"，屬於秦漢"户賦"的一種徵收方式，每户徵收固定數量的芻稿；另一種是按土地徵收，稱爲"田芻"，其按照土地面積徵收，而無論是否耕種土地〔參見楊振紅《秦漢時期的芻稿税》，《出土簡牘與秦漢社會》（續編），廣西師範大學出版社2015年版，第142—155頁〕。

[3]【李賢注】所損十不滿四者，以見損除也。

武陵零陵澧中蠻叛。[1]燒當羌寇金城。[2]

[1]【今注】武陵：郡名。治義陵縣（今湖南漵浦縣南）。東漢時移治臨沅縣（今湖南常德市武陵區） 零陵：郡名。治泉陵縣

（今湖南永州市零陵區）。案，中華本校勘記按：“《校補》謂‘零陵’當作‘零陽’，即武陵郡屬縣。後漢武陵郡治當今常德府武陵縣，西與澧州接壤，零陽縣治即今澧州慈利縣東境，澧中蠻即澧水之蠻，並屬武陵，故紀並舉之。若零陵郡之蠻，相距甚遠，不當與澧中蠻錯舉。”　澧中：古地區名。指今湖南澧水兩岸。東漢時泛稱其地居民爲澧中蠻。因在武陵郡境內，亦稱武陵澧中蠻。

[2]【今注】燒當羌：漢時西羌的一支。無弋爰劍的後裔，因部落首領燒當而得名。西漢武帝時，受先零羌排擠，居黃河北大允谷（今青海貴德縣北）。東漢初，首領滇良會集附落，擊敗先零羌，奪取大榆谷（今青海貴德縣一帶）沃地，發展農牧業，又擅西海（今青海湖）魚鹽之利，勢力強盛。明帝時，屢攻漢隴西塞，爲漢將竇固等擊敗，徙其部於三輔、隴西、漢陽、安定等地。詳見本書卷八七《西羌傳》。　金城：郡名。治允吾縣（今甘肅永靖縣西北）。

五年春正月乙亥，宗祀五帝於明堂，[1]遂登靈臺，[2]望雲物。[3]大赦天下。

[1]【今注】五帝：五方上帝或五色上帝，分別爲東方青帝、南方赤帝、中央黃帝、西方白帝、北方黑帝。　明堂：古代最隆重的建築之一，與辟雍、靈臺合稱“三雍”，是國君進行祭祀、朝會諸侯、發布政令之所。其建築結構，一般認爲包括“太室”和堂、室等，並“以茅蓋屋，上圓下方，外水曰辟雍”。

[2]【今注】靈臺：古代一種觀測天象的高臺，亦與明堂、辟雍結合，成爲進行祭祀、朝聘之所。《詩・大雅・靈臺》：“經始靈臺，經之營之，庶民攻之，不日成之。”據此，周文王時即建造有“靈臺”。漢代的靈臺當包含多層的高臺及其之上的附屬建築，並成爲“靈臺”機構的辦公場所。

［3］【今注】雲物：雲色，指太陽周圍的雲氣之色，古人通過此來辨吉凶、水旱、豐荒等。《周禮・保章氏》：“以五雲之物，辨吉凶、水旱降豐荒之祲象。”鄭玄注：“物，色也。視日旁雲氣之色。”《左傳》僖公五年：“公既視朔，遂登觀臺以望。而書，禮也。凡分、至、啓、閉；必書雲物，爲備故也。”杜預注：“雲物，氣色災變也。”

戊子，千乘王伉薨。[1]

［1］【今注】千乘王伉：劉伉，東漢章帝長子。傳見本書卷五五。

辛卯，封皇弟萬歲爲廣宗王。[1]

［1］【李賢注】廣宗，縣名，今貝州宗城縣。隨煬帝諱廣（隨，大德本、殿本作“隋”），故改爲宗城。【今注】萬歲：劉萬歲，東漢章帝子。傳見本書卷五五。　廣宗：國名。東漢和帝永元五年（93）和帝分鉅鹿郡置，存在僅一年，治廣宗縣（今河北威縣東）。

二月戊戌，詔有司省減內外厩及涼州諸苑馬。[1]自京師離宮果園上林廣成囿悉以假貧民，[2]恣得采捕，[3]不收其稅。

［1］【李賢注】《説文》曰：“厩，馬舍也。”《漢官儀》曰：“未央大厩，長樂、承華等厩令，皆秩六百石。”又云：“牧師諸苑三十六所，分置西北邊，分養馬三十萬頭。”

　　[2]【今注】上林：苑名。秦都咸陽時置，在今陝西西安市西渭水以南、終南山以北。秦惠文王時即開始興建。至秦始皇時，先後在上林苑中修建了朝宮和宏偉壯麗的阿房宮前殿，還修建了大量的離宮別館。西漢初荒廢。西漢武帝時復加拓展，周圍擴至二百餘里。　　廣成：亦作“廣城”，苑名。西漢置。在今河南汝州市西。

　　[3]【今注】恣：聽任，任憑。

　　丁未，詔曰：“去年秋麥入少，恐民食不足。其上尤貧不能自給者户口人數。往者郡國上貧民，以衣履釜鬵爲貲，而豪右得其饒利。[1]詔書實覈，[2]欲有以益之，而長吏不能躬親，反更徵召會聚，令失農作，愁擾百姓。若復有犯者，二千石先坐。”

　　[1]【李賢注】鬵音尋。《方言》曰：“甑，自關而東謂之鬵。”貧人既計釜甑以爲資財，懼於役重，多即賣之，以避科税。豪富之家乘賤買，故得其饒利。【今注】釜：炊事用具，相當於現在的鍋。　　鬵：一種炊具。《説文·鬲部》：“鬵，大釜也。一曰鼎大上小下若甑曰鬵。”《詩·曹風·匪風》：“誰能亨魚？溉之釜鬵。”毛傳：“鬵，釜屬。”　　貲：同“資”，財産。　　豪右：豪門大族。漢以右爲上，故稱“豪右”。　　饒利：豐厚之利。
　　[2]【李賢注】《説文》云：“覈，考實事也。”【今注】實覈：“覈”通“核”，“實覈”即調查核實。

　　甲寅，太傅鄧彪薨。
　　戊午，隴西地震。[1]

　　[1]【今注】隴西：郡名。治狄道縣（今甘肅臨洮縣南）。

　　三月戊子，詔曰："選舉良才，爲政之本。科別行能，必由鄉曲。[1]而郡國舉吏，不加簡擇，[2]故先帝明勑在所，[3]令試之以職，乃得充選。[4]又德行尤異，不須經職者，別署狀上。而宣布以來，出入九年，二千石曾不承奉，恣心從好，司隸、刺史訖無糾察。[5]今新蒙赦令，且復申勑，後有犯者，顯明其罰。在位不以選舉爲憂，督察不以發覺爲負，[6]非獨州郡也。是以庶官多非其人。下民被姦邪之傷，由法不行故也。"

　　[1]【李賢注】《周禮》："鄉大夫掌其鄉之政教，考其德行，察其道藝，三年而舉賢能者於王。"【今注】科別：區分，甄別。鄉曲：鄉里。

　　[2]【今注】簡擇：選擇。

　　[3]【今注】在所：所在之處。

　　[4]【李賢注】《漢官儀》曰："建初八年十二月己未（曹金華《後漢書稽疑》謂，建初八年十二月戊子朔，是月無'己未'，此作'十二月己未'誤），詔書辟士四科：一曰德行高妙，志節清白；二曰經明行脩，能任博士；三曰明曉法律，足以決疑，能案章覆問，文任御史；四曰剛毅多略，遭事不惑，明足照姦，勇足決斷，才任三輔令。皆存孝悌清公之行。自今已後，審四科辟召，及刺史、二千石察舉茂才尤異孝廉廉吏，務實校試以職。有非其人，不習曹事，正舉者故不以實法（大德本句末有'之也'二字，殿本有'也'字）。"

　　[5]【李賢注】訖，竟也。【今注】司隸：司隸校尉，官名。西漢武帝置，執掌京師及其周邊地區的監察，秩二千石。《漢書·百官公卿表上》："司隸校尉，周官，武帝征和四年初置。持節，從中都官徒千二百人，捕巫蠱，督大姦猾。後罷其兵。察三輔、三

河、弘農。元帝初元四年去節。成帝元延四年省。綏和二年，哀帝復置，但爲司隸，冠進賢冠，屬大司空，比司直。”

[6]【李賢注】負亦憂也。【今注】發覺：發現，覺察。

庚寅，遣使者分行貧民，舉實流冗，[1]開倉賑稟三十餘郡。

[1]【李賢注】冗，散也。流散者舉案其實而給之。

夏四月壬子，封阜陵王种兄魴爲阜陵王。[1]

[1]【李賢注】种無嗣，故以魴襲也。

六月丁酉，郡國三雨雹。[1]

[1]【李賢注】《東觀記》曰：“大如鴈子。”

秋九月辛酉，廣宗王萬歲薨，無子，國除。
匈奴單于於除鞬叛，[1]遣中郎將任尚討滅之。[2]

[1]【今注】案，王先謙《後漢書集解》引何焯曰：“‘匈奴’上當有‘北’字。”惠棟曰：“《續志》作於除難鞬，無‘北’字。”
[2]【今注】任尚：東漢將領。東漢章帝章和二年（88）爲護羌校尉鄧訓長史。後爲竇憲司馬，隨擊匈奴，遷中郎將。和帝永元六年（94）任護烏桓校尉，攻殺逢侯。又繼班超任西域都護。性嚴急，好功利，激起西域各族反抗，以罪被免。後屢隨軍鎮壓羌人起事，封樂亭侯。安帝時任征西校尉，與鄧遵同鎮壓羌人起事、羌漢

兩族人民聯合起事，先後派人刺殺義軍首領杜季貢和零昌。永初五年（111），與鄧遵争功，詐增所斬首級，受賂枉法，徵詣廷尉，棄市。1957年（一説1981年），在新疆巴里坤縣松樹塘草原發現一塊石碑，上刻"永元五年""任尚"等字，學者稱爲"任尚碑"或"漢平夷碑"。有學者認爲此碑與任尚平定於除鞬叛亂有關，爲刻石紀功之物。

壬午，令郡縣勸民蓄蔬食以助五穀。[1] 其官有陂池，[2] 令得采取，勿收假税二歲。[3]

[1]【李賢注】蓄，積也。

[2]【今注】陂：池塘。《説文·𨸏部》："陂，阪也，一曰沱也。"

[3]【李賢注】假猶租賃。【今注】假税：租賃而産生的租金。

冬十月辛未，[1] 太尉尹睦薨。[2] 十一月乙丑，[3] 太僕張酺爲太尉。[4]

[1]【今注】案，曹金華《後漢書稽疑》謂，"《後漢紀》卷十三同，然永元五年十月庚寅朔，是月無'辛未'，二書皆誤。本紀前云九月辛酉、壬午，已知十月無'辛未'也"（第86頁）。

[2]【李賢注】《漢官儀》曰："睦字伯師，鞏人。"

[3]【今注】案，曹金華《後漢書稽疑》謂，"'乙丑'，《後漢紀》卷十三作'己丑'。據《二十史朔閏表》，永元五年十一月庚申朔，'乙丑'爲初六，無'己丑'，《袁紀》誤"（第87頁）。

[4]【今注】太僕：官名。秩中二千石，列位九卿，掌皇帝專用車馬，有時親自爲皇帝駕車，地位親近重要，兼管官府畜牧業

〔參見呂宗力主編《中國歷代官制大辭典》（修訂版），第 124 頁〕。本書《百官志二》：“太僕，卿一人，中二千石。本注曰：掌車馬。天子每出，奏駕上鹵簿，用大駕則執御。丞一人，比千石。”　張酺：字孟侯，汝南細陽（今安徽太和縣東南）人。傳見本書卷四五。

　　是歲，武陵郡兵破叛蠻，降之。護羌校尉貫友討燒當羌，[1]羌乃遁去。[2]南單于安國叛，骨都侯喜斬之。[3]

　　[1]【今注】護羌校尉：官名。西漢武帝時置，持節統領羌族事務。東漢初罷。東漢光武帝建武九年（33），復以牛邯爲護羌校尉。後或省或置。章帝以後遂爲常制。秩比二千石，有長史、司馬二人，多以邊郡太守、都尉轉任。除監護内附羌人各部落外，亦常將羌兵協同作戰，戍衞邊塞。

　　[2]【今注】遁：逃。

　　[3]【今注】骨都侯：匈奴官號，爲匈奴異姓大臣。《史記》卷一一〇《匈奴列傳》：“（匈奴）置左右賢王，左右谷蠡王，左右大將，左右大都尉，左右大當户，左右骨都侯。”《集解》：“骨都，異姓大臣。”本書卷八九《南匈奴傳》：“（匈奴）異姓大臣左右骨都侯，次左右尸逐骨都侯，其餘日逐、且渠、當户諸官號，各以權力優劣、部衆多少爲高下次第焉。”東漢時有韓氏、當于氏、呼衍氏、郎氏、栗籍氏等五骨都侯。東漢光武帝建武二十四年，南北匈奴分裂後，五骨都侯隸屬北匈奴。後歸南庭，受南單于命。韓氏骨都侯屯北地，當于骨都侯屯五原，呼衍骨都侯屯雲中，郎氏骨都侯屯定襄，栗籍骨都侯屯代郡，領部衆助漢戍邊。詳見本書《南匈奴傳》。　案，王先謙《後漢書集解》引惠棟曰：“《通鑑》以爲永平六年事。據《南單于傳》亦屬五年，《通鑑》誤也。”

六年春正月，永昌徼外夷遣使譯獻犀牛、大象。[1]

[1]【今注】永昌：郡名。東漢明帝永平十二年（69）哀牢內
屬，以其地置哀牢、博南二縣，並割益州西部都尉所領六縣合置。
治不韋縣（今雲南保山市東北）。　徼：邊塞。　譯：翻譯。《説
文・言部》："譯，傳四夷之語者。"今西北地區出土簡牘中多見
"譯者"。

己卯，司徒丁鴻薨。
二月乙未，遣謁者分行稟貸三河、兗、冀、青州
貧民。[1]

[1]【今注】謁者：官名。春秋戰國即有此官。秦漢爲郎中令
（光禄勳）屬官，設謁者僕射統領。西漢員七十人，秩比六百石。
選孝廉、郎官年不滿五十儀容威嚴能大聲贊導者充任。本職爲侍從
皇帝，擔任賓禮司儀，亦常充任皇帝使者，出使諸侯王國、少數民
族，巡視地方，派往災區宣慰存問、發放賑貸，或收捕、考案貴
戚、大臣，主持水利工程等。擔任謁者一定期限後，可以拜任其他
官職，如縣令、長史等。據文獻記載，西漢還有中謁者、大謁者等
名稱，西安漢城出土有"河堤謁者"印。東漢又有常侍謁者、給事
謁者、灌謁者等類別。東漢謁者爲外臺，與尚書中臺、御史憲臺並
稱三臺，三臺到東漢末年掌握着實際朝政。　三河：漢代稱河內、
河南、河東三郡爲"三河"。　兗：州名。西漢武帝時所置十三刺
史部之一。約當今山東西南部及河南東部地區，北至茌平、萊蕪，
東至沂水流域，東南至莒縣、平邑、兗州、魚臺、單縣，南至鹿
邑、淮陽、扶溝等市縣，西南至開封、濮陽等地。東漢時治昌邑縣
（今山東巨野縣東南）。　冀：州名。西漢武帝時所置十三刺史部之
一。轄境相當於今河北中、南部，山東西端及河南北端。東漢治高

邑縣（今河北柏鄉縣北）。後移治鄴縣（今河北臨漳縣西南）。
青：州名。西漢武帝時所置十三刺史部之一。轄境相當於今山東德
州市、齊河縣以東，馬頰河以南，濟南、臨朐、安丘、高密、萊
陽、棲霞、乳山等市縣以北、以東和河北吳橋縣地。東漢治臨菑縣
（今山東淄博市臨淄北）。

　　許侯馬光自殺。[1]

　　[1]【李賢注】《東觀記》曰："光前坐黨附竇憲，歸國，爲
憲客奴所誣告，乃自殺。"【今注】案，許侯，中華本改爲"許陽
侯"，校勘記謂"《校補》引洪亮吉説，謂傳作'許陽侯'，此脱
'陽'字。今據補"。然曹金華《後漢書稽疑》謂，"《馬援傳》與
《天文志》俱作'許侯'。《集解》本《馬援傳》作'許陽侯'，
《集解》引惠棟説，謂'陽'字衍，又引洪頤煊説，謂'《和帝紀》
許侯馬光自殺，"陽"是衍字'。故不當補'陽'也"（第87頁）。

　　丁未，司空劉方爲司徒，太常張奮爲司空。[1]

　　[1]【今注】張奮：字稚通，京兆杜陵（今陝西西安市東南）
人。張純子。傳見本書卷三五。

　　三月庚寅，詔流民所過郡國皆實稟之，其有販賣
者勿出租税，[1]又欲就賤還歸者，復一歲田租、
更賦。[2]

　　[1]【李賢注】漢循周法，商賈有税，流人販賣，故矜免之。
　　[2]【李賢注】復音福。【今注】更賦：漢代税目之一，又稱

爲"過更""更"等。由代役金演變而來。"更"指秦漢戍役中戍卒輪流服役。卒更即輪流服役，踐更指親自服役，過更指僱人服役。過更本指是向官府交納代役金，由官府僱人行役。由於大多數人並不親自服役，而是繳納代役金，故這筆錢就成爲一種賦税，稱作"過更"或"更賦"。〔參見林甘泉主編《中國經濟通史·秦漢經濟卷（下）》，中國社會科學出版社 2007 年版，第 443—444 頁〕

丙寅，詔曰："朕以眇末，[1]承奉鴻烈。陰陽不和，水旱違度，濟河之域，凶饉流亡，[2]而未獲忠言至謀，所以匡救之策。寤寐永歎，用思孔疚。[3]惟官人不得於上，[4]黎民不安于下，有司不念寬和，而競爲苛刻，[5]覆案不急，以妨民事，[6]甚非所以上當天心，下濟元元也。思得忠良之士，以輔朕之不逮。其令三公、中二千石、二千石、內郡守相舉賢良方正、能直言極諫之士各一人。[7]昭巖穴，[8]披幽隱，遣詣公車，[9]朕將悉聽焉。"帝乃親臨策問，[10]選補郎吏。

[1]【今注】眇末：渺小微末。自謙之詞。

[2]【李賢注】《尚書》曰"濟河惟兗州"，言東南據濟，西北距河。

[3]【李賢注】孔，甚也。疚，病也。《詩》云："憂心孔疚。"【今注】孔疚：滿懷憂愁，十分痛苦。《詩·小雅·采薇》："憂心孔疚，我行不來。"《詩·小雅·杕杜》："匪載匪來，憂心孔疚。"

[4]【今注】官人：官吏。

[5]【今注】競：爭相。

[6]【李賢注】不急謂非要。【今注】覆案：秦漢法律程序，

指調查、追究案件事實。　案，王先謙《後漢書集解》引惠棟曰："《漢律》四篇有告、劾、傳、覆。告，爲人所告也；劾，爲人所劾也；傳，傳捕；覆，覆案也。見陳群《新律序》。不急謂細故也。"

［7］【今注】三公：職官合稱。東漢指司徒、司馬、司空。較爲普遍的三公職官理論出現於戰國時期，並被上推古制。班固在《漢書·百官公卿表上》中即把太師、太保、太傅，或司徒、司馬、司空視爲三公。然西周和春秋實際上並無三公制，戰國諸國亦未實行三公制。戰國晚期秦國開始把丞相稱爲三公，但是秦代並未將御史大夫、太尉和丞相並稱三公，因此秦代不存在三公制。西漢時期，不晚於景帝時，御史大夫被冠上三公的頭銜，至成帝時太尉也被列爲三公，三公分職開始形成。宣帝時置大司馬，成帝時將御史大夫改稱大司空，哀帝時將丞相改爲大司徒，三公制正式形成。東漢基本實行司徒、司馬、司空並稱的三公制。（參見卜憲群《秦漢三公制度淵源考》，《安徽史學》1994 年第 4 期）　賢良方正：漢代察舉科目之一，賢良指有德之士，方正指正直之士。舉賢良方正，始於西漢文帝二年（前 178），自此以後，兩漢諸帝大都頒布過察舉賢良方正的詔令。諸侯王、公卿、郡守均得依詔令察舉。賢良方正常連言直言極諫，其目的主要是廣開直言之路。漢代詔舉賢良方正多在發生災異之後。（參見安作璋、熊鐵基《秦漢官制史稿》，第 809 頁）　直言極諫：漢代察舉科目之一，常與賢良方正連稱。它們兼有"求言"即徵求吏民之政治意見的目的，往往施行於發生了災異、動亂或其他重大政治問題之時，由皇帝下詔察舉，被舉者以"對策"形式發表政見，然後分等授官。（參見閻步克《察舉制度變遷史稿》，北京師範大學出版社 2021 年版，第 3 頁）

［8］【今注】巖穴：巖穴之士，指隱士，古時隱士多山居，故稱。《韓非子·外儲説左上》："其君見好巖穴之士，所傾蓋與車以見窮閭隘巷之士以十數，优禮下布衣之士以百數矣。"

［9］【李賢注】《前書音義》曰："公車，署名也，公車所在，故以名焉。"《漢官儀》曰："公車令一人，秩六百石，掌殿門。諸

上書詣闕下者，皆集奏之；凡所徵召，亦總領之。"【今注】公車：官署名。"公車司馬"之省稱，以令主之，屬衛尉。掌管宮中司馬門警衛，並接待臣民上書及徵召。本書《百官志二》："公車司馬令一人，六百石。本注曰：掌宮南闕門，凡吏民上章，四方貢獻，及徵詣公車者。"

[10]【今注】策問：漢代選舉制度。漢代皇帝常以經義及政事中的問題書之於策，召納臣民應對，謂之"策問"，作爲選拔人才的一種考試方法。因其意而闡發議論者曰"射策"，針對問題而陳述政事者曰"對策"。

　　夏四月，蜀郡徼外羌率種人遣使內附。[1]

[1]【今注】蜀郡：治成都縣（今四川成都市武侯區）。　種人：同種族的人。

　　五月，城陽王淑薨。無子，國除。[1]

[1]【李賢注】章帝子也。

　　六月己酉，初令伏閉盡日。[1]

[1]【李賢注】《漢官舊儀》曰："伏日萬鬼行，故盡日閉，不干它事。"【今注】伏閉盡日：伏日一整天不幹事。

　　秋七月，京師旱。詔中都官徒各除半刑，謫其未竟，[1]五月已下皆免遣。丁巳，幸洛陽寺，[2]錄囚徒，[3]舉冤獄。收洛陽令下獄抵罪，司隸校尉、河南尹皆左降。[4]未及還宮而澍雨。[5]

[1]【今注】讁：罰。

[2]【李賢注】寺，官舍也。《風俗通》云："寺，嗣也。理事之吏，嗣續於其中。"【今注】洛陽寺："洛陽"爲東漢都城，縣名，河南尹治所，在今河南洛陽市東。"寺"指官舍，即縣令、縣長的辦公機構。"洛陽寺"即洛陽縣令之官署，寺内設有監獄，稱洛陽獄或洛陽寺獄。洛陽獄屬於詔獄，主要關押和審判犯有謀反等重罪和貴族官僚等地位較高的罪犯。管轄洛陽獄的機構複雜，洛陽獄從屬於司州、河南尹和洛陽縣三級司法組織，皇帝派遣的使者亦經常參與、干預洛陽獄中的司法審判。洛陽獄中的囚犯身份特殊，包括朝内百官和列侯、地方長吏、宦官等，其規模很大，能夠容納數以千計的罪犯，屬於一所大型監獄。（參見宋傑《東漢的洛陽獄》，載《漢代監獄制度研究》，第113—147頁）

[3]【今注】録囚徒：秦漢時期一項省察囚徒、案件，對司法判決進行監督、審查，以平反冤假錯案的制度。

[4]【今注】河南尹：官名。東漢光武帝建武十五年（39）置，爲京都洛陽所在之河南郡長官，二千石，有丞一員，爲其副貳。主掌京都事務。春行屬縣，勸農桑，振乏絕。秋冬案訊囚徒，平其罪法。歲終遣吏上計。並舉孝廉，典禁兵。　左降：降職。

[5]【今注】澍雨：及時雨。《説文·水部》："澍，時雨也。所以樹生萬物者也。"

西域都護班超大破焉耆、尉犁，斬其王。[1]自是西域降服，納質者五十餘國。[2]

[1]【今注】焉耆：古國名。又名"烏耆國""烏纏國""烏夷國""阿耆尼國"。漢西域三十六國之一。都城在員渠城（今新

疆焉耆回族自治縣)。詳見本書卷八八《西域傳》。 尉犁:古國名。漢西域三十六國之一,屬西域都護府。其都城在今新疆焉耆回族自治縣西南紫泥泉。三國時爲焉耆國所併。

[2]【今注】納質:送納人質。

　　南單于安國從弟子逢侯率叛胡亡出塞。[1]九月癸丑,[2]以光禄勳鄧鴻行車騎將軍事,[3]與越騎校尉馮柱、行度遼將軍朱徽、使匈奴中郎將杜崇討之。[4]冬十一月,護烏桓校尉任尚率烏桓、鮮卑,大破逢侯,[5]馮柱遣兵追擊。獲之。[6]

　　[1]【今注】從弟:堂弟,指叔伯之子而年紀小於自己的人。

　　[2]【今注】案,曹金華《後漢書稽疑》謂,"永元六年九月乙卯朔,'癸丑'在'乙卯'前二日,故'九月'疑是'八月'之訛。然據《天文志》:'九月,行車騎將軍鄧鴻……征叛胡',又疑本紀'癸丑'誤也"(第 88 頁)。

　　[3]【今注】光禄勳:官名。西漢武帝太初元年(前 104)改郎中令置。秩中二千石,位列諸卿。職掌宮殿門户宿衛,兼侍從皇帝左右,宮中宿衛、侍從、傳達諸官如大夫、郎官、謁者等皆屬之。兼典期門(虎賁)、羽林諸禁衛軍。新莽改名司中。東漢復舊,職司機構有所變動,以掌宮殿門户宿衛爲主,罷郎中三將,五官、左、右三中郎將署,分領中郎、侍郎、郎中,名義上備宿衛,實爲後備官員儲備之所。虎賁、羽林中郎將、羽林左右監仍領禁軍,掌宿衛侍從。職掌顧問參議的大夫、掌傳達招待的謁者及騎、奉車、駙馬三都尉名義上隸屬之。兩漢郎官爲選拔人才的重要途徑,故光禄勳對簡選官吏負有重要責任。〔參見吕宗力主編《中國歷代官制大辭典》(修訂版),第 385 頁〕

　　[4]【今注】越騎校尉:官名。西漢武帝時始置,爲北軍八校

尉之一，位次列卿。領內附越人騎士，戍衞京師，兼任征伐。東漢初罷，光武帝建武十五年（39）復改青巾左校尉置，爲五校尉之一，秩比二千石。隸北軍中候，掌宿衞兵，有司馬一員。〔參見吕宗力主編《中國歷代官制大辭典》（修訂版），第 835 頁〕本書《百官志四》："越騎校尉一人，比二千石。本注曰：掌宿衞兵。司馬一人，千石。" 使匈奴中郎將：官名。西漢時常遣中郎將使匈奴，稱匈奴中郎將。元帝以後雖遣使頻繁，但身份仍爲使節，事迄即罷。東漢光武帝建武二十六年遣中郎將段郴等使南匈奴，授南單于璽綬，令入居雲中，始置使匈奴中郎將以監護之，因設官府、從事、掾史。後徙至西河，又令西河長史歲將騎二千，弛刑五百人，助中郎將衞護單于，冬屯夏罷。自後遂爲常制。本書《百官志五》："使匈奴中郎將一人，比二千石。本注曰：主護南單于。置從事二人，有事隨事增之，掾隨事爲員。"除監護南匈奴諸部落外，也常將南匈奴騎兵征伐烏桓、西羌等。（參見林甘泉主編《中國歷史大辭典·秦漢史》，第 278 頁）

[5]【李賢注】闞駰《十三州志》曰："護烏丸，擁節，秩比二千石，武帝置，以護內附烏丸，既而并於匈奴中郎將。中興初，班彪上言宜復此官，以招附東胡，乃復更置焉。"【今注】護烏桓校尉：官名。西漢武帝始置，掌內附烏桓事務。武帝遣驃騎將軍霍去病擊破匈奴左地後，爲防止烏桓與匈奴交通，因徙其部於上谷、漁陽、右北平、遼西、遼東五郡塞外，置烏桓校尉監之，秩二千石，持節統領之。後不常置。東漢光武帝建武二十五年（49），遼西烏桓朝貢，使居塞內，布於緣邊諸郡，令招來種人，給其衣食，爲漢偵察，助擊鮮卑、匈奴。復置護烏桓校尉，秩比二千石，屯上谷寧城，並領鮮卑。常將烏桓等部兵與度遼將軍、使匈奴中郎將、護羌校尉等協同作戰，戍衞邊塞。（參見林甘泉主編《中國歷史大辭典·秦漢史》，第 216 頁）本書《百官志五》："護烏桓校尉一人，比二千石，本注曰：主烏桓胡。"烏桓，古族名。又作"烏丸"。

東胡族的一支。秦漢之際，東胡遭匈奴冒頓單于的攻擊，部分遷居烏桓山（今內蒙古阿魯科爾沁旗北境，即大興安嶺山脈南端），因以爲名。以游牧射獵爲生。西漢武帝時，遷至上谷、漁陽、右北平、遼西、遼東五郡塞外，在今內蒙古錫林郭勒盟、赤峰市、通遼市南部長城以北地。東漢初入居塞內，置護烏桓校尉管理，駐寧城（今河北張家口市萬全區）。傳見本書卷九〇。　鮮卑：古族名。東胡的一支。秦漢時，游牧於今內蒙古西拉木倫河及洮兒河之間，附於匈奴。北匈奴西遷後，進入匈奴故地，併其餘衆，勢力漸盛。東漢桓帝時，首領檀石槐建庭立制，組成軍事行政聯合體。分爲東、中、西三部，各置大人率領。其後聯合體瓦解，步度根、軻比能等首領各擁其衆，附屬漢魏。傳見本書卷九〇。

[6]【今注】案，獲，紹興本、大德本、殿本作“復”。

詔以勃海郡屬冀州。

武陵漊中蠻叛，郡兵討平之。

七年春正月，行車騎將軍鄧鴻、度遼將軍朱徽、中郎將杜崇皆下獄死。[1]

[1]【李賢注】時南單于安國與崇不相平，乃上書告崇。崇令斷其章，緣此驚叛，安國卒見殺。帝後知之，皆徵下獄。

夏四月辛亥朔，日有食之。帝引見公卿問得失，令將、大夫、御史、謁者、博士、議郎、郎官會廷中，各言封事。[1]詔曰：“元首不明，化流無良，政失於民，譴見于天。[2]深惟庶事，五教在寬，[3]是以舊典因孝廉之舉，以求其人。[4]有司詳選郎官寬博有謀才任典城者三十人。”[5]既而悉以所選郎出補長、相。[6]

[1]【李賢注】《十三州志》曰："侍御史，周官，即柱下史。秩六百石，掌注記言行，糾諸不法，員十五人。出有所案，則稱使者焉。謁者，秦官也。員七十人，皆選孝廉年未五十，曉解儐贊者。歲盡拜縣令、長史及都官府丞（吏，紹興本、殿本作'史'）、長史。博士，秦官。博通古今，秩皆六百石。孝武初置《五經》博士，後稍增至十四員。取聰明威重者一人爲祭酒，主領焉。議郎、郎官，皆秦官也。冗無所掌，秩六百石或四百石。"

【今注】御史：官名。即侍御史，西漢爲御史大夫屬官，由御史中丞統領，入侍禁中蘭臺，給事殿中，故名。員十五人，秩六百石。掌受公卿奏事，舉劾按章，監察文武官員。分令、印、供、尉馬、乘五曹。或供臨時差遣，出監郡國，持節典護大臣喪事，收捕、審訊有罪官吏等。東漢爲御史臺屬官，於糾彈本職之外，常奉命出使州郡，巡行風俗，督察軍旅，職權頗重。〔參見吕宗力主編《中國歷代官制大辭典》（修訂版），第564頁〕　博士：官名。爲太常屬官，秩比六百石。在秦和漢初，博士帶有學術顧問的性質，既掌管其專門之學，又參與政治討論，還外出巡行視察。西漢武帝建元五年（前136）又置五經博士，專掌儒家經學傳授。東漢光武帝置五經十四博士。有博士祭酒一人，六百石。　議郎：官名。郎官之一種，光禄勳屬官，爲高級郎官，不入直宿衛，職掌顧問應對，參與議政，秩比六百石。東漢更爲顯要，常選任耆儒名士、高級官吏，除議政外，亦或給事宫中近署。〔參見吕宗力主編《中國歷代官制大辭典》（修訂版），第305頁〕《漢書·百官公卿表上》："郎掌守門户，出充車騎，有議郎、中郎、侍郎、郎中，皆無員，多至千人。議郎、中郎秩比六百石，侍郎比四百石，郎中比三百石。"本書《百官志二》："凡郎官皆主更直執戟，宿衛諸殿門，出充車騎。唯議郎不在直中。""凡大夫、議郎皆掌顧問應對，無常事，唯詔令所使。"　郎官：職官類名。西漢有郎中、中郎、外郎、侍郎、議郎等，無定員，多至千餘人。皆隸屬郎中令（光禄勳）。諸侯王國亦置。職掌守衛皇宮殿廊門户、出充車騎扈從、備顧問應對、守衛陵園廟等。因與皇帝關係密切，任職滿一定期限即可遷補內外官職，爲重要選官途徑。《漢書·百官公卿表上》：“郎掌守門户，出充車騎，有議郎、中郎、侍郎、郎中，皆無員，多至千人。議郎、中郎秩比六百石，侍郎比四百石，郎中比三百石。中郎有五官、左、右三將，秩皆比二千石。郎中有車、户、騎三將，秩皆比千石。”由於議郎地位特殊，不入直宿衛，故東漢常將議郎從郎官中分出。　封事：上呈皇帝的秘密奏章。漢代的普通奏章，先經尚書之文書作業，再送呈皇帝。封事則直接上呈皇帝，由皇帝本人或皇帝所指定的人開閱。（參見廖伯源《漢“封事”雜考》，載《秦漢史論叢》，中華書局 2008 年版，第 195 頁）

　　[2]【李賢注】讁，譴責也。《禮》曰：“陽事不得，讁見于天（殿本‘讁’前有‘譴’字），日爲之食。”

　　[3]【今注】五教在寬：《尚書·堯典》：“帝曰：‘契，百姓不親，五品不遜，汝作司徒，敬敷五教，在寬。’”

　　[4]【李賢注】武帝元光元年，董仲舒初開其議，詔郡國舉孝廉各一人。【今注】孝廉：漢代察舉科目之一，即孝子廉吏。原爲二科，西漢武帝於元光元年（前 134）初令郡國舉孝、廉各一人。其後多連稱而混同爲一科。察舉孝廉爲歲舉，郡國每年向中央推舉一至二人，其所舉人數比茂才爲多。所舉者不限於現任官吏。孝廉的出路多爲郎官。（參見安作璋、熊鐵基《秦漢官制史稿》，第 804—807 頁）

　　[5]【李賢注】任，堪也，音仁林反。

　　[6]【李賢注】長，縣長；相，侯相也。《十三州志》云：“縣爲侯邑，則令、長爲相，秩隨令、長本秩。”

五月辛卯，改千乘國爲樂安國。[1]

[1]【李賢注】千乘故城在今淄州高苑縣北。樂安故城在今青州博昌縣南。

六月丙寅，沛王定薨。[1]

[1]【今注】沛王定：劉定，沛獻王劉輔之子。襲爵沛王，在位十一年，諡號“釐”。子劉正嗣位。事見本書卷四二《光武十王傳》。

秋七月乙巳，易陽地裂。[1]九月癸卯，京師地震。

[1]【李賢注】易陽，縣，在易水之陽，今易州也。【今注】易陽：縣名。屬趙國，治所在今河北邯鄲市永年區東南。

八年春二月己丑，立貴人陰氏爲皇后。[1]賜天下男子爵，人二級，三老、孝悌、力田三級，[2]民無名數及流民欲占者一級；[3]鰥、寡、孤、獨、篤癃、貧不能自存者粟，人五斛。

[1]【今注】案，曹金華《後漢書稽疑》謂，“永元八年二月丁未朔，是月無‘己丑’，‘春二月’當作‘春三月’。《五行志》作‘三月陰皇后立’；《後漢紀》卷十三作‘春三月己丑，立皇后陰氏’”（第89頁）。　貴人：後宮名號。始於東漢，位僅次皇后。本書卷一〇上《皇后紀上》：“及光武中興，斲彫爲朴，六宮稱號，唯皇后、貴人。貴人金印紫綬，俸不過粟數十斛。又置美人、宮人、采女三等，並無爵秩，歲時賞賜充給而已。”　陰氏：南陽新野（今河南新野縣）人，陰麗華之兄執金吾陰識曾孫女，東漢和

帝劉肇第一任皇后。紀見本書卷一〇上。

　[2]【今注】孝悌力田：又作"孝弟力田"。漢代官府設置的
兩類身份，亦爲鄉官之名。"孝悌"指孝敬父母、尊敬兄長，"力
田"指努力耕作。《漢書》卷二《惠帝紀》："（孝惠四年）春正月，
舉民孝弟力田者，復其身。"是爲漢廷舉"孝弟力田"之始。吕后
時期將"孝弟力田"設置爲鄉官。西漢文帝時開始按照户口設置
"孝弟力田"的"常員"。終兩漢之世，舉"孝弟力田"成爲一種
固定的制度。被推舉出來的"孝弟力田"，或免除徭役，或厚加賞
賜，其作用是使其爲民表率。除個别例外，一般都不是到政府去做
官，至多和三老相似，做一個鄉官而已。（參見安作璋、熊鐵基
《秦漢官制史稿》，第802頁）

　[3]【今注】名數：户籍。《漢書》卷四六《石奮傳》："元封
四年，關東流民二百萬口，無名數四十萬，公卿議欲請徙流民於邊
以適之。"顏師古注："名數，若今户籍。"　占：登記。

夏四月癸亥，樂成王黨薨。
甲子，詔賑貸并州四郡貧民。[1]

　[1]【今注】并州：西漢武帝時所置十三刺史部之一。轄境相
當於今山西大部及内蒙古、河北的一部。東漢治太原郡（今山西太
原市西南晉源鎮），轄境擴大，包有今陝西北部及河套地區。

　　五月，河内、陳留蝗。[1]

　[1]【今注】河内：郡名。治懷縣（今河南武陟縣西南）。
陳留：郡名。治陳留縣（今河南開封市祥符區東南）。

南匈奴右温禺犢王叛，爲寇。秋七月，行度遼將軍龐奮、越騎校尉馮柱追討之，[1]斬右温禺犢王。

[1]【今注】案，馮，大德本作“馬”。

車師後王叛，擊其前王。

八月辛酉，飲酎。[1]詔郡國中都官繫囚減死一等，詣敦煌戍。[2]其犯大逆，[3]募下蠶室；[4]其女子宮。[5]自死罪已下，至司寇及亡命者入贖，各有差。

[1]【今注】酎：醇酒，經過兩次或多次重釀的酒，在祭祀時飲用。《說文·酉部》：“酎，三重醇酒也。”段玉裁注：“謂用酒爲水釀之，是再重之酒也。次又用再重之酒爲水釀之，是三重之酒也。”《禮記·月令》鄭玄注：“酎之言醇也，謂重釀之酒也。”漢代在舉行祭祀飲酎之時，命諸侯王出金助祭，稱爲酎金。《漢儀》：“《酎金律》，文帝所加，以正月旦作酒，八月成，名酎酒。因令諸侯助祭貢金。”江西南昌海昏侯墓出土大量酎金實物，有金餅、馬蹄金和麟趾金等。

[2]【今注】敦煌：郡名。治敦煌縣（今甘肅敦煌市西）。

[3]【今注】大逆：亦稱“大逆無道”，罪名。秦漢重罪之一。指以下犯上、違背君臣倫理之犯罪，具體指顛覆、危害、反對君主統治的行爲，文獻中常以“背叛宗廟”“危宗廟”“危社稷”等描述之。“大逆”爲秦漢“不道”罪的種類之一，後世歸入“十惡”。〔參見［日］大庭脩著，徐世虹等譯《秦漢法制史研究》，第87—95頁〕《漢書》卷五《景帝紀》如淳注：“律，大逆不道，父母、妻子、同產皆棄市。”根據律條規定，犯此罪者多本人腰斬，父母妻子同產連坐棄市。

[4]【今注】蠶室：執行宮刑及受宮刑者所居之獄室。因受宮刑者畏風須暖，故進入加溫的密室，如養蠶之室，故稱蠶室。《漢書》卷五九《張安世傳》："初，安世兄賀幸於衛太子，太子敗，賓客皆誅，安世爲賀上書，得下蠶室。"顏師古注："謂腐刑也。凡養蠶者，欲其溫而早成，故爲密室蓄火以置之。而新腐刑亦有中風之患，須入密室乃得以全，因呼爲蠶室耳。"

[5]【今注】宮：刑罰名。男子去勢，女子幽閉。

九月，京師蝗。吏民言事者，多歸責有司。詔曰："蝗蟲之異，殆不虛生，[1]萬方有罪，在予一人，[2]而言事者專咎自下，非助我者也。朕寢寐恫矜，思弭憂釁。[3]昔楚嚴無災而懼，[4]成王出郊而反風。[5]將何以匡朕不逮，[6]以塞災變？百僚師尹勉修厥職，[7]刺史、二千石詳刑辟，[8]理冤虐，恤鰥寡，矜孤弱，思惟致災興蝗之咎。"

[1]【李賢注】《禮記・月令》曰："孟夏行春令，則蝗蟲爲災。"《洪範五行傳》曰："貪利傷人，則蝗蟲損稼。"

[2]【今注】萬方有罪在予一人：意爲世上各處的罪過責任在我帝王。語出《論語・堯曰》："朕躬有罪，無以萬方；萬方有罪，罪在朕躬。周有大賚，善人是富。雖有周親，不如仁人。百姓有過，在予一人。"

[3]【李賢注】《尚書》曰："恫矜乃身。"孔安國注曰："恫，痛也。矜，病也。言如痛病在身，欲除之也。"矜音古頑反。【今注】恫矜：病痛，疾苦。《尚書・康誥》："嗚呼！小子封，恫瘝乃身，敬哉。" 弭：止。 釁：罪過。

[4]【李賢注】解見《明紀》。

[5]【李賢注】成王疑周公，天乃大風，禾則盡偃；王乃出郊祭，天乃反風起禾。事見《尚書》。【今注】出郊而反風：典故出自《尚書·金縢》。

[6]【今注】案，殿本無“將”字。　匡朕不逮：糾正我所不及之處。

[7]【今注】百僚師尹：泛指百官。百僚即百官，《尚書·皋陶謨》：“百僚師師。”《詩·小雅·大東》：“百僚是試。”師尹即屬官之長，《尚書·洪範》：“曰王省惟歲，卿士惟月，師尹惟日。”《詩·小雅·節南山》：“赫赫師尹，民具爾瞻。”

[8]【今注】刑辟：法律。《説文·辟部》：“辟，法也。”

庚子，復置廣陽郡。[1]

[1]【李賢注】高帝時燕國也，昭帝元鳳元年爲廣陽郡，宣帝本始元年更爲國也。【今注】廣陽郡：治薊縣（今北京市西城區南）。

冬十月乙丑，北海王威有罪自殺。[1]

[1]【李賢注】北海，郡，今青州縣。【今注】北海王威：北海敬王劉睦庶子，劉睦繼位者劉基無子，東漢和帝永元二年（90）命劉威嗣位。劉威坐誹謗罪，又非劉睦子，在被押往廷尉處的途中自殺，在位七年。事見本書卷一四《宗室四王三侯傳》。

十二月辛亥，陳王羨薨。
丁巳，南宮宣室殿火。[1]

　　[1]【今注】南宮：洛陽城宮殿名。西漢時洛陽已存在南宮，東漢光武帝對南宮進行了擴建，在宮中修建了前殿等建築，又在洛陽南郊興建了郊兆、太學、明堂等設施，還在洛陽城南墻上開闢了平城門，爲從南宮前往南郊提供了通道。（參見陳蘇鎮《東漢的南宮和北宮》，《文史》2018 年第 1 輯）　宣室殿：東漢洛陽南宮宮殿名。西漢未央宮中亦有宣室殿。《史記》卷八四《屈原賈生列傳》："孝文帝方受釐，坐宣室。"裴駰《集解》引蘇林曰："未央前正室。"

　　九年春正月，永昌徼外蠻夷及撣國重譯奉貢。[1]

　　[1]【李賢注】撣音擅。《東觀記》作"擅"，俗本以"撣"字相類或作"禪"者，誤也。《説文》曰："譯，傳四夷之語也。"【今注】撣國：古國名。據本書卷八六《西南夷傳》，東漢和帝永元九年（97），其國王雍由調遣使貢獻，和帝賜金印紫綬。安帝永寧元年（120），又遣使朝賀，獻樂及大秦幻人。幻人能變化吐火，自支解，易牛馬頭，又善跳丸。次年元會，安帝封雍由調爲漢大都尉，賜印綬、金銀、彩繪等。該國西南通大秦，一般認爲在今緬甸東北境。　重譯：輾轉翻譯。

　　三月庚辰，隴西地震。
　　癸巳，濟南王康薨。[1]

　　[1]【今注】濟南王康：東漢光武帝子劉康。傳見本書卷四二。

　　西域長史王林擊車師後王，斬之。

夏四月丁卯，封樂成王黨子巡爲樂成王。[1]

[1]【今注】樂成：國名。東漢明帝永平十五年（72）改信都國置，治信都縣（今河北衡水市冀州區）。

六月，蝗、旱。戊辰，詔：“今年秋稼爲蝗蟲所傷，皆勿收租、更、芻稾；[1]若有所損失，以實除之，餘當收租者亦半入。其山林饒利，陂池漁採，以贍元元，[2]勿收假税。”秋七月，蝗蟲飛過京師。

[1]【今注】更：更賦。
[2]【今注】贍：供給。《説文新附・貝部》：“贍，給也。”

八月，鮮卑寇肥如，[1]遼東太守祭參下獄死。[2]

[1]【李賢注】肥如，縣，屬遼西郡。《前書音義》曰：“肥子奔燕，封於此。”今平州也。【今注】肥如：縣名。治所在今河北遷安市東北。
[2]【李賢注】《東觀記》曰：“鮮卑千餘騎攻肥如城，殺略吏人，祭參坐沮敗，下獄誅。”【今注】遼東：郡名。治襄平縣（今遼寧遼陽市）。　祭參：潁川潁陽（今河南許昌市西南）人。祭肜子。從竇固擊車師有功，稍遷遼東太守。東漢和帝永元中，鮮卑寇邊，參坐沮敗，下獄死。

閏月辛巳，皇太后竇氏崩。丙申，葬章德皇后。[1]

[1]【今注】章德皇后：竇氏。東漢章帝皇后。

燒當羌寇隴西，殺長吏，遣行征西將軍劉尚、越
騎校尉趙世等討破之。[1]

[1]【今注】案，中華本校勘記按："《集解》引錢大昕説，謂
《趙憙傳》《西羌傳》'趙世'並作'趙代'，蓋章懷避唐諱改之，
此作'世'，又唐以後人回改。"

九月庚申，司徒劉方策免，[1]自殺。

[1]【今注】策免：皇帝以策書免官。策書是皇帝所下文書之
一種，漢代任命和免除高官均由皇帝下策書進行，故稱策命和
策免。

甲子，追尊皇妣梁貴人爲皇太后。[1]冬十月乙酉，
改葬恭懷梁皇后于西陵。[2]

[1]【今注】皇妣：對亡母的尊稱。《禮記·曲禮下》："父曰
皇考，母曰皇妣。"

[2]【李賢注】《謚法》曰："正德美容曰恭，執義揚善曰
懷。"《東觀記》曰："改殯承光宫，儀比敬園。初，后葬有闕，實
后崩後，乃議改葬。"

十一月癸卯，光禄勳河南吕蓋爲司徒。[1]十二月丙
寅，司空張奮罷。壬申，太僕韓稜爲司空。

[1]【李賢注】蓋字君上（上，殿本作"玉"），苑陵人也。
【今注】河南：郡名。一般稱河南尹，治洛陽縣（今河南洛陽市

東）。

己丑，復置若盧獄官。[1]

[1]【李賢注】《前書》曰，若盧獄屬少府。《漢舊儀》曰
"主鞫將相大臣"也。【今注】若盧獄：若盧爲官署名。屬少府，
前人或認爲若盧爲行政機構，或認爲若盧爲監獄。《漢書·百官公
卿表上》"少府"屬官有"若盧"，顏師古注："服虔曰：'若盧，
詔獄也。'鄧展曰：'舊洛陽兩獄，一名若盧，主受親戚婦女。'如
淳曰：'若盧，官名也，藏兵器。《品令》曰若盧郎中二十人，主
弩射。《漢儀注》有若盧獄令，主治庫兵將相大臣。'"學者推斷，
若盧爲主治庫兵及詔獄的機構。若盧設令和左、右丞，若盧右丞主
庫兵，左丞主詔獄（參見安作璋、熊鐵基：《秦漢官制史稿》，第
188—189頁）。案，漢代中央部分機構附設監獄二十六所，即所謂
"中都官獄"，均爲詔獄，若盧獄爲其中之一（參見沈家本《歷代
刑法考·獄考》，中華書局2006年版，第1168—1171頁）。據此，
若盧當非專門的監獄名，其本身爲治理庫兵之機構，然亦附設監
獄，稱若盧獄。

十年春三月壬戌，詔曰："隄防溝渠，所以順助地
理，通利壅塞。[1]今廢慢懈弛，不以爲負。刺史、二千
石其隨宜疏導。勿因緣妄發，[2]以爲煩擾，將顯行
其罰。"

[1]【李賢注】《禮記·月令》曰："季春之月，修利隄防，
導達溝瀆，開通道路，無有障塞。"
[2]【今注】妄發：胡亂徵發。

夏五月，京師大水。[1]

[1]【李賢注】《東觀記》曰：“京師大雨，南山水流出至東郊，壞人廬舍。”

秋七月己巳，[1]司空韓稜薨。八月丙子，大常大山巢堪爲司空。[2]

[1]【今注】案，曹金華《後漢書稽疑》謂，“永元十年七月癸巳朔，是月無‘己巳’，此謂‘七月己巳’誤也”（第90頁）。

[2]【李賢注】堪字次朗，大山南城人（大，大德本、殿本作“太”）。【今注】案，大常，大德本、殿本作“太常”。大山，大德本、殿本作“太山”。　巢堪：字次朗，太山南城人。東漢章帝時爲太常，反對博士曹襃制定禮樂。東漢和帝永元十年（98）拜司空。

九月庚戌，復置廩犧官。[1]

[1]【李賢注】《漢官儀》曰“廩犧令一人，秩六百石”也。【今注】廩犧：官署名。掌藏穀養牲以供祭祀，設有令、丞、尉。初屬左馮翊，後屬大司農，中興後改屬河南尹。《漢書·百官公卿表上》：“左内史更名左馮翊，屬官有廩犧令、丞、尉。”顏師古注：“廩主藏穀，犧主養牲，皆所以供祭祀也。”本書《百官志三》：“又有廩犧令，六百石，掌祭祀犧牲鴈鶩之屬。”《漢書》卷七六《韓延壽傳》：“延壽聞知，即部吏案校望之在馮翊時廩犧官錢放散百餘萬，廩犧吏掠治急，自引與望之爲奸。”

冬十月，五州雨水。

十二月，燒當羌豪迷唐等率種人詣闕貢獻。[1]

[1]【今注】詣闕："詣"指至、前往，"闕"亦稱"闕門"，指前有高臺建築"闕"的皇宮宮門。古代吏民上書及四方貢獻，皆前往皇宮闕門，稱爲"詣闕"。由守衛闕門的公車司馬令上呈。本書《百官志二》："公車司馬令一人，六百石。本注曰：掌宮南闕門，凡吏民上章，四方貢獻，及徵詣公車者。"

戊寅、梁王暢薨。

十一年春二月，[1]遣使循行郡國，稟貸被灾害不能自存者，令得漁采山林池澤，不收假税。

[1]【今注】案，曹金華《後漢書稽疑》謂，"'二月'，《後漢紀》卷十四作'三月'。又本紀下文有'丙午'，而是年二月己未朔，二月無'丙午'，三月己丑朔，'丙午'十八日，故'二月'當是'三月'之訛"（第90頁）。

丙午，詔郡國中都官徒及篤癃老小女徒各除半刑，其未竟三月者，[1]皆免歸田里。

[1]【今注】未竟：没有達到。

夏四月丙寅，大赦天下。

己巳，復置右校尉官。[1]

[1]【李賢注】《東觀記》曰："置在西河鵠澤縣（王先謙

《後漢書集解》引錢大昕曰：'《郡國志》無鵠澤縣，蓋後漢並省，據此紀則和帝時尚未省也'）。"【今注】右校尉官：官署名。秦漢軍制，於將軍下分部，以校尉主之，部分左、右者，即設左、右校尉。然僅因事而設。東漢明帝永平八年（65）置度遼將軍，領左、右校尉，將黎陽虎牙營士，屯五原曼柏，後罷。東漢和帝永元十一年（99）復置右校尉官，在西河鵠澤縣，遂常置。

秋七月辛卯，詔曰："吏民踰僭，[1]厚死傷生，是以舊令節之制度。頃者貴戚近親，[2]百僚師尹，莫肯率從，有司不舉，愆放日甚。又商賈小民，或忘法禁，奇巧靡貨，流積公行。[3]其在位犯者，當先舉正。市道小民，但且申明憲網，勿因科令，加虐羸弱。"

[1]【今注】踰僭：亦作"逾僭"，指超越本分。
[2]【今注】頃者：近來。
[3]【今注】流積公行：流通積累公然進行。

十二年春二月，旄牛徼外白狼、貗薄夷率種人內屬。[1]

[1]【李賢注】闞駰《十三州志》曰："旄牛縣屬蜀郡。"《前書》曰，旄牛所出，歲貢其尾，以爲節旄。【今注】旄牛：縣名。治所在今四川漢源縣南。

詔貸被灾諸郡民種糧。賜下貧、鰥、寡、孤、獨、不能自存者，及郡國流民，聽入陂池漁采，以助蔬食。
三月丙申，詔曰："比年不登，[1]百姓虛匱。[2]京師去冬無宿雪，[3]今春無澍雨，黎民流離，困於道路。朕痛心疾首，靡知所濟。[4]‘瞻仰昊天，何辜今人？’[5]三公朕之腹心，而未獲承天安民之策。數詔有司，務擇良吏。今猶不改，競爲苛暴，侵愁小民，以求虛名，委任下吏，假埶行邪。[6]是以令下而姦生，禁至而詐起。[7]巧法析律，飾文增辭，[8]貨行於言，罪成乎手，朕甚病焉，公卿不思助明好惡，將何以救其咎罰？咎罰既至，復令灾及小民。若上下同心，庶或有瘳。[9]其賜天下男子爵，人二級，三老、孝悌、力田三級，民無名數及流民欲占者人一級；鰥、寡、孤、獨、篤癃、貧不能自存者粟，人三斛。”

[1]【今注】比年：連年。　登：穀物成熟。

[2]【李賢注】匱，乏也。

[3]【李賢注】以其經冬，故言宿也。【今注】宿雪：積留過冬之雪。

[4]【今注】靡知所濟：不知怎麼辦。《尚書·大誥》：“已，予惟小子，若涉淵水，予惟往求朕攸濟。”

[5]【李賢注】《詩·大雅》周宣王遇旱之詩。言今人何罪，而天令饑饉乎？【今注】瞻仰昊天何辜今人：《詩·大雅·雲漢》：“王曰於乎！何辜今之人？”“瞻仰昊天，云如何里？”

[6]【今注】埶：通“勢”，指權勢。

[7]【李賢注】董仲舒曰：“法出而姦生，令下而詐起。”

[8]【李賢注】《禮記·王制》曰“析言破律”也。

[9]【今注】庶或：或許。　瘳：病愈。

壬子，賜博士員弟子在太學者布，人三匹。[1]

[1]【李賢注】武帝時置博士弟子，太常擇人年十八以上，儀狀端正者補焉。昭帝增員滿百人，宣帝倍之，元帝更設員千人，成帝更增員三千人。【今注】太學：中國古代國立最高學府。商代甲骨文即記載"大學"，西周亦有"大學"，是爲後世太學之濫觴。西漢武帝時采納董仲舒建議設立太學。王莽時太學零落。東漢光武帝建武五年（29）十月，光武帝起營太學，訪雅儒，采求經典闕文，四方學士雲會京師洛陽，於是立五經博士。太學與郊兆、明堂、辟雍等均位於東漢洛陽城南郊。

夏四月，日南象林蠻夷反，[1]郡兵討破之。

[1]【李賢注】象林，縣，屬日南郡，今鬱林州。【今注】日南：郡名。治西捲縣（今越南廣治省東河市）。 象林：縣名。治所在今越南廣南省維川縣一帶。

閏月，賑貸敦煌、張掖、五原民下貧者穀。[1]

[1]【今注】張掖：郡名。治驪得縣（今甘肅張掖市西北）。五原：郡名。治九原縣（今内蒙古包頭市西）。

戊辰，秭歸山崩。[1]

[1]【李賢注】秭歸，縣，屬南郡，古之夔國，今歸州也。袁山松曰："屈原此縣人，既被流放，忽然暫歸，其姊亦來，因名其地爲秭歸。"秭亦姊也。《東觀記》曰："秭歸山高四百餘丈，崩填谿水，厭殺百餘人。"【今注】秭歸：縣名。治所在今湖北秭歸縣。

六月，舞陽大水，[1]賜被水灾尤貧者穀，人三斛。

[1]【今注】舞陽：縣名。治所在今河南葉縣東南。

秋七月辛亥朔，日有食之。
九月戊午，大尉張酺免。[1]丙寅，大司農張禹爲大尉。[2]

[1]【今注】案，大，紹興本、大德本、殿本作“太”。下“大尉”同，不注。
[2]【今注】張禹：字伯達，趙國襄國（今河北邢臺市）人。傳見本書卷四四。案，1993 年春，偃師商城博物館在偃師市西南 20 千米的高龍鎮發掘了一座西晉墓，墓門以一件漢碑封門，漢碑載張禹生平，學者稱爲《漢故安鄉侯張公碑》或《張禹碑》。學者據此碑出土地，推斷張禹死後，漢安帝當賜其陪葬於東漢帝陵。《張禹碑》現藏河南博物院，碑文對考察張禹事迹具有補充作用。
案，曹金華《後漢書稽疑》謂，“《後漢紀》卷十四作‘九月，太尉張酺策免……丙辰，大司農張禹爲太尉’。而是年九月庚戌朔，‘丙辰’爲初七，‘戊午’爲初九，‘丙寅’十七日，‘丙辰’不當在‘戊午’前，疑《袁紀》誤”（第 91 頁）。

冬十一月，西域蒙奇、兜勒二國遣使内附，[1]賜其王金印紫綬。[2]

[1]【今注】蒙奇：古國名。地望不詳，或以爲在馬爾吉亞那（今土庫曼斯坦東南部馬里一帶）。本書卷八八《西域傳》：“（永元）九年，班超遣掾甘英窮臨西海而還，皆前世所不至，山經所未

詳，莫不備其風土，傳其珍怪焉。於是遠國蒙奇、兜勒皆來歸服，
遣使貢獻。" 兜勒：古國名。地望不詳，或以爲係吐火羅
（Tukhara）之縮譯。

　[2]【今注】金印紫綬：黃金印章和繫印的紫色綬帶。在印綬
中級別較高。三公、前後左右將軍及六宮后妃所掌。

　　是歲，燒當羌復叛。
　　十三年春正月丁丑，帝幸東觀，[1]覽書林，閱篇
籍，博選術藝之士以充其官。[2]

　[1]【今注】東觀：東漢宮廷中貯藏檔案、典籍和從事校書、
著述的處所。位於洛陽南宮，修造年代不可考。《東觀漢記》即作
於此。
　[2]【今注】術藝：經藝。

　　二月，[1]任城王尚薨。[2]

　[1]【今注】案，二，殿本作"三"。
　[2]【今注】任城：國名。東漢章帝元和元年（84）分東平國
置，封東平王劉蒼子尚爲任城王，治任城縣（今山東濟寧市東南）。
　尚：劉尚，東平王劉蒼子。東漢章帝元和元年封任城王，食封三
縣。卒後謚孝王。

　　丙午，賑貸張掖、居延、朔方、日南貧民及孤、
寡、羸弱不能自存者。[1]

　[1]【今注】朔方：郡名。西漢治朔方縣（今内蒙古杭錦旗東

北），東漢治臨戎縣（今内蒙古磴口縣北）。

　　秋八月，詔象林民失農桑業者，賑貸種糧，禀賜下貧穀食。
　　己亥，北宮盛饌門閤火。[1]

　　[1]【今注】盛饌門閤：皇帝御厨之門閤。《資治通鑑》卷四八《漢紀》孝和皇帝永元十三年胡三省注：“盛饌門閤，御厨門閤也。”盛饌，指豐盛的食物，

　　秋，[1]護羌校尉周鮪擊燒當羌，破之。

　　[1]【今注】案，紹興本、大德本無“秋”字。

　　荆州雨水。[1]九月壬子，詔曰：“荆州比歲不節，今兹淫水爲害，[2]餘雖頗登，而多不均浹，[3]深惟四民農食之本，慘然懷矜。[4]其令天下半入今年田租、芻稾；有宜以實除者，如故事。貧民假種食，皆勿收責。”[5]

　　[1]【今注】荆州：西漢武帝時所置十三刺史部之一。轄境約當今湖北、湖南二省及河南、貴州、廣西、廣東等省區部分地。東漢治漢壽縣（今湖南常德市東北）。
　　[2]【李賢注】《淮南子》曰：“女媧積蘆灰以止淫水。”高誘注云：“平地出水爲淫水。”
　　[3]【李賢注】浹，洽（大德本、殿本無此注）。【今注】均浹：均匀周遍。

［4］【今注】慘然：悲痛。　懷矜：心懷憐憫。

［5］【今注】責：通"債"。

冬十一月，安息國遣使獻師子及條枝大爵。[1]

［1］【李賢注】《西域傳》曰："安息國居和犢城，去洛陽二萬五千里。條支國臨西海，出師子、大雀。"郭義恭《廣志》曰："大爵，頸及身膺蹄都似橐駝（中華本校勘記按："御覽九二二引，'橐駝'下有'色蒼'二字'），舉頭高八九尺，張翅丈餘，食大麥，其卵如甕，即今之駝鳥也。"【今注】安息國：古國名。音譯帕提亞，即今伊朗。原爲古波斯帝國的一個省，後隸屬於亞歷山大帝國及塞琉西王國。公元前249年至前247年宣告獨立，建立阿薩息斯王朝。都城在番兜（即百牢門，今達姆甘），後又相繼遷至埃克巴坦那、忒息豐（今伊拉克巴格達附近）。領有全部伊朗高原及兩河流域，爲西亞大國。詳見本書卷八八《西域傳》。　條枝：亦作"條支"，西亞古國名。亦稱塞琉西王國（或譯作"塞琉古王國"）。公元前312年，塞琉古一世建，都城在安條克（今土耳其南部安塔基亞）。詳見本書《西域傳》。　大爵：大雀，指鴕鳥。

丙辰，詔曰："幽、并、涼州户口率少，[1]邊役衆劇，[2]束脩良吏，[3]進仕路狹。撫接夷狄，以人爲本。其令緣邊郡口十萬以上歲舉孝廉一人，不滿十萬二歲舉一人，五萬以下三歲舉一人。"

［1］【今注】幽：州名。西漢武帝時所置十三刺史部之一。東漢治薊縣（今北京市西南）。

［2］【今注】劇：繁多，繁忙。

[3]【今注】束脩：約束修養。

鮮卑寇右北平，[1] 遂入漁陽，[2] 漁陽大守擊破之。[3]

[1]【今注】右北平：郡名。治土垠縣（今河北唐山市豐潤區東）。

[2]【今注】漁陽：郡名。治漁陽縣（今北京市懷柔區北房鎮梨園莊東）。

[3]【今注】案，大，紹興本、大德本、殿本作“太”。

戊辰，司徒呂蓋罷。十二月丁丑，光禄勳魯恭爲司徒。[1]

[1]【今注】魯恭：字仲康，扶風平陵（今陝西咸陽市）人。傳見本書卷二五。

辛卯，巫蠻叛，寇南郡。[1]

[1]【李賢注】巫，縣，屬南郡，故城在今夔州巫山縣也。【今注】巫：縣名。治所在今重慶巫山縣北。　南郡：治江陵縣（今湖北荆州市荆州城西北）。

十四年春二月乙卯，[1]東海王政薨。[2]

[1]【今注】案，曹金華《後漢書稽疑》謂，“永元十四年二月壬申朔，是月無‘乙卯’，此謂‘二月乙卯’誤矣”（第91—92

頁)。

[2]【今注】東海王政：東海恭王劉彊之子，東漢光武帝孫。事見本書卷四二《光武十王傳》。東海，郡名。治郯縣（今山東郯城縣西北）。東海恭王彊臨終上疏“誠願還東海郡”，明帝蓋於當時滿足了東海恭王的請求，及其子政嗣位後，即將東海郡收歸朝廷，而僅讓劉政食魯郡六縣而已，同時易國名爲魯，唯東海王封號未更（參見周振鶴、李曉傑、張莉《中國行政區劃通史·秦漢卷》，復旦大學出版社 2017 年版，第 760 頁）。

繕修故西海郡,[1]徙金城西部都尉以戍之。[2]

[1]【李賢注】平帝時金城塞外羌獻地，以爲西海郡也。光武建武中省金城入隴西郡，至是復繕修之。金城即今蘭州縣也。【今注】西海郡：西漢平帝元始四年（4），金城塞外羌獻地，王莽遂置西海郡，郡址大致在今青海湖地區一帶。治龍夷城（今青海門源回族自治縣）。莽敗後西海郡廢棄。《元和郡縣圖志》卷三九載，平帝元始四年，“金城塞外羌獻魚鹽之地内屬，漢遂得西王母室，以爲西海郡，理龍夷城。即今河沅軍西一百八十里威戎城是也”。（參見周振鶴、李曉傑、張莉《中國行政區劃通史·秦漢卷》，第492 頁）

[2]【今注】西部都尉：漢代爲加强對新闢地區少數民族的統治，往往在邊郡分部設置都尉，一郡之中有二部或三部都尉。部都尉掌地方駐軍，維護地方治安，防禁外來侵略。東漢見於文獻的有金城西部都尉、遼東西部都尉、蜀郡西部都尉等。（參見安作璋、熊鐵基《秦漢官制史稿》，第 579—580 頁）

三月戊辰，臨辟雍,[1]饗射,[2]大赦天下。

　　[1]【今注】辟雍：環繞明堂的圓形水池。"辟"通"璧"，取四周有水，形如璧環爲名；"雍"同"邕"，指水池環繞的高地及其建築。辟雍是較大的水面，並附有苑囿等區域，有魚鳥集居。西周麥尊等金文材料記載有"辟雍"，辟雍中可以行舟，舉行射禮，進行漁獵等。"辟雍"亦承擔教育功能，是最早的學校之一。（參見楊寬《西周史》，上海人民出版社 2003 年版，第 666—674 頁）

　　[2]【今注】饗射：舉行饗禮和射禮。饗禮爲宴飲之禮，射禮是進行射箭比賽。射禮包括比耦和三番射等環節，與田獵有關，帶有軍事訓練的性質，亦承擔選拔人才的功用。古代射禮多於辟雍舉行。辟雍中蓄養有動物，射禮多爲國君乘舟於辟雍大池中射獵。（參見楊寬《西周史》，第 716—741 頁）

　　夏四月，遣使者督荆州兵討巫蠻，破降之。

　　庚辰，賑貸張掖、居延、敦煌、五原、漢陽、會稽流民下貧穀，[1]各有差。

　　[1]【今注】漢陽：郡名。東漢明帝永平十七年（74）改天水郡置，治冀縣（今甘肅天水市西北）。

　　五月丁未，初置象林將兵長史官。[1]

　　[1]【李賢注】闞駰《十三州志》曰："將兵長史居在日南郡，又有將兵司馬，去雒陽九千六百三十里。"【今注】將兵長史：官名。西漢内郡置丞，邊郡又置長史，掌軍務，領兵馬。東漢邊郡易郡丞爲長史，又易長史爲將兵長史，專門負責軍事。〔參見吕宗力主編《中國歷代官制大辭典》（修訂版），第 678 頁〕本書卷四《和帝紀》有"象林將兵長史"。《漢書·百官公卿表上》："郡守，

秦官，掌治其郡，秩二千石。有丞，邊郡又有長□
六百石。"本書《百官志五》："凡州所監都爲京都，兵馬，秩皆
千石，丞一人，每郡置太守一人，二千石，丞一人。□人，二
丞爲長史。"

六月辛卯，廢皇后陰氏，后父特進綱自殺。
秋七月甲寅，詔復象林縣更賦、田租、芻稾二歲。
壬子，常山王側薨。[1]

[1]【今注】常山王側：劉側，東漢明帝劉莊之孫，淮陽頃王
劉昞之子。和帝永元二年（90），劉側被封爲常山王，是爲常山殤
王，在位十三年卒。事見本書卷五〇《孝明八王傳》。

是秋，三州雨水。冬十月甲申，詔："兗、豫、荆
州今年水雨淫過，[1]多傷農功。其令被害什四以上皆半
入田租、芻稾；其不滿者，以實除之。"

[1]【今注】豫：州名。西漢武帝時所所置十三刺史部之一。
轄境約當今淮河以北伏牛山以東豫東、皖北地。東漢治譙縣（今安
徽亳州市）。　淫：過多。《五經文字·水部》："久雨曰淫。"

辛卯，立貴人鄧氏爲皇后。[1]

[1]【今注】鄧氏：鄧綏，亦稱和熹鄧皇后，南陽新野（今河
南新野縣）人。東漢和帝劉肇第二任皇后，鄧禹孫女，鄧訓之女。
紀見本書卷一〇上。

……司空巢堪罷。十一月癸卯，大司農徐防爲
司空……

……］【今注】徐防：字謁卿，沛國銍（今安徽宿州市）人。傳
……書卷四四。

是歲，初復郡國上計補郎官。[1]

[1]【李賢注】上計，今計吏也。《前書音義》曰：“舊制，
使郡丞奉歲計，武帝元朔中令郡國舉孝廉各一人與計偕，拜爲郎
中。”中廢，今復之。【今注】上計：此處指“上計吏”。“計”指
計簿，即地方匯總行政事務後形成的賬簿，“上計”指戰國、秦漢
時期地方官府定期向中央呈報計簿、匯報政務的制度。戰國時期已
出現上計制度。秦漢時期逐漸形成縣（道）令、長上計郡國，再由
郡守、國相匯總後上計中央丞相的兩級上計制。漢代中央治計者爲
丞相或司徒，故丞相又稱“計相”，皇帝有時亦親自受計。上計的
使者，西漢縣（道）上計於郡國，令、長、丞、尉自行；郡國上計
於中央，由郡丞、國長史代行。東漢縣道上計郡國，縣令長不自
行，由丞、尉代之；郡國上計中央，則改派地位較高的掾史，稱爲
“上計吏”。上計吏是臨時委派之職，不具常員常曹。然其爲地方守
相之代表，故皆選任才俊，地位甚崇。或得拜郎除官。上計吏不但
負責上計，亦代表守相參與朝會，備詢政俗，又承中央詔敕，宣達
守相，近似溝通中央與地方的使者。上計時間通常在歲終之月，西
漢武帝太初元年（前104）改曆以前，每年九月上計，稱爲“計斷
九月”，此後每年十二月上計。上計的內容很多，計簿除載戶口、
墾田、錢穀出入、盜賊多少外，宗室狀況、斷獄情形、兵戎戍卒、
山林澤穀之饒、關梁貿易之利，以及地理變遷，無不入計簿。故凡
地方行政的一切內容均爲上計內容。（參見嚴耕望《秦漢地方行政

秦官，掌治其郡，秩二千石。有丞，邊郡又有長史，掌兵馬，秩皆六百石。"本書《百官志五》："凡州所監都爲京都，置尹一人，二千石，丞一人，每郡置太守一人，二千石，丞一人。郡當邊戍者，丞爲長史。"

制度研究》，"中研院" 史語所 1981 年版，第 257—268 頁）學界以往觀點認爲上計與考課關係密切，上計是對官吏考課的依據，然沈剛根據里耶秦簡指出，秦代計、課分離，並無直接關係〔參見沈剛《里耶秦簡（壹）中的"課"與"計"》，《魯東大學學報》2013年第 1 期〕。尹灣漢簡所見"集簿"，即郡國上計中央的計簿。

十五年春閏月乙未，詔流民欲還歸本而無糧食者，過所實稟之，[1]疾病加致醫藥；其不欲還歸者，勿强。

[1]【今注】過所：所經過之地〔參見李銀良《漢代"過所"考辨》，《簡帛研究（二〇一九年春夏卷）》〕。

二月，詔稟貸潁川、汝南、陳留、江夏、梁國、敦煌貧民。[1]

[1]【李賢注】《前書音義》曰："陳留本鄭邑也，後爲陳所并，故曰陳留。"今汴州縣也。江夏郡，高帝置。沔水自江別至南郡華容爲夏水，過郡入江，故曰江夏。【今注】潁川：郡名。治陽翟縣（今河南禹州市）。　汝南：郡名。治上蔡縣（今河南上蔡縣西南）。　江夏：郡名。治西陵縣（今湖北武漢市新洲區西）。梁國：治下邑縣（今安徽碭山縣）。

夏四月甲子晦，[1]日有食之。五月戊寅，南陽大風。[2]

[1]【今注】晦：每月最後一天。
[2]【今注】案，曹金華《後漢書稽疑》謂，"此謂永元十五

年事，而《五行志》作‘和帝永元五年五月戊寅，南陽大風’，其必有一誤”（第92頁）。南陽，郡名。治宛縣（今河南南陽市臥龍區）。

六月，詔令百姓鰥寡漁采陂池，勿收假稅二歲。秋七月丙寅，濟南王錯薨。[1]

[1]【李賢注】錯音七故反。【今注】濟南王錯：劉錯，濟南安王劉康子，嗣濟南王。立六年薨，諡號“簡”，子孝王香嗣。

復置涿郡故安鐵官。[1]

[1]【李賢注】《續漢書》曰：“其郡縣有鹽官、鐵官者，隨事廣狹，置令、長及丞，秩次皆如縣也。”【今注】案，安，大德本、殿本作“鹽”。

九月壬午，南巡狩，清河王慶、濟北王壽、河間王開並從。[1]賜所過二千石長吏以下、三老、官屬及民百年者錢布，各有差。是秋，四州雨水。冬十月戊申，幸章陵，[2]祠舊宅。癸丑，祠園廟，會宗室於舊廬，勞賜作樂。[3]戊午，進幸雲夢，臨漢水而還。[4]十一月甲申，車駕還宮，賜從臣及留者公卿以下錢布，各有差。

[1]【今注】清河王慶：劉慶。東漢章帝劉炟第三子，安帝劉祜之父。章帝建初四年（79）被立爲皇太子，因受竇太后誣陷，被廢爲清河王。傳見本書卷五五。
[2]【今注】章陵：縣名。東漢光武帝建武六年（30）改舂陵

侯國置，治所在今湖北棗陽市南。

[3]【今注】勞賜：增加郡縣官吏的勞績。

[4]【李賢注】雲夢，今安州縣也，即在雲夢澤中。【今注】
雲夢：古澤藪名。本在今湖北江陵縣以東，江漢之間。　漢水：一
稱“漢江”。長江最大支流。源出今陝西西南部寧强縣北之嶓冢山，
東南流經陝西西南部、湖北西北部和中部，在武漢市入長江。

　　十二月庚子，琅邪王宇薨。[1]

[1]【今注】琅邪王宇：劉宇，琅邪孝王劉京之子。襲爵琅邪
王，在位二十年，謚號“夷”。子劉壽嗣位。事見本書卷四二《光
武十王傳》。

　　有司奏，以爲夏至則微陰起，靡草死，可以決
小事。[1]

[1]【李賢注】《禮記·月令》曰：“孟夏之月，靡草死，麥
秋至，斷薄刑，決小罪。”鄭玄注云：“靡草，薺、亭歷之屬。”臣
賢案：五月一陰爻生，可以言微陰，今《月令》云“孟夏”，乃
是純陽之月；此言“夏至”者，與《月令》不同。【今注】微陰：
陰氣初生。　靡草：枝葉細小的小草。《禮記·月令》：“（孟夏之
月）靡草死，麥秋至。斷薄刑，決小罪，出輕系。”孔穎達疏：“以
其枝葉靡細，故云靡草。”　決小事：判決小罪。

　　是歲，初令郡國以日北至案薄刑。[1]

[1]【今注】薄刑：輕刑。

十六年春正月己卯，詔貧民有田業而以匱乏不能自農者，貸種糧。

二月己未，詔兗、豫、徐、冀四州比年雨多傷稼，[1]禁沽酒。[2]夏四月，遣三府掾分行四州，[3]貧民無以耕者，爲雇犁牛直。[4]

[1]【今注】徐：州名。西漢武帝時所置十三刺史部之一。轄境相當於今山東東南部和江蘇長江以北地區。東漢時治郯縣（今山東郯城縣）。

[2]【今注】沽酒：賣酒。

[3]【今注】三府掾：三公官署下屬掾史。三府指司徒、司空、太尉之府。

[4]【今注】雇犁牛直：指官府爲貧民僱用犁牛付錢。

五月壬午，趙王商薨。[1]

[1]【今注】趙王商：劉商，趙王劉栩之子，襲爵趙王，在位二十三年，子劉宏嗣位。諡號“傾”。事見本書卷一四《宗室四王三侯傳》。

秋七月，旱。戊午，詔曰：“今秋稼方穗而旱，雲雨不霑，[1]疑吏行慘刻，[2]不宣恩澤，妄拘無罪，[3]幽閉良善所致。其一切囚徒於法疑者勿決，以奉秋令。[4]方察煩苛之吏，顯明其罰。”

[1]【今注】霑：《説文·雨部》：“雨䨦也。”指雨水浸濕。

[2]【今注】慘刻：凶狠刻毒。

［3］【今注】妄：亂。

［4］【李賢注】《禮記·月令》曰："孟秋之月，命有司修法制，繕囹圄，審斷決，獄訟端平（審斷決獄訟端平，紹興本、大德本作'具桎梏斷薄刑決小罪'）。"

辛酉，司徒魯恭免。庚午，光祿勳張酺爲司徒。

辛巳，詔令天下皆半入今年田租、芻稾；其被災害者，以實除之。貧民受貸種糧及田租、芻稾，皆勿收責。

八月己酉，司徒張酺薨。冬十月辛卯，司空徐防爲司徒，大鴻臚陳寵爲司空。[1]

［1］【今注】陳寵：字昭公，沛國洨（今安徽固鎮縣）人。傳見本書卷四六。

十一月己丑，[1]行幸緱氏，登百岯山，[2]賜百官從臣布，各有差。

［1］【今注】案，曹金華《後漢書稽疑》謂，"永元十六年十一月丙辰朔，是月無'己丑'，此作'十一月己丑'當誤"（第93頁）。

［2］【李賢注】即柏岯山也，在洛州緱氏縣南。《爾雅》云"山一成曰岯"，《東觀記》作"坯"，並音平眉反，流俗本或作"杯"者，誤也。【今注】緱氏：縣名。治所在今河南偃師市東南。

百岯山：山名。在今河南偃師市南。

北匈奴遣使稱臣貢獻。

十二月，復置遼東西部都尉官。[1]

[1]【李賢注】西部都尉，安帝時以爲屬國都尉，在遼東郡昌黎城也。

元興元年春正月戊午，[1]引三署郎召見禁中，[2]選除七十五人，補謁者、長、相。

[1]【今注】元興：東漢和帝劉肇年號（105）。
[2]【李賢注】《漢官儀》："三署謂五官署也，左、右署也，各置中郎將以司之。郡國舉孝廉以補三署郎，年五十以上屬五官，其次分在左、右署，凡有中郎、議郎、侍郎、郎中四等，無員。"禁中者，門戶有禁，非侍御者不得入，故謂禁中。【今注】三署郎：光禄勳（郎中令）屬官五官中郎將和左、右中郎將三署所屬的郎官，包括中郎、議郎、侍郎、郎中等。

高句驪寇郡界。[1]

[1]【今注】高句驪：又稱"高句麗""句驪""高麗"。古族名、國名。高句麗族源於中國東北穢貃族的一支。西漢武帝時起屬玄菟郡。公元前 37 年夫餘人朱蒙（亦稱"鄒牟"）建高句麗國，都紇升骨城（今遼寧桓仁滿族自治縣東北五女山高句麗古城）。公元 3 年遷都國內城（今吉林集安市）。轄地約有今鴨綠江及其支流渾江流域一帶。詳見本書卷八五《東夷傳》。

夏四月庚午，[1]大赦天下，改元元興。宗室以罪絕者，悉復屬籍。[2]

[1]【今注】案，曹金華《後漢書稽疑》謂，"元興元年四月甲申朔，是月無'庚午'，《後漢紀》卷十四作'丙午'，'丙午'二十三日，是也"（第93頁）。

[2]【今注】屬籍：秦漢宗室成員的名册，是確立宗室成員身份及其特權的書面依據。商鞅變法時曾令宗室無軍功者，不得列於屬籍。秦漢中央專設宗正，掌宗室屬籍，以序録王國嫡庶之次及諸宗室親屬遠近。郡國每年普查本地宗室名籍，隨計簿上報中央。《史記》卷六〇《三王世家》："宗正者，主宗室諸劉屬籍。"本書《百官志三》："（宗正）掌序録王國嫡庶之次及諸宗室親屬遠近，郡國歲因計上宗室名籍。"宗室有罪及無德行者，會被削除屬籍。根據漢簡材料，漢代"五屬"之外者不具有宗室屬籍。另外，不僅有皇族血統者有宗室屬籍，與皇族有姻親關係者也可有宗室屬籍。（參見劉敏《秦漢户籍中的"宗室屬籍"》，《河北學刊》2007年第6期）王先謙《後漢書集解》引惠棟曰："《禮記大傳》曰：繫之以姓而弗别。鄭元曰：繫之弗别，謂若今宗室屬籍也。孔穎達曰：漢之同族有屬籍，則周家繫之以姓是也。復屬籍者，向以罪除其籍，今復令宗正著之也。"

五月癸酉，雍地裂。[1]

[1]【李賢注】《東觀記》曰"右扶風雍地裂"，流俗本"雍"下有"州"者，誤也。【今注】雍：縣名。爲扶風都尉所都，治所在今陝西寶雞市鳳翔區西南。

秋九月，遼東太守耿夔擊貊人，[1]破之。

[1]【今注】貊人：又作"薉貊""穢貊""濊貊"等。古族名。古代東夷之一種。秦漢時分布於今吉林、遼東及朝鮮之地。

冬十二月辛未，帝崩于章德前殿，[1]年二十七。立皇子隆爲皇太子。[2]賜天下男子爵，人二級，三老、孝悌、力田人三級，民無名數及流民欲占者人一級；鰥、寡、孤、獨、篤癃、貧不能自存者粟，人三斛。

[1]【今注】崩：古代稱天子死爲崩，秦漢用於皇帝、太后等死亡的代稱。《禮記·曲禮下》：“天子死曰崩，諸侯死曰薨，大夫曰卒，士曰不祿，庶人曰死。”《說文》：“崩，山壞也。”段玉裁注：“引申之，天子死曰崩。”　章德前殿：洛陽城宮殿名。爲北宮重要建築，位於北宮之東宮，是皇帝日常居住和辦公的場所。本書卷一〇上《皇后紀上》載，章帝竇皇后“入掖庭，見於北宮章德殿”。本書卷五五《清河孝王慶傳》：“永元四年，（和）帝移幸北宮章德殿。”東漢章帝、和帝均居於北宮章德殿，並崩於此殿。（參見陳蘇鎮《東漢的“東宮”與“西宮”》，《“中研院”史語所集刊》第 89 本第 3 分，2018 年）亦有學者認爲洛陽城南北宮皆有章德殿，此處章帝所崩之章德殿爲南宮之章德殿（參見宋傑《東漢皇帝宮室徙居述論》，《南都學壇》2020 年第 1 期）。

[2]【今注】皇子隆：東漢殤帝劉隆，公元 105 年至 106 年在位。紀見本卷。

自竇憲誅後，帝躬親萬機。每有灾異，輒延問公卿，極言得失。前後符瑞八十一所，自稱德薄，皆抑而不宣。[1]舊南海獻龍眼、荔支，十里一置，五里一候，[2]奔騰阻險，死者繼路。時臨武長汝南唐羌，縣接南海，[3]乃上書陳狀。帝下詔曰：“遠國珍羞，本以薦奉宗廟。苟有傷害，豈愛民之本。其勑太官勿復受獻。”[4]由是遂省焉。[5]

[1]【今注】抑：阻止。

[2]【李賢注】南海，郡，秦置，今廣州縣也。《廣雅》曰："益智，龍眼也。"《交州記》曰："龍眼樹高五六丈，似荔支而小。"《廣州記》曰："子似荔支而員（員，殿本作'圓'），七月熟。荔支樹高五六丈，大如桂樹，實如雞子，甘而多汁，似安石榴。有甜醋者，至日禺中，翕然俱赤，即可食。"置謂驛也。【今注】南海：郡名。治番禺縣（今廣東廣州市番禺區）。　置：秦漢時期的郵驛組織之一。置的起源很早，至遲在春秋時期已設有置。置的功能在於傳遞公文、運送物資和接待過往使者、官吏。置下設有供人止宿和提供飲食、車馬的傳舍、廚、廐等機構。置的吏員眾多，主要有置丞、置尉、置嗇夫和置佐等。置隸屬於所在的縣管理。置的空間布局，史書中所謂"十里一置""三十里一置"或"五十里一置"，都是不同時期的理想化規程，在實際執行中往往要綜合考慮不同地區的地理和交通條件、人口疏密程度、經濟發展水平和政治經濟等因素。〔參見高榮《論秦漢的置（上、下）》，《魯東大學學報》2012 年第 5、6 期；郭偉濤《肩水金關漢簡研究》，上海古籍出版社 2019 年版，第 177—186 頁〕今西北地區出土簡牘中多見"置"。　候：此處當指候館或候人，指接待過往賓客的驛館或迎送賓客的官吏。《周禮·遺人》："五十里有市，市有候館。"《周禮·候人》："各掌其方之道治，與其禁令，以設候人。若有方治，則帥而致於朝，及歸，送之於竟（境）。"戰國秦漢另有瞭望敵情的崗哨稱"候"，義爲斥候，候望，屬於軍事系統，西北簡牘多見。

[3]【李賢注】臨武，縣，屬桂陽郡，今郴州縣也。郴音勑今反（紹興本、大德本無"郴音勑今反"五字）。【今注】臨武：縣名。治所在今湖南臨武縣東。

[4]【今注】太官：官名。掌帝王飲食宴會等。屬少府，有令、丞。本書《百官志三》："太官令一人，六百石。本注曰：掌御

飲食。左丞、甘丞、湯官丞、果丞各一人。本注曰：左丞主飲食。甘丞主膳具。湯官丞主酒。果丞主果。”

[5]【李賢注】《謝承書》曰：“唐羌字伯游，辟公府，補臨武長。縣接交州，舊獻龍眼、荔支及生鮮，獻之，驛馬晝夜傳送之，至有遭逢虎狼毒害，頓仆死亡不絶。道經臨武，羌乃上書諫曰：‘臣聞上不以滋味爲德，下不以貢肴膳爲功（紹興本、大德本、殿本無“肴”字），故天子食太牢爲尊，不以果實爲珍。伏見交阯七郡獻生龍眼等，鳥驚風發。南州土地，惡蟲猛獸不絶於路，至於觸犯死亡之害。死者不可復生，來者猶可以救。此二物升殿，未必延年益壽。’帝從之。章報，羌即棄官還家，不應徵召，著《唐子》三十餘篇。”

　　論曰：自中興以後，逮于永元，雖頗有弛張，而俱存不擾，是以齊民歲增，闢土世廣。[1]偏師出塞，則漠北地空；都護西指，則通譯四萬。[2]豈其道遠三代，術長前世？將服叛去來，自有數也？

[1]【李賢注】齊，平也（殿本無此注）。

[2]【李賢注】《西域傳》曰：“班超定西域五十餘國，皆降服，西至海瀕，四萬里，皆重譯貢獻。”

　　孝殤皇帝諱隆，[1]和帝少子也。元興元年十二月辛未夜，即皇帝位，時誕育百餘日。[2]尊皇后曰皇太后，太后臨朝。[3]

[1]【李賢注】《諡法》曰：“短折不成曰殤。”《古今注》曰：“隆之字曰盛（盛，紹興本、大德本、殿本作‘盛’，底本當

誤）。”

[2]【李賢注】誕，大也。《詩·大雅》：“誕彌厥月，先生如
達。”鄭玄注云：“大矣后稷之在其母懷也，終人道十月而生。”
《詩》又云：“載生載育。”育，長也，達音它末反。

[3]【李賢注】太后臨朝儀見《皇后紀》（紹興本、大德本無
“太后臨朝”四字）。

北匈奴遣使稱臣，詣敦煌奉獻。

延平元年春正月辛卯，[1]太尉張禹爲太傅。司徒徐
防爲太尉，參録尚書事，百官總己以聽。封皇兄勝爲
平原王。[2]癸卯，光禄勳梁鮪爲司徒。[3]

[1]【今注】延平：東漢殤帝劉隆年號（106）。

[2]【今注】皇兄勝：劉勝，東漢和帝子。殤帝延平元年
（106）封平原王。卒後謚懷王。傳見本書卷五五。

[3]【李賢注】《漢官儀》曰：“鮪字伯元，河東平陽人也。”
【今注】梁鮪：字伯元，河東平陽人，殤帝延平元年由光禄勳升爲
司徒，安帝永初元年（107）去世。

三月甲申，葬孝和皇帝于慎陵，[1]尊廟曰穆宗。[2]

[1]【李賢注】在洛陽東南三十里（里，大德本作“望”）。
俗本作“順”者，誤（王先謙《後漢書集解》引劉攽曰：“《皇后
紀》和熹皇后合葬順陵，以爲《皇后紀》誤。而靈帝父孝仁皇稱
慎陵，世數不遠，陵名必不相襲。參校前後，孝和實葬順陵，言
慎乃更爲誤耳。疑此亦非章懷之失，蓋傳寫誤以順爲慎，亦因以
慎爲順耳”）。【今注】慎陵：東漢和帝劉肇陵，在今河南偃師市

西南。

[2]【今注】穆宗：東漢和帝廟號。

丙戌，清河王慶、濟北王壽、河間王開、常山王章始就國。[1]

[1]【今注】常山王章：劉章，淮陽頃王劉昞子。初封防子侯，劉昞死後，永元二年（90），和帝立昞小子劉側爲常山王，奉昞後，是爲殤王。立十三年薨。父子皆未之國，並葬京師。側無子，其月立兄防子侯劉章爲常山王。漢和帝憐章早孤，數加賞賜。延平元年（106）就國。立二十五年薨，是爲靖王。子頃王儀嗣。詳見本書卷五〇《孝明八王傳》。

夏四月庚申，詔罷祀官不在禮典者。[1]

[1]【李賢注】《東觀記》曰："鄧太后雅性不好淫祀。"【今注】案，禮，紹興本、大德本、殿本作"祀"。

鮮卑寇漁陽，漁陽太守張顯追擊，戰没。
丙寅，以虎賁中郎將鄧騭爲車騎將軍。[1]

[1]【今注】虎賁中郎將：官名。漢置，爲光禄勳屬官，秩比二千石，掌虎賁宿衛，戰時領兵征伐。《漢書·百官公卿表上》："期門掌執兵送從，武帝建元三年初置……平帝元始元年更名虎賁郎，置中郎將，秩比二千石。"本書《百官志二》："虎賁中郎將，比二千石。本注曰：主虎賁宿衛。"　鄧騭：字昭伯，南陽新野（今河南新野縣）人。鄧訓子，鄧禹孫。傳見本書卷一六。

司空陳寵薨。

五月辛卯，皇太后詔曰："皇帝幼沖，[1]承統鴻業，
朕且權禮佐助聽政，[2]兢兢寅畏，[3]不知所濟。深惟至
治之本，道化在前，刑罰在後。將稽中和，廣施慶惠，
與吏民更始。[4]其大赦天下。自建武以來諸犯禁錮，[5]
詔書雖解，有司持重，多不奉行，其皆復爲平民。"

[1]【今注】幼沖：幼小。《尚書·大誥》："洪惟我幼沖人，
嗣無疆大歷服。"

[2]【今注】案，中華本校勘記按："殿本從監本，'權'下有
'禮'字，《考證》謂'禮'字疑有誤，宋本無'禮'字，亦不成
句。《校補》引《孟子》'男女授受不親，禮也，嫂溺援之以手者，
權也'，謂此'權禮'二字所本。朕且權禮，即指佐助聽政爲權禮
耳，似非字誤。"

[3]【李賢注】寅，敬也。

[4]【今注】更始：除舊布新。

[5]【今注】建武：東漢光武帝劉秀年號（25—56）。 禁錮：
又稱"錮""廢錮"。"禁錮"有兩種含義。一種祇針對官吏，指禁
止官吏及其後人做官和參與政治活動。另一種針對所有人，張家山
漢簡《二年律令·賊律》："賊殺傷父母，牧殺父母，毆罵父母，父
母告子不孝，其妻子爲收者，皆錮，令毋得以爵償、免、除及贖。"
這裏的"錮"並非禁止做官。學者或認爲指監禁、關押，或認爲指
刑具加身，或認爲指"絶不寬貸"，或認爲指固定身份，不得變更。
〔參見彭浩、陳偉、〔日〕工藤元男主編《二年律令與奏讞書——
張家山二四七號漢墓出土法律文書釋讀》，上海古籍出版社2007年
版，第206頁；曹旅寧《釋張家山漢簡〈賊律〉中的"錮"》，載
《簡牘學研究》第4輯，甘肅人民出版社2004年版，第27—29頁；
王博凱《秦漢"禁錮"問題補論》，載《出土文獻》第14輯，中

西書局 2019 年版，第 351—363 頁〕

壬辰，河東垣山崩。[1]

[1]【李賢注】垣，縣，今絳州縣也。《古今注》曰："山崩長七丈，廣四丈。"【今注】河東：郡名。治安邑縣（今山西夏縣西北）。　垣：縣名。治所在今山西垣曲縣東南。

六月丁未，太常尹勤爲司空。[1]

[1]【今注】尹勤：字叔梁，南陽人。篤性好學，時人重其節。東漢和帝時爲司空，以定策立安帝，封福亭侯。安帝永初元年（107），策免就國。

郡國三十七雨水。己未，詔曰："自夏以來，陰雨過節，煗氣不效，[1]將有厥咎。寤寐憂惶，未知所由。昔夏后惡衣服，[2]菲飲食，孔子曰'吾無間然'。[3]今新遭大憂，且歲節未和，徹膳損服，庶有補焉。其減太官、導官、尚方、内署諸服御珍膳靡麗難成之物。"[4]

[1]【李賢注】效猶驗也。【今注】煗：同"暖"，《説文·火部》："温也。"
[2]【今注】夏后：即夏王，指大禹。
[3]【李賢注】菲，薄也。間，非也。　【今注】吾無間然：《論語·泰伯》："子曰：'禹，吾無間然矣。菲飲食而致孝乎鬼神，惡衣服而致美乎黻冕，卑宫室而盡力乎溝洫。禹，吾無間然矣。'"

[4]【李賢注】太官令，周官也，秩千石，典天子厨膳。導官，掌擇御米（米，大德本作“釆”）。導，擇也。尚方，掌作御刀劍諸器物；内署，掌内府衣物。秩皆六百石。並見《續漢書》。【今注】導官：官署名。西漢屬少府，東漢改屬大司農。掌爲皇帝春米，及作乾糒。有令、丞各一人。《漢書·百官公卿表上》顏師古注：“導官主擇米。”本書《百官志三》：“導官令一人，六百石。本注曰：主春御米，及作乾糒。導，擇也。丞一人。”“導官”之“導”原作“䉃”，《封泥考略》卷一有“䉃官丞印”及“䉃官䉃丞”，可證。《説文》：“䉃，禾也。”因此“導官”之“導”或與“擇”無關。（參見安作璋、熊鐵基《秦漢官制史稿》，第 187 頁）

尚方：官署名。亦作“上方”。秦、漢皆置，隸少府。掌使役工徒，製造新奇貴重手工藝品及精美的宮廷器用、刀劍等兵器，專供御用。有令、丞各一人。本書《百官志三》：“尚方令一人，六百石。本注曰：掌上手工作御刀劍諸好器物。丞一人。”尚方所製兵器，爲上好精品。西漢文帝時周亞夫買尚方甲楯爲葬器，被召詣廷尉問罪。普通兵器及器用，由考工等署製作。西漢武帝時尚方又分爲中、左、右三署。出土文物中可見尚方所造的多種器物。如《漢金文録》卷一有元狩元年中尚方造建昭宮鼎，《小校經閣金文》卷十三有光和四年左尚方銀錠，《金石索》金索二有元康元年右尚方弩機等。（參見安作璋、熊鐵基《秦漢官制史稿》，第 197 頁）

服御：亦作“服馭”，指服飾車馬器用之類。

丁卯，詔司徒、大司農、長樂少府曰：“朕以無德，佐助統政，夙夜經營，懼失厥衷。[1]思惟治道，由近及遠，先内後外。自建武之初以至于今，八十餘年，宮人歲增，房御彌廣。又宗室坐事没入者，[2]猶託名公族，[3]甚可愍焉。[4]今悉免遣，及掖庭宮人，[5]皆爲庶民，以抒幽隔鬱滯之情。[6]諸官府、郡國、王侯家奴婢姓劉及疲癃羸老，皆上其名，務令實悉。"

[1]【今注】懼失厥衷：害怕失去中道。

[2]【今注】没入：没收人口、財物等入官。

[3]【今注】公族：諸侯或君王的同族。《詩·魏風·汾沮洳》："美如玉，殊異乎公族。"鄭玄箋："公族，主君同姓昭穆也。"

[4]【今注】愍：同"憫"。

[5]【今注】掖庭：官署名。也寫作"掖廷"。秦和漢初稱"永巷"，西漢武帝太初元年（前104）更名掖庭，屬少府。秦漢後宮所在地，居住大量宮女。其長官稱令，另有丞八人，掌後宮宮女及供御雜務，管理宮中詔獄等，由宦者擔任。屬官有掖廷户衛、掖廷獄丞、掖廷牛官令、少内嗇夫、暴室丞、暴室嗇夫等。東漢仍屬少府，但掖庭、永巷並置。本書《百官志三》："掖庭令一人，六百石。本注曰：宦者。掌後宮貴人采女事。左右丞、暴室丞各一人。本注曰：宦者。暴室丞主中婦人疾病者，就此室治；其皇后、貴人有罪，亦就此室。""永巷令一人，六百石。本注曰：宦者。典官婢侍使。丞一人。本注曰：宦者。"

[6]【李賢注】抒，舒也，食汝反。

秋七月庚寅，勑司隸校尉、部刺史[1]曰："夫天降災戾，[2]應政而至。間者郡國或有水災，[3]妨害秋稼。朝廷惟咎，憂惶悼懼。而郡國欲獲豐穰虛飾之譽，[4]遂覆蔽災害，多張墾田，不揣流亡，[5]競增户口，掩匿盜賊，令姦惡無懲，署用非次，[6]選舉乖宜，[7]貪苛慘毒，延及平民。[8]刺史垂頭塞耳，阿私下比，'不畏于天，不愧于人'。[9]假貸之恩，不可數恃，[10]自今以後，將糾其罰。二千石長吏其各實覈所傷害，爲除田租、芻稾。"

　　[1]【李賢注】秦有監御史，監諸郡，漢興省之，但遣丞相史分刺諸州，無有常官。孝武帝初置刺史十三人，秩六百石；成帝更爲牧，秩二千石。建武十八年復爲刺史，十一人，各主一州，其一州屬司隸校尉。諸州常以八月巡行所部郡國，録囚徒，考殿最。初歲盡詣京都奏事，中興但因計吏。見《續漢書》。

　　[2]【今注】灾戻：災害。《漢書·食貨志下》："古者天降災戻。"顏師古注："戻，惡氣也。"

　　[3]【今注】間者：近來。

　　[4]【今注】豐穰：豐熟。《詩·商頌·烈祖》："豐年穰穰。"

　　[5]【李賢注】揣音初委反。【今注】揣：估量，忖度。

　　[6]【今注】非次：破格，指超遷官職。次，亦稱"功次"，指官吏按照功勞逐級升遷。

　　[7]【今注】乖：背離，不一致。

　　[8]【李賢注】平民謂善人也。《書》曰："延于平人（于，大德本、殿本作'及'。中華本作在'于'前補'及'字，其校勘記謂'《書·吕刑》作"延及于平民"，此作"延于平民"，脱一"及"字，殿本、《集解》本作"延及平民"，則又脱一"于"字'）。"

　　[9]【李賢注】《詩·小雅》也。【今注】不畏于天不愧于人：出自《詩·小雅·何人斯》。

　　[10]【今注】恃：依賴，憑仗。

　　八月辛亥，[1]帝崩。癸丑，殯于崇德前殿。[2]年二歲。

　　[1]【今注】案，曹金華《後漢書稽疑》謂，"'八月辛亥'，

《後漢紀》卷十五作'七月辛亥',《通鑑》卷四九作'八月辛卯'。檢《二十史朔閏表》,殤帝延平元年七月丙子朔,八月丙午朔,七月無辛亥,八月無辛卯,八月辛亥爲初六,本紀是也"（第95頁）。

　[2]【今注】殯:《説文·歹部》:"死在棺,將遷葬柩,賓遇之。"即停柩待葬。　崇德前殿:東漢洛陽城北宫宫殿名。爲北宫之"西宫"前殿,與北宫之"東宫"前殿"德陽殿"並列,相距約七十米,兩殿前的金商門和崇賢門亦並列。東漢太后例居西宫,殤帝"誕育百餘日"即位,由鄧太后臨朝。由於鄧太后居西宫崇德殿,而殤帝即位時不滿一歲,在長樂宫撫養,故崩後殯於崇德前殿。（參見陳蘇鎮《東漢的"東宫"與"西宫"》,《"中研院"史語所集刊》第89本第3分,2018年）

　　贊曰:孝和沈烈,[1] 率由前則。[2] 王赫自中,[3] 賜命彊慝。[4] 抑没祥符,登顯時德。[5] 殤世何早,平原弗克。[6]

　[1]【今注】沈烈:沉毅剛烈。

　[2]【今注】率由前則:遵循前代制度。

　[3]【今注】王赫:天子勃然震怒貌。《詩·大雅·皇矣》:"王赫斯怒,爰整其旅。"鄭玄箋:"赫,怒意。"

　[4]【李賢注】慝,惡也。謂誅竇憲等。

　[5]【李賢注】謂用鄧彪等委政也。

　[6]【李賢注】平原王勝固以疾不得立也。《左傳》曰:"弗克負荷。"